KB078970

강우규 평전

대한민국 근대화와 독립운동을 이끈 한의사 열전 01

강우규

항일 의열 투쟁의 서막을 연 한의사

평전

은예린 지음

책미래

강우규 평전

발행일 | 1판 1쇄 2015년 10월 21일

지은이 | 은예린
주   간 | 정재승
교   정 | 한복전
디자인 | 배경태
펴낸이 | 배규호
펴낸곳 | 책미래

출판등록 | 제2010-000289호
주   소 | 서울시 마포구 공덕동 463 현대하이엘 1728호
전   화 | 02-3471-8080
팩   스 | 02-6353-2383
이메일 | liveblue@hanmail.net

ISBN 979-11-85134-27-7 93990

국립중앙도서관 출판시도서목록(CIP)

강우규 평전 : 항일 의열 투쟁의 서막을 연 한의사 / 지은이
: 은예린. ─ 서울 : 책미래, 2015
   p. ;   cm. ─ (대한민국 근대화와 독립운동을 이끈 한
의사 열전 ; 01)

참고문헌과 "연보 – 강우규가 걸어온 인생" 수록
ISBN 979-11-85134-27-7 93990 :   16000

독립 운동가[獨立運動家]
한의사[韓醫師]
평전[評傳]

911.063-KDC6
951.903-DDC23   CIP2015027092

강우규 의사 동상

강우규 의사(일제의 수형기록 사진)

들어가며

　호사유피(虎死留皮)하고, 인사유명(人死留名)이라. "호랑이는 죽어 가죽을 남기고 사람은 죽어 이름을 남긴다."는 유명한 표현은 어린 시절부터 귓가에 익숙하게 기억되던 명언이다. 사람이 태어나 한평생을 값지게 보내면 그 이름은 죽어서도 남는다는 뜻으로, 사람은 백년도 살기 힘든 인생 동안 부끄럽지 않은 일을 하여 명예를 남겨야 한다는 뜻이다.

　그럼에도 불구하고 우리는 이 말의 의미를 제대로 실천하며 살아가고 있는 것일까? 인간이라면 누구나 살아 있는 동안 풍요롭고 화려한 삶을 위해 남들보다 더 많은 부를 축적하고 싶어 하고, 부를 얻고 나면 남들의 부러움을 사는 명예로운 직책을 얻고 싶어 하고, 그러한 부와 명예가 이루어진 후에는 타인을 내 앞에 굴복시킬 수 있는 막강한 권력의 폭풍 안에 과감하게 자신을 던져 버리려 한다. 설사 폭풍이 너무나 거칠고 차가워 주변의 아름다운 자연을 모두 파괴하려 해도, 그 폭풍이 던지는 강한 도전을 두려워하지 않는 무모함이 우리 인간의 내면에 본능적으로 숨어 있는 피할 수 없는 욕망이 아닐까?

　대표적으로 자신의 호의호식을 위해 일본에 아첨하며 조국을 일본에 넘기고 미친 듯이 같은 민족을 짓밟았던 이완용을 비롯한 을사오적들. 식민지 국가의 가난한 백성을 수탈해 최고의 부호가 된 민영휘.[1] 그는 현대 사회까지도 재벌에 대한 부정적 인식을 각인시켜 주는 데 일등공신 역할을 해 준 더러운 부호 1호일 것이다. 자신의 조국을 지키기 위해 목숨을 건 독립지사들을 일본인들보다 더욱 잔혹하게 고문한 악덕 친일 경찰 노덕술, 하판락, 김태석의 행위.[2] 그들이 일생 동안 온갖 호사를 맛보

---

[1] 명성황후 여흥 민씨 가문 친인척인 민영휘(1852~1935)는 조선 후기 탐관오리를 대표하는 최고의 인물이라 볼 수 있다. 민씨 가문의 위세를 배경으로 벼슬에 오른 민영휘는 1884년 김옥균이 주도한 갑신정변을 진압했고, 1887년 5월 주일변리대신(駐日辨理大臣)으로 일본에 파견, 1894년 동학농민운동이 일어나자 청나라의 원세개에게 지원을 요청, 혁명군 토벌을 시도했다. 젊은 시절 이조 판서, 형조 판서, 공조 판서 등을 거치고 그 후 중추원의장, 시종원경(侍從院卿), 헌병대사령관, 표훈원총재(表勳院總裁)를 지냈다. 정부로부터 훈일등팔괘장(勳一等八卦章), 태극장, 태극이화대수장(太極李花大綬章) 등을 받았으며 1909년 일제로부터 자작의 작위와 거액의 은사금을 하사받기까지 했다. 일제 강점기 을사오적과 함께 조선을 일본 식민지화하는 데 큰 공을 세우고 천일은행(天一銀行)을 민들이 금융 사업가로 변신하여 싱공을 거두었고, 1906년에는 휘문학교(徽文學校)를 설립하여 교육 사업도 시행했다. 식민지 백성들은 무척이나 굶주리고 가난했지만, 민영휘는 식민지라는 정상적이지 못한 사회에서 친일한 공로와 백성을 착취한 대가로 조선 최고의 부호가 되었던 인물이다. 1935년에 여든넷으로 천수를 누리고 사망한 민영휘의 재산은 당시 1,200만 원이니 현재 가치로 수조 원에 해당되는 거액이었다.

[2] 일제 강점기 사실상 일본인 경찰보다도 같은 민족인 조선인 친일 경찰들의 횡포와 악행은 그 도를 넘어서다 못해 사악함 그 자체였다. 정상적인 헌정 질서에서 누릴 수 없었던 특혜를 사실상 식민 사회라는 시대적 상황을 안고 성공한 조선인들 대부분 중 경찰 지위에 있었던 인물들이 많았는데, 대표적인 친일 경찰하면 노덕술, 하판락, 김태석을 결코 잊어서도 용서해서도 안 될 것이다. 노덕술(1899~1968)은 일제 강점기 고등부 경찰로 울산에서 태어나 울산 보통학교를 다니다 중퇴하고 일본인 잡화상에서 근무했다. 일본으로 건너가 귀국 후, 1920년에 경남에 있는 순사교습소에 지원하여 6월 경상남도 순사에 임명되었다. 1926년 4월 거창경찰서 경부보를 지냈으며, 1927년 12월 동래경찰서 경부보로 전근해 사법주임을 지냈다. 노덕술은 당시 수많은 조선 독립운동가들을 체포해 고문하고, 그 후유증으로 사망하게 했으며, 일제 강점기 시행된 고문 대부분이 그가 만든 기술이었다. 중일 전쟁이 일어나자 군사수송 경계, 여론 환기, 국방사상 보급 선전을 비롯해 조선인의 전쟁 협력을 독려하기 위한 각종 시국좌담회에 참석하고 지도하는 역할을 성실히도 수행해 일제로부터 그 공로를 인정받아 더욱 출세가도를 달렸다. 그해 6월 경성 종로경찰서 경부로 전근해 사법주임으로 근무했고, 1949년 1월 24일, 반민특위에 의해 체포되었지만, 대통령 이승만과 내무차관 장경근의 주도하에 조작된

며 천수를 누렸다 해도 역사의 심판과 후세의 입과 입을 통해 전해지는 그들의 평은 금수만도 못한 쓰레기들일 뿐, 그들을 추모하는 기념관이 건립되거나 그들을 찬양하는 서적은 결코 출판되지 않을 것이다. 결국 그들이 원했던 것도 일평생 누릴 부귀영화였을 뿐이지만, 지하에서나마 부끄러움을 알고나 있을까?

그러나 이 모든 부귀영화를 포기하고, 자신의 풍요로운 부와 출세의 유혹에도 이해타산을 계산하지 않았던 사람들도 있었다. 전 재산을 오직

국회프락치 사건, '6.6 반민특위 습격사건' 등으로 반민특위는 와해되고 말았다. 노덕술은 그 후 경기도 경찰부 보안주임, 이후 헌병 중령으로 변신하여 1950년에는 육군본부에서 범죄수사단장으로 근무하는 등 대공업무를 담당했다. 또한 1955년 서울 15범죄수사대 대장을 지냈다. 1955년, 부산 제2육군범죄수사단 대장으로 재임 시의 뇌물수뢰 혐의로 그 해 11월 육군중앙고등군법회의에 회부되어 징역 6개월을 언도받으면서 파면되었다. 이후 1956년 이후 고향 울산에서 지내다가 1960년 7월 제5대 국회의원(민의원) 선거에 출마하였으나 낙선되었다. 이후 사라졌다가 1968년 4월, 서울대학교병원에서 병사했다. 노덕술과 쌍벽을 이루던 악덕 경찰 하판락(1912~2003)은 경남진주의 부유한 집안에서 태어났다. 1930년 진주고등보통학교를 졸업한 후, 1934년 친일 경찰로 일하기 시작했다. 일제 강점기 '고문 귀신'이란 별명을 안고 1930년대 말 신사참배를 거부한 기독교인 수십 명을 집단 고문하면서 그의 악명은 높아지기 시작했다. 또한 1943년 '친우회 불온 전단사건'으로 검거된 여경수와 이광우 등 7~8명에 대해 자백을 강요하면서 독립운동가들의 혈관에 주사기를 삽입하고 혈관을 통해 주사기 하나가득 피를 뽑아내 다시 그 피를 고문 피해자를 향해 뿌리는 행위를 반복하는 '착혈고문'을 만든 것 외에도 온몸을 화롯불에 달궈진 쇠 젓가락으로 지지고, '전기고문', '물고문', '다리고문' 등을 시행한 고문의 귀신이었다. 결국 이러한 고문으로 여경수, 이미경은 순국하였다. 고문 후 살아남은 이광우는 결국 신체 불구자가 되었고, 훗날 이광우(2007년 작고)는 "고문을 당하는 것보다 더 끔찍한 일은 내가 고문당할 순서를 기다리는 것과 또 하나는 다른 이가 고문당하는 것을 지켜보는 것이다."라고 회고했다. 이들과 똑같은 정신세계를 공유한 친일 경찰 김태석은 1883년 평안남도 양덕군 출생으로 한성사범학교 졸업, 교사를 지낸 후에 일제 친일 경찰로 돌아선 인물이다. 함경북도와 평안남도, 평양 등지의 경찰서에 근무하다가 1918년 평남 경무부에 발령받으면서 1923년 말 퇴직할 때까지 집중적으로 독립운동가들을 탄압하고 고문하는 데 전력을 다했다. 해방후 반민법정 최초로 사형을 구형받았던 유일한 인물이지만, 반민특위가 친일파와 결탁한 이승만 정권에 의해 해체되는 과정에서 1950년 석방되었다.

독립운동을 위해 던져 버린 이회영³⁾ 집안이나 경주 최 부자 가문은 비록

3) 우당 이회영(1867~1932)은 대한제국의 교육자이자, 사상가이며 아나키스트 계열의 독립운동가라 할 수 있다. 이회영 가문은 당시 조선에서 존경받은 훌륭한 학자들과 정승 판서를 배출한 명문 가문이며 최대 부호로 손꼽히는 집안이었다. 신라시대와 고려시대를 거쳐 조선조까지 문무 관료를 배출한 가문이자, 경주 이씨 이항복의 10대 손이었다. 이회영은 어린 시절부터 개방적이고 부드러운 사고를 지녀 집안에서 부리는 노비들에게도 존댓말을 사용하고, 종종 평민으로 풀어 주곤 했다. 이후 양반 가문에서 유학을 배웠지만, 개화기의 물결을 타고 유입된 기독교 사상에 매혹되어 당시 결혼식도 교회에서 신식으로 올렸다. 또한 개방적인 성격은 과부가 된 여동생을 재가하도록 했으며, 농장을 경영하고 학교를 설립하는 등 각종 사업을 시작하여 수익을 거두기도 했다. 조선이 일본에 의해 강제로 병합되자 1910년에 여섯 형제들을 모아 놓고 전 재산을 처분해 만주로 망명하여 독립운동을 준비할 것을 결심하고 떠났다. 현재 가치로 600억 원에 해당되는 재산을 모두 조국 독립운동을 위해 과감하게 던지기로 여섯 형제들이 합의한 것이다. 이회영 가문은 만주로 떠나 독립군을 양성하는 신흥무관학교를 설립하고 독립운동가들의 자금을 조달해 주는 역할을 맡았다. 당시 전 세계에서 1930년대 독립군을 가진 국가가 드물었는데, 우리나라는 유일하게 1930년대까지도 조국 광명을 찾기 위해 독립군이 존재했던 구심점이 바로 이회영 형제의 만주 망명에서 시작한 노블레스 오블리주 정신에서 발휘되었던 것이다. 그럼, 그 시기 조선의 다른 양반 가문들은 어떻게 지내고 있었을까? 왕실과 결합된 귀족들과 노론 계통 관료들 대부분이 이회영 형제들이 1910년 12월 만주로 떠나기 두 달 전에 일본으로부터 받은 작위와 은사금으로 축하 파티를 열고 있었다. 단 두 달 사이에 유사한 가문에서 성장한 이 사람들과 이회영 가문 사람들의 행동은 왜 이렇게 반대로 흘러갔을까? 일제에 협력한 친일의 공로로 대부분의 양반 가문들은 그 지위를 더욱 튼튼하게 보장받았지만 이회영 가문은 그 모든 것을 거부하고 독립운동에 인생을 걸었던 것이다. 여섯 형제 중 이회영을 비롯한 석영, 호영 세 형제는 독립운동을 하다 고문으로 죽었고, 나머지 형제들도 굶주림과 병으로 사망했으며 유일하게 이시영만이 해방 후 살아서 초대 부통령이 되었지만 이승만 독재에 항거하다 스스로 사퇴했다. 이렇게 여섯 형제 모두 전 재산을 처분해 독립운동에 도전한 경우는 전 세계 역사에도 유례를 찾기 힘든 경우이다. 이상재는 이회영 형제를 "동서 역사상 나라가 망할 때 망명한 충신열사가 비백비천(수백 수천 명)이지만 우당 가문처럼 여섯 형제가 모두 결의하여 거국한 사실은 전무후무한 일이다. 그 미거(美擧)를 두고 볼 때 우당은 이른바 유시형(그 형에)이요, 유시제(그 동생)로구나. 진실로 여섯 형제의 절의는 백세청풍이 되고 우리 동포의 절호 모범이 되리라."고 평하였다. 또 《이회영과 젊은 그들》이란 평전을 발간한 역사학자 이덕일 박사는 "황포강 부두에서 이회영을 마지막으로 배웅한 아들 이규창은 자서전 《운명의 여진》에서 "나의 부친은 참으로 불쌍한 분이다."라고 썼다. 물론 이회영의 일생은 개인적으로 대단히 불쌍한 삶의 연속이었다. 그러나 인생은 과정이고 그런 과정의 총합이 역사다. 역사도 과연 이회영을 불쌍하다고 규정하고 있는가? 일제로부터 자작이니 백작이니 하는 벼슬을 받은 수작자들의 일생

모든 걸 다 포기했어도 사람으로 참다운 이름을 얻은 부자들이다. 그리고 목숨을 다해 독립운동에 자신을 희생했던 민족운동가들. 오직 민족과 국가를 위해 마지막을 함께한 우리 민족의 자랑이 되는 위대한 인물이 있었기에 암울한 시절의 우리 역사가 한줄기 빛을 발하고 있는 것이리라.

기억하고 싶지도 않은, 그저 망각의 늪에 빠져 지워 버리고 싶은 비참한 우리 역사의 한 페이지를 우리는 결코 외면해서도 잊어서도 안 될 것이다. 우리 민족의 영혼이, 그리고 유순한 숨결이, 찬란했던 우리 문화와 역사가 산산조각 난 채, 나라의 이름이 사라져 버렸던 36년이란 짧지 않았던 시간. 그리고 그들이 세계 역사상 유례없이 저질렀던 잔혹한 만행만을 우리는 끔찍해하고 마음 아파하며 가슴을 찢기 전에 먼저 기억해야 할 일이 있다. 그런 참혹한 현실 속에서 모든 욕심을 내려놓고, 계란으로 바위 치기에 불과할지라도 강성한 일본에 맞서 우리 민족의 독립을 위해 피를 흘린 민족운동가들의 솟구쳤던 열정과 국가를 위한 노고를 찾아 감사해야 하는 일이 가장 중요한 일이다.

일본은 명치유신 이후 동양의 3국 중 근대 국가로서의 면모를 가장 빠른 속도로 다진 후 그 발전된 문물과 신식 무기를 앞세워 조선을 위협하고 불평등한 조약을 맺으며 급기야 강압적으로 식민지화시켜 버렸다. 당시 조선 후기로 들어서면서 500년 동안 그 명맥을 이어 왔던 장엄하던 조선 왕조도 제도적인 모순과 왕실을 비롯한 고위층들의 부정부패로 조금씩 몰락의 기운이 싹트더니, 백성들의 힘겨워 하는 원망의 목소리와 함께 결국 국가를 일본에게 선사하는 수치스런 형국이 되고 말았다.

과 이회영의 일생 중에 어느 쪽이 더 불쌍한지는 역사가 말해 준다. 그리고 그 역사는 현재 우리의 삶은 올바른 것인지를 이회영의 인생을 통해 반문하고 있다."라고 이회영을 평하였다.

그 시절 일본인의 눈에 비친 조선은 어떤 모습이었을까? 물론 그들은 일본의 조선 식민지지배를 정당화하기 위해, 온갖 노력을 기울이며 조선을 최대한 미개한 은자의 나라로 날조하기 시작했다. 그들의 공작에 의해 조작된 조선 백성들의 사진을 먼 서양에까지 유포하는가 하면, 조선의 이권을 두고 우리 땅을 전쟁터로 이용하며 혼란스럽게 만들었고, 각종 불법적인 정책으로 우리 백성을 도탄에 빠뜨렸다.

그들의 이러한 왜곡된 노력으로 전 세계에 조선은 무척 열약하고 낙후된 국가로 인식되어, 마치 일본이 조선을 구제해 주는 선진 국가로 잘못 알려지기 시작했다. 이처럼 일본이 외국에 허위로 조선의 부정적인 측면만을 강조했던 것도 엄연한 사실이다. 그러나 조선 후기 고종황제의 무능한 정책과 명성황후를 비롯한 외척들의 매관매직으로 백성들을 수탈하며 반란의 기운을 싹틔우는 데 우리 지도자들의 무책임과 부정적인 정치도 커다란 몫을 했다는 사실을 결코 망각해서는 안 된다. 무엇보다 조선을 망국으로 몰고 가는 지름길을 열어 준 역할이 당시 우리 민족 지도자들의 나태한 책임 의식에서 비롯되었기 때문이다.

우리는 초등학교에 입학하기 전부터, 대중 매체나 위인전을 통해 우리 민족 역사에 자랑스러운 인물들의 이름을 접하게 된다. 특히 암울했던 시대에 우리 역사를 일본에게 강제로 헌납할 수밖에 없었던 그 시절의 위대한 인물로 귓가에 익숙한 인물들을 기억에서 떠올려 보자. 아마도 우리가 동요까지 부르며 찬양했던 유관순, 이승만 대통령과 최고의 지도자 자리를 두고 숙명적인 천적이 되어 암살당한 백범 김구, 이등박문을 저격한 안중근 등이 떠오를 것이다. 물론 앞서 소개한 이 분들도 우리 역사의 자랑이지만, 그들 못지않게 숨겨져 있는 독립운동 영웅들도 찾아볼 수 있다. 많은 인파들이 정신없이 오고가는 서울역 광장. 바쁜 걸음을 재촉하며 목적지를 향해 뛰어가느라 그저 무심히 지나쳤을 수도 있지만, 그곳에 늠름하게 서 있는 한 동상이 시선을 멈추게 할 때가 있다. 바로 '강우규'의 동상이 한가운데 자리 잡아 우리를 강렬하게 바라보고 있는 듯하다.

강우규 의사 동상

중요하지만 대중적이지 않은 인물. '강우규'란 이름이 그러하지 않을까? 실상은 무척

다방면에 커다란 업적을 남기고도 그동안 주목되지 않았기에 더욱 가슴 아플 뿐이다. 예를 들어, 한형석4)선생님의 경우, 독립투사이면서 〈압록강

---

4) 한형석(韓亨錫, 1910~1996)은 부산 동래에서 태어나 일제 강점기 광복군에서 활약한 독립운동가였다. 아버지 한흥교를 찾아 중국으로 건너간 한형석은 그곳에서 해방 때까지 독립운동을 펼쳤다. 의학공부를 하라고 권하는 아버지의 뜻을 저버리고 상해 신화예술대학을 졸업하고 1940년 한국청년전지공작대를 거쳐 한국광복군 제2지대(지대장 이범석 장군)에서 활동하였다. 한형석은 독립운동뿐만 아니라 우리나라 최초의 오페라 〈아리랑〉을 작곡했고, 〈한국 행진곡〉, 〈광복군가〉, 〈압록강 행진곡〉 등 독립군의 군가를 직접 작곡해 항일 정신을 고취시켜 주었다. 해방 후에는 부산의 자유아동극장 등의 예술교육을 통해 청소년 예술교육의 터전을 닦은 문화예술 혁명가였다. 이후 1948년 부산으로 돌아와 부산대학교 교수로 재직하다가 1996년 부산 부민동에서 별세했다. 일본이 우리 민족을 수단과 방법을 가리지 않고 탄압하던 시기에 목숨을 걸고 투쟁한 독립운동가들도 많지만, 아름다운 그림을 그리고 시와 소설을 쓰고 우리 혼이 담긴 음악을 작곡해 민족혼을 살리기 위해 노력한 예술에 심취한 독립운동가들도 많았다. 한형석은 그 시절 다양한 예술 활동으로 민족의 자존심을 회복시켜 주었고, 한국전쟁으로 상처받은 어린 아이들의 마음을 위로했던 음악가이자 참다운 교육자였다.

행진곡)을 만들어 예술을 통해 독립운동의 길을 열었지만, 그러한 민족의 역사가 반영된 의미 있는 곡을 배제한 채, 외국 민요만이 범람한 음악 교과서를 만든 일이 안타까웠다가 2003년부터 초등학교 4학년 음악 교과서에 실려 대부분 사람들에게 알려지게 된 일이 기뻤다.

이처럼 이제는 그나마 강우규의 동상이 순국 90주년을 맞아 서울역에 버티고 있으니 대중들의 눈에 자신감을 심어 주어 흡족한 마음이다. 우리 역사에 강렬하게 기억되는 3·1운동. 이 역사적인 사건을 여기에서 멈추지 않고 그 이후에 더욱 박차를 가하며 지속될 수 있도록 하는데 강우규의 공로를 빼놓을 수 없기 때문이다.

3·1운동 이후의 여러 의거들에 다양하게 영향을 미치는데 강우규가 일으킨 의거를 결코 지나쳐 버리거나 무시해서는 안 될 것이다. 1919년 9월 2일 남대문역(지금의 서울역)에서 역사적인 순간이 펼쳐졌다. 우리의 평화적인 만세운동 이후에도 일제는 집요할 정도로 조선 통치를 더욱 가혹하게 집행하고 있었다. 이 시절 우리의 민족운동가들은 주로 조직, 외교, 투쟁을 통하여 일제에 대항하는 독립운동을 전개해 나갔다. 국내에서 뿐만 아닌, 만주와 러시아에까지 비밀리에 조직을 결성해 무장 투쟁을 지속하고 있었다.

민족운동가들은 이 시절 조선 침략 원흉들과 친일파들을 사살하여 우리의 자주 독립을 향한 염원과 일본의 만행을 전 세계에 알리자는 굳은 계획이 있었는데, 그 기획에 몸소 나선 인물 중 한 사람이 한의사 출신의 노구(老軀) 강우규(姜宇奎: 1855~1920)였다. 강우규는 일제의 철저한 감시 속에서도 식민지 조선의 3대 총독으로 부임하는 재등실(齋藤實)을 사살하기 위해 이미 목숨을 던질 각오로 폭탄을 준비했다. 비록 그가 투척한 폭탄이 주연급에 해당하는 재등실을 죽이지는 못했지만, 그 주변 조연인 일본 관리들과 친일파들 여럿에게 부상을 입히는 쾌거를 만들었다.

이러한 쾌거 이후 강우규의 목숨은 풍전등화의 위기에 당면해 있었지만, 이 사건은 무척이나 신선한 충격과 감동으로 우리 민족에게 각인되었다. 무엇보다 의거를 행한 주체가 혈기 왕성한 젊은 사나이가 아닌 당시로서는 황혼의 나이인 60대의 노구였다는 데 경악을 금치 못했으리라. 평균 수명이 짧았던 당시 기준에서 60대면 현대 기준에서와 달리 죽음을 바라보는 연령이었는데, 젊은이도 감히 도전하기 힘든 사건을 강우규는 기획하고 실행했기 때문이다.

우리에게 위대한 영웅으로 친숙하게 기억되고 있는 안중근 의사나 윤봉길 의사의 의거가 탄생하도록 자극적인 계기를 안겨 준 인물도 실상은 강우규라 할 수 있다. 20대에 의거를 감행한 이들에 비해 노인이 약한 몸을 이끌고 민족을 위한 투쟁을 벌였다는 것은 감히 누구도 모방하기 힘든 용기였고, 위대한 사건이었다. 강우규는 현대를 살아가고 있는 대중들에게 생소하고 낯선 이름이지만, 그가 한의사로서 교육자로서 민족운동가로서 전반적으로 남겨준 삶의 방식과 역할은 우리에게 민족의 자부심으로 추앙될 충분한 가치가 있다고 판단된다.

우리는 간혹 우리 역사에서 영웅으로 추앙될 충분한 가치가 있는 인물이 존재하는데도 불구하고 그들을 어두운 기억의 한 모퉁이로 몰아 버리고 다른 나라 영웅에게서만 본받을 점이 많다며 우리 민족의 열사들을 폄하하는 모습을 종종 발견할 때가 있다. 이는 무척 안타까운 우리 현실을 반영하는 것으로 아직 잔존하는 일제 식민사학의 영향도 한몫하고 있기 때문이다.

예를 들어, 6·25 전쟁 당시도 박노규 육군 준장, 김풍익 육군 중령, 손원일 해군 준장5) 등 우리 군인들의 피 흘린 희생보다 맥아더 장군이나 월튼 워커 장군을 더 숭배하는 분위기를 종종 느끼곤 한다. 이는 아직도 친일파 후손들이 부귀영화를 누리며 떳떳하다 못해 뻔뻔하게 기승을 부리면서 독립운동가 후손들이 처절하게 생계를 이어가는 모습과 유사한 것 같아 가슴 한 구석이 애절할 뿐이다. 그러므로 우리는 앞으로도 드러나지 않은 우리 민족 영웅들을 찾아 그들의 역사적인 공헌과 위상을 후세에 알리는 데 각고의 노력을 기울여야 할 것이다.

여기서는 강우규의 생애와 민족의식 고취를 비롯한 민족운동의 형성과 전개 과정, 그가 펼친 활동 전반이 우리 역사에 갖는 의미 등을 심도 있게 다뤄 보고자 한다. 특히 우리가 일본의 식민지로 전락하면서 전통의학인 한의학의 붕괴와 그 속에 폄하되어 버린 우리 민족혼의 말살을 다시 조명해 보고 그 시절 왜곡되어 버린 민족정기와 빛나는 가치를 되돌려 보려는 데 주목하고자 한다.

---

5) 박노규(1918~1951) 육군 준장은 1951년 3월 제2사단 제31 연대장으로 경북 일원산 일대 북한군 제10사단 패전병 소탕 작전에 참전하였다. 560고지에서 적의 총탄에 맞아 사망했다. 김풍익(1921~1950) 육군 중령은 1950년 6월 경기도 포천 축석령 고개에서 포병대대 대대장으로 장세풍 대위와 함께 일반 야포로 근거리 조준사격으로 전차 1대의 궤도를 파괴하고 두 번째 전차를 조준하는 순간 적의 포격으로 사망하였다. 손원일(1909~1980) 해군 준장은 1950년 6·25 전쟁이 발발하자 UN군과 함께 대한해협 해전, 통영상륙작전, 인천상륙작전, 서울탈환작전 등 해·육상 주요 작전을 성공적으로 지휘해 전쟁을 승리로 이끌었다.

차례

제4장 백발노인의 독립운동

제5장 강우규 의거가 남긴 의의

제1장
조선 후기와 일제 점령기 역사적 상황

1. 망국 군주 고종의 부족한 리더십

고종이 즉위한 1863년부터 1910년 한일병합에 이르기까지 47년 동안 조선에서 가장 중요하고 필요한 정책은 아마도 개화였을 것이다. 비록 우리가 당시까지 무시하며 미개한 부류로 치부했던 서양이었지만, 동양과 서양의 분위기는 분명 전환되고 있음을 인정해야 했다.

이 시절 세계 최고의 태양이었던 중국의 뜨거운 빛이 사라지며 서양 문물이 발전하고 있다는 사실을 우리는 애써 외면하고 있었다. 그러나 그 시절 우리도 일본처럼 서양의 근대적 문물을 수용해 국가를 근대화하고 신식 기구로 포장해 부국강병을 구축해 나가야 하는 길이 올바른 길이었다.

고종

역사에 '만약'이라는 미련한 가정은 의미 없는 변명이란 걸 잘 알고 있지만, 그 시절 국가를 통치했던 책임자와 그 주변 인물들은 변해 가는 세계관에 대한 인식이 부족했기에 우리와 일본의 운명은 분명 다른 각도로 흐를 수밖에 없었다.

조선은 16세기부터 찬란하던 문화를 뒤로 한 채, 경제적인 파탄과 동시에 정치적인 수준도 낙후되기 시작했다. 비록 일본은 1853년 미국 페리 함대에 의해 강제 개항을 했지만, 그 개항을 통해 국가를 운영하고 통치하는 방식은 무척이나 체계적이고 성공적이었다. 무엇보다 일본은 지식인과 하급무사가 결합해 우여곡절을 겪어 가면서도 명치유신(明治維新)에 성공하며 합리적인 개항을 진행해 나갔다.

1867년 통치권을 획득한 명치천황은 1885년 내각제로 전환했고, 1889년 천황체제를 확고히 하는 명치 헌법을 공포했다. 개항을 시작한 지 37년 만에 국체를 바꾼 후, 1894년에는 불가능할 것이라 예측했던 청일전쟁에서 승리를 거둔다. 또 1904년 러일전쟁에서도 쾌거를 달성하며 방자한 국가로 자리 잡아 간다. 어쩌면 하늘은 우리에게 야속하게도 이 시기 일본의 손을 잡아 주며 지속되는 승승장구의 영광된 운을 안겨 주고 있었다. 결국에 그들의 승리는 사실상 소수의 피지배층 일본인들에게도 우리 조선에게도 다른 국가에게도 무척 불행한 전쟁이란 상처로 남게 되고 말았다.

"전쟁에서 이긴 장수는 있어도 이긴 백성은 없다."는 말처럼, 전쟁에서 이기든 지든 사실상 가장 큰 피해는 지배층이 아닌, 나약한 피지배층인 백성들이 지고 가야 하는 고통이다. 특히 자신들의 나라가 전쟁터가 되었을 때, 그 삶의 공간이 폐허가 되어 굶주림과 질병에 시달려야 하고, 막대한 배상금 지불은 결국 백성들의 고혈을 짜내야만 나올 수 있기 때문이다.

영국의 엘리자베스 1세가 남긴 격언대로 "전쟁은 체로 거르는 것처럼 작은 것을 얻기 위해 많은 것을 잃는 행위이다." 여기에 담긴 뜻처럼, 소수 지배층의 이권과 과시욕으로 인해 사실상 많은 백성을 죽음으로 몰아넣고 자신들의 의지와 상관없이 상처받은 시대의 희생양이 되어야 하는 처참한 인생이 지속되기 때문이다. 몇 명의 개인이 사리사욕을 채우고 정상적인 현실에서 누릴 수 없는 명예와 권력을 전쟁과 식민 지배로 인해 해택을 누리게 되는 부당함이 다수의 백성에게 지울 수 없는 상처이자 고통이자 아픔일 뿐이다.

우리가 이러한 상처를 입으며 조국의 이름이 사라진 불행의 사슬 아래 상처받아야 했던 시절을 그저 하늘의 탓으로 돌리는 것 또한 비열한 망상이란 사실을 우리 민족 모두 인정하고 있을 것이다. 그렇다면 이러한 세계 역사의 흐름을 부인한 채, 미련하게 망국으로 천천히 걸어갔던 한심한 역사의 발걸음에 처음 안내자가 되었던 주역들은 과연 누구이며, 당시 조선 후기 상황은 어떠했던가?

1905년(고종 42) 러시아 발틱 함대는 로제스트벤스키 제독의 지휘로 아프리카 희망봉과 인도양을 거쳐 대한해협까지 긴 시간을 항해한 끝에 5월 27일 드디어 일본군과 만나게 된다. 그해 9월 러시아는 일본군과 포츠머드 강화조약을 맺게 되는데, 이는 우리 조선이 일본의 식민지가 되는 예고편에 해당되는 조약이라 할 수 있었다.

그 제1조에 "일본이 조선에서 정치·군사·경제상의 특별권리를 갖는 것을 승인한다."는 내용이 첫 번째로 명시되어 있다. 그리고 1905년 7월 미국은 일본과 가쓰라-태프트 밀약을 맺었고, 8월에 영국과 일본이 제2차 영·일 동맹을 맺게 된다. 사실 일본뿐만 아닌 서양에서도 일본의 조선 지배권을 승인한 것이었으니, 이미 그들 사이에 조선의 역사는 물거품처럼 지저분하게 흘러간 것이나 다름없었다. 결국 일본은 그 해 11월 그토록 염원하던 조선의 지배권을 확고히 매듭 짓는 을사늑약을 강압적으로 체결하며 모든 외교권을 강탈하고 1910년 비로소 대한제국을 차지하고 만다.

이로써 지우고 싶은 새로운 역사의 첫 페이지가 우리 민족에게 불행으로 기록되는데, 혼란스런 조선 후기 마지막을 통치했던 무능하고 무책임한 군주의 책임을 두둔하는 것은 다시 한 번 역사에 죄를 짓는 것이리라. 한때 대중문화의 흥분된 포장 속에 망국 군주 고종을 개명 군주로, 오직 권력욕과 사리사욕에 미쳐 조선이란 나라와 백성을 박대했던 명성황후에게 찬사를 보냈던 한심한 일들이 무의미해질 뿐이다.

조선 후기 어수선한 역사적 상황과 혼란은 분명 새로운 시대로의 변화를 요구하고 있었고, 그 모든 것을 책임지고 이끌어 나가야 할 주인공은 분명 고종이었다. 조선 역사상 가장 장수했던 영조가 52년이란 최고의 재위 기간을 지내며, 그 다음으로 46년이란 기간을 가장 강력한 왕권을 휘둘렀던 숙종, 그리고 바로 고종이 44년이란 결코 짧지 않은 시간 동안 왕위를 지키며 길고도 찬란했던 조선 역사의 시계를 멈추게 했다.

조선을 역사 안에서 사라지게 한 망국 군주 고종의 실책은 무엇이었을까?

첫째, 고종은 공사를 구분하지 못하고 왜곡된 정치를 행하고 있었다. 즉 한 나라를 책임지는 우두머리로서 요구되는 덕목의 하나인 인재를 제대로 파악해서 적절하게 등용하지 못한 것은 가장 큰 실책이었다. 명성황후의 배후에 있는 외척 세력을 등용해 그들이 권력을 장악하게 함으로써 혼란을 가중시켰다. 한 단계 더 나아가 매관매직을 일삼으며 관직을 훌륭한 인재의 등용문이 아닌, 자신의 재물 축적과 사욕을 채우는 수단으로 삼아 이용하고 있었다.

그 시절 황현[6]이 "세도가 자제들은 과장에 나가서 과거시험을 보지 않아도 집에서 답안지를 썼다."는 글을 남길 만큼, 당시 과거제도가 공정성을 잃은 채 부패했다는 현실이다. 또한 황현은 오히려 그 시절 학문이 높고 재주가 많은 사람들은 과거에 응시하지 않는다고 했다.

일례로 우리에게 익숙한 역사적 사건인 1882년 일어난 임오군란(壬午軍亂)만 하여도 신식 군대와 구식 군대에 대한 차별에 대한 폭동, 개화파와 수구파의 대립된 다툼이라는 표면적인 이유가 전부는 아니었다. 사실 그 속에는 이미 도를 넘은 명성황후와 그 측근들인 민씨들에 의해 전개되고 있는 매관매직과 권력남용에 대한 백성들의 격분이 담긴 사건이었다. 그들이 만든 신식 군대 별기군에 대한 차별적인 대우와 구식 군인들의 형편없는 처우와 밀린 녹봉 등 모두 그들의 호화로운 생활과 권력남용에 입각한 인사제도에서 싹이 트고 있었던 불만의 표출이었다. 또한 명성황후는 임오군란 이후 일본을 경계하기 위해 청에 의존했다가 1894년 청일전쟁에서 청나라가 패하자 다시 러시아에 의존하는 등, 조선 내부에서 일어나는 사건마다 외세를 끌어들여 혼란만 더욱 가중시키고 민생을 병들게 하고 있었다.

---

6) 황현(1855~1910)은 조선 후기 학자이며 본관은 장수(長水). 자는 운경(雲卿), 호는 매천(梅泉)으로 전라남도 광양 출신이다. 어려서부터 총명해 주변 사람들의 칭송이 잦았다고 전해지는데, 성장하여 과거를 보기 위해 한양에 왔으나 1883년(고종 20) 보거과(保擧科)에 응시했을 때, 조정의 부패를 절감하고 회시(會試), 전시(殿試)에 응시하지 않고 관계에 뜻을 잃고 귀향하였다. 1894년 동학농민운동, 갑오경장, 청일전쟁이 연이어 일어나자 경험하거나 견문한 바를 기록하여 그 유명한《매천야록(梅泉野錄)》,《오하기문(梧下記聞)》을 후손들에게 남겨 주기 위해 저술하였다. 1905년 11월 일제가 을사늑약을 강제 체결하자 통분을 금하지 못하고, 당시 중국에 있는 김택영과 함께 국권회복운동을 위해 망명을 시도하다가 실패하였다. 1910년 8월 일제에 의해 강제로 나라를 빼앗기자 통분을 이기지 못하다가 절명시 4수를 남기고 다량의 아편을 먹고 자결하였다. 1962년에야 건국훈장독립장이 추서되었다. 저서로는《매천집》,《매천시집》,《매천야록》,《오하기문》,《동비기략(東匪紀略)》등이 있다.

사실상 국가 지도자인 고종과 그를 내조하는 명성황후, 그들에게는 조선이란 국가의 부국강병도 세종대왕 같은 애민정신도, 명치천황처럼 개화에 대한 의지 같은 열정은 전혀 없었다. 오직 자신들의 부와 안락한 지위 보존을 위한 호화로운 생활에 대한 만족과 왜곡된 권력욕만 갖추었을 뿐이었다. 당시 조선을 책임진 군주와 그 배우자의 그릇과 행위가 이러하니 뇌물을 가득 가져와 인사 청탁을 하며 아첨하는 소인배들만 주변에 거미줄을 치고 있는 것은 당연한 결과였다.

시대를 초월한 동양의 고전《삼국지》에서 조조가 훌륭한 인재라면 지위, 신분, 나이를 벗어나 심지어 과거 자신을 죽이려 했던 원수라도 끌어안으며 공정하게 그 능력을 활용했던 지혜를 한 푼이라도 배우려 했다면 이런 한심한 역사를 피해갈 수 있었으리라.

둘째, 고종은 전제왕권만을 고집하고 있었다. 즉 여전히 왕인 자신의 절대 권력에 목적을 둔 세습된 왕조체제와 보수적인 자신의 자리만을 지키려 하고 있었다. 예를 들어, 갑신정변 때 급진개화파를 제거했고, 아관파천으로 온건개화파 또한 제거했다. 동학농민운동 때도 무너져 가는 제도에 대한 각성을 배제한 채, 외세를 이용해 외국 군대를 조선으로 끌어들여 우리 민중이 희생되게 했다. 결국 이때 자신의 나라 백성을 탄압하기 위해 청나라를 끌어들이면서 청일전쟁으로 이어져 훗날 일본이 조선을 완전히 지배하게 되었으니, 그 원인을 우리 지도자가 제공한 꼴이었다. 왕과 왕비가 개인의 사욕과 이익을 위해서 몇 명 관리들과 짜고 매국(賣國)도 서슴지 않았던 당시 조선 지배세력의 반성 없는 전형적인 모습이 극명한 사실로 드러난 행위였다.

이후 독립협회가 창설되자 우호적으로 지원을 해 주었지만, 갑자기 돌변해 만민공동회를 개최한 간부들을 구속하는 이중적인 행동을 취하였다. 역사를 바꿀 수 있었던 고급 인재들과 민중들의 항쟁을 국가 리더인 자신이 배반하고 외세의 세력 다툼에 기회를 던져 준 어리석은 사건들은 여전히 역사의 한을 남길 뿐이다.

앞서 언급했듯이 갑신정변을 일으킨 급진개화파들을 사사하고, 온건개화파 역시 아관파천으로 사사한 일, 심지어 처음에 호의적이던 독립협회를 시간이 지나 군주인 자신의 권력에 대항한다며 테러를 가하는 파렴치한 행동 등은 참으로 부끄러울 뿐이다. 또 고종은 정치를 행하면서 후기부터 이어져 온 노론의 권력 독주를 막지 않고 노론인사들을 등용하며 가깝게 지냈다. 이러한 형국이니 자연스레 조선이 일본에게 열쇠를 넘겨주던 순간 일제로부터 귀족 지위와 은사금을 받은 인사들 대부분이 노론들이었다.[7]

셋째 일관된 정치 철학이 없었다. 가장 치졸한 감탄고토(甘呑苦吐: 달면

---

7) 조선의 멸망은 분명 비참했지만, 더 수치스러운 비참함은 정계를 장악한 지배층인 노론이 망국에 대해 아무런 책임을 지지 않았다는 현실이다. 노론 신하 중 아무도 독립운동에 나서지 않았으며, 오히려 일제에 협력해 지배층의 지위를 보존했다. 일제는 조선을 점령한 직후인 1910년 10월 후작 6명, 백작 3명, 자작 20명, 남작 45명 등 총 76명에게 '합방공로작(功勞爵)'을 수여했는데 56명이 노론이었다. 일제가 자의적으로 수여한 남작 소수를 제외하고 대부분은 '나라를 팔아먹은 대가'로 받은 수작(授爵)의 영광에 흡족해했다. '합방공로작' 수여 다음날에는 1,700만 원의 거금과 이른바 '은사공채(恩賜公債)'가 내려져 경제적 보상이 뒤따랐다. 물론 고종이 제일 많은 양의 은사금을 받았다. 양반 출신의 독립운동가 김창숙이 자서전에서 "그때에 왜정(倭政) 당국이 관직에 있던 자 및 고령자 그리고 효자 열녀에게 은사금이라고 돈을 주자 온 나라의 양반들이 뛸 듯이 좋아하며 따랐다."라고 비판하고 있듯이, 당시의 주류였던 노론은 독립운동은 옆 집 개가 짖는 소리보다 못한 소음에 불과할 뿐, 일제가 내린 작위와 돈을 받고 미친 듯이 좋아하며 망국을 환호했던 것이다. 양반 계층 중에 독립운동에 나선 쪽은 소론과 남인들이었다. 소론의 대표적 집안인 우당(右黨) 이회영 가문이었다. 또한 양반 출신으로 독립운동에 나선 이상설, 이동녕, 이상룡, 김창숙, 김대락 등은 모두 소론이나 남인 계열이었다. 그래서 이들은 상해 망명 시절 "나라는 노론이 다 망쳤고, 우리는 권력의 곁불도 쬔 적이 없는데 고생은 우리가 다 한다."라고 한탄했다는 목소리가 전해진다.

삼키고 쓰면 내뱉음)의 사고를 버리지 못하고 확고한 판단 없이 우유부단한 횡보를 지속하고 있었다. 일본으로부터 가장 많은 은사금을 받고 뒤에서 이완용을 조종한 장본인은 바로 고종 자신이었으며, 자신의 상황에 따라 백성을 뒤로 한 채, 외세에 몸을 의탁했다. 1907년 백성들이 이완용의 집을 불태웠을 때도 2만 환을 하사하며 새 집을 짓도록 위로했고, 정치 자금까지 전해 주었다.

국가에 헌신하던 충신들을 끌어안으며 외세에 대항하는 데 온 힘을 쏟아야 할 군주가 동학농민운동, 갑오개혁, 독립협회 활동을 하는 충신을 모두 제거하고, 오히려 매국노를 보살피고 있는 형국이었다. 그러니 마지막 결과는 조선의 망국이었고 죄 없는 백성이 희생되는 애처로운 현상은 필연적인 슬픔이었다.

2. 일제의 무단 통치

조선은 1910년 8월 29일 일본에 의해 강제로 병합당하면서 그 찬란하던 500년 왕조는 참으로 어처구니없이 사라졌다. 1592년 임진왜란을 일으킨 풍신수길이 저승에서 얼마나 후손들을 칭찬하며 행복해했을까? 자신이 기획한 역사가 실패하며 7년 만에 조선을 떠나 비참한 최후를 맞이했을 때, 그 후손이 300여 년이 지난 후 아름다웠던 조선이란 나라를 손바닥 안에 흡수시킬 줄 저승에서조차 상상도 못 했을 일이리라. 초라하게 사라진 조선에는 조선 총독부가 들어서면서 사실상 허수아비 임금만이 존재할 뿐, 조선 총독이라는 막강한 왕이 등장하여 국가를 점령하기 시작했다.

가끔 참으로 어리석은 가정(假定)을 해 보곤 한다. 일본인들이 조선을 점령해 우리 조선인들을 아무런 차등 없이 동등하게 대해 주며 공자가 늘 주장하던 인(仁)에 의한 정치를 행했다면 역사는 어떻게 되었을까?

사실 피지배층 입장에서는 지배층이 누구인지는 그다지 큰 관심사가 되지 못한다. 통치하는 지배자가 백성인 피지배자들에게 혜택을 안겨 준다면, 과거 지배자보다 훨씬 더 윤택하고 편리한 사회를 만들어 준다면 애써 과거 지배자를 그리워하지 않는다는 뜻이다.

예를 들어, 이미 옛날 사장의 부정부패로 망한 회사에 새로운 사장이 회사를 인수해 사원들 복지 향상에 기여하며 많은 보수를 지급해 준다면, 근로자들이 과거 사장을 그리워하지도, 지금 회사를 떠나려 하지도 않을 것이다.

만약 당시 일본인들이 우리 백성들을 징용이나 정신대에 동원하거나, 생체실험 대상으로 이용한 인간 이하의 금수보다 못한 행위를 하지 않고 공자의 애인(愛人)사상처럼 특정한 사람을 아끼는 것이 아닌, 모든 인간을 아끼고 사랑하는 이론을 적용해 통치했다면 어땠을까? 인간 이하의 사악한 행위로 남의 나라 백성을 이용하고 무리한 전쟁으로 자국민과 다른 민족에게 상처를 남기는 전쟁의 승리로 세계의 우위에 서려 했던 야욕을 버렸다면 과연 일본은 패망하지 않았을까?

중국 역사상 가장 혹독하고 강력한 법으로 백성을 힘들게 했던 수나라와 당나라가 가장 일찍 멸망했던 것처럼, 결국 그들도 36년이란 시간의 잔혹한 행위 뒤에 역사의 오명을 안고 물러나지 않았던가? 긴 시간을 두고 연약한 피지배층을 사랑으로 끌어안고 보듬어 주는 덕치주의(德治主義) 사상으로 그들이 조선을 통치했다면 아마도 우리는 독립운동을 하며 조국 해방을 이루려고 애쓰지 않았을 것이다.

하지만 참으로 이런 미련한 가정을 하는 것 자체가 너무나 한심한 바람이다. 처음부터 다른 나라를 점령하며 식민지로 삼았던 그들에게 이러한 거룩한 목적은 표면적인 형식에 불과할 뿐, 결코 조선인들을 일본인들처럼 대접해 줄 생각은 전혀 없었다. 소수의 매국노들 또한 자신들의 출세와 사리사욕에 혈안이 되어 같은 피를 나눈 조선인들을 착취할 궁리에 온 힘을 쏟지 않았던가?

일본 총독부 대신들을 비롯해 친일 지배층들이 합류해 "조선의 모든 통치권을 일본 천황 폐하께 넘겨준다."는 군대를 동원한 강제 병합이 이루어졌다. 일본인들은 전국 방방 곳곳에 군대를 파견해 모든 조선인의 행동을 감시하며 폭력과 처벌을 행하고, 학교에서조차 어린 학생들 앞에 칼을 차고 위험을 과시하며 공포에 떨게 했다.

이 시절 이루어졌던 상습적인 구타와 폭행, 무엇보다 가장 무서운 식민 교육의 잔재는 아직도 우리 사회에 강한 접착제처럼 남아 그 흔적이 사리지지 않고 있다. 그들은 헌병 징치, 경찰 정치 등을 사하고 언론, 출판, 집회, 결사의 자유를 모두 빼앗고, 거짓 역사와 문화를 가르치기 시작했다. 국권을 강탈한 것에 이어 헌병경찰제도를 도입하여 무단 통치를 시작하더니 이어서 문화 통치라는 명목 아래 우리의 모든 역사를 왜곡하기 시작했다. 여기서 무단 통치와 문화 통치를 좀 더 깊이 살펴보도록 하자.

일제 식민 통치의 중추 기구인 조선 총독부는 한국인의 모든 정치 활동을 금지시키고 집회, 결사의 자유를 박탈하고 민족 신문의 발행을 금지시켰다. 그들은 우리 애국지사들을 강제로 투옥하고, 군대처럼 교사들에게 제복과 칼을 착용하도록 강요했다. 이른바 무력으로 다스리는 무단 통치가 살벌한 분위기 속에 자리 잡아 가기 시작했다. 그리고 이어서 민족을 분열하려는 의도로 보통경찰 제도를 시행해 신문 발행을 허용하고 단체 설립을 허용하면서 사실상 친일 단체 조직의 지원을 아끼지 않았다.

다음에 보여 주는 재등실 총독의 취임사와 '조선 민족운동에 대한 대책'(1920)에서 조선 지배에 대한 철저함과 엄격함이 확실하게 드러난다.

•재등실 총독 취임사

재등실(齋藤實)

"이제부터 조선인의 임용과 대우 등에 관해 고려하여 각각 그 할 바를 얻게 하고 조선의 문화 및 옛 관습 중 채택할 것이 있다면 이를 제도로 하여 통치의 자료로 제공할 것이다. 제반 행정을 쇄신하고 장래 기회를 보아 지방 자치 제도를 실시하여 국민 생활을 안정시키고 일반 복리를 증진시킬 것이다. 이에 관민은 서로 가슴을 터놓고 협력하여 조선 문화를 향상시키고 문화적 정치의 기초를 확립시켜 천황의 고명한 덕을 받들기 바란다. 함부로 불령한 언동을 하여 인심을 교란시키는 따위의 일을 하는 자가 있다면, 이는 공공의 안녕을 가장 저해하는 일이 될 것이다. 준엄한 형벌로 가차 없이 다루고자 하니 일반 민중은 양해하기 바란다."

•재등실의 '조선 민족운동에 대한 대책'(1920)

1. 귀족, 양반, 유생, 부호, 교육가, 종교가에 침투하여 계급과 사정을 참작하여 각종 친일 단체를 조직하게 할 것.
2. 친일적 민간 유지들에게 편의와 원조를 수재 교육의 이름 아래 우수한 조선 청년들을 친일 분자로 양성할 것.
3. 조선의 부호, 자본가에 대해 '일선(日鮮) 자본가'의 유학을 촉진할 것.

위의 재등실 총독의 취임사와 대책을 통해 일본인들이 적용하려 했던 기본적인 식민 교육의 골격을 느낄 수 있다. 무엇보다 우리가 일제 식민지 시대 현실과 그 속에서 조국 독립을 위해 뼈를 깎고 피를 토하는 심정으로 노력했던 민족운동가들을 제대로 이해하려면 우선 당시 일본 지배자들이 기획하고 시행했던 통치 구조에 대한 이론을 제대로 알아야 한다. 사실상 그들의 의도는 사상통제와 공포정치를 기반으로 우리 백성들을 무지 속에 가두는 데 기초를 두고 있었기 때문이다.

가장 무서운 공포정치의 형태인 헌병경찰제도는 군인인 헌병이 경찰 업무도 맡고 총독이 군사 지휘권까지 갖게 하는 방식이었다. 그들은 무단으로 헌병경찰제도를 실시하며 조선 민중 중에서 식민 통치에 불만을 표시하면 헌병대로 잡아가 무서운 태형을 가했다.

역사학자 문정창의 《군국일본 조선강점 36년사》(상)에서 오명천은 당시 일본 순사들에게 불순한 태도를 보이거나 일본인들에게 무례한 행동을 하면 태형을 가했다고 한다. 아무 영문도 모르고 일본 순사를 바라만 보아도 태형을 가했으며, 그 기구나 강도가 너무 강해서 태형을 맞고 나면 목숨을 잃은 경우가 대부분이었다고 한다.

이러한 강력한 경찰 제도를 시작으로 훗날 징병제, 강제 징용, 정신대, 생체 실험 등 일본은 전 세계 전쟁 역사상 유례가 없는 가장 잔혹하고 폭력적인 행위로 식민지 국가 조선 백성들을 공포에 떨게 했다. 결국 이러한 잘못된 폭력과 인간의 잔혹성이 해방 후 지금까지도 우리 사회에 존재하고 있음이 안타까울 뿐이다.

이렇게 강압과 공포에 찬 분위기를 조성한 후, 그들이 얻으려 했던 가장 큰 목적은 사실상 본질적인 이유인 경제적인 혜택이었다. 즉 우리 조선의 자본을 이용한 일본의 경제적인 이익을 누리기 위한 의도가 숨어 있었기 때문이다.

일본은 1905년 9월 포츠머스 조약으로 러시아와 협상을 체결하고 11월에는 을사늑약으로 대한제국의 외교권을 빼앗았다. 그리고 1906년 2월에는 통감부를 설치하면서 일본 천황에게 직속된 이등박문(伊藤博文)을 초대 통감으로 삼았다. 일제는 강제 병합 후 철저히 토지 조사 사업을 실시했다. 그 해 11월 '토지가옥 증명규칙'을 실시해 외국인의 토지 소유와 매매 교환 증여 등을 법적으로 허용했으며, 여기서 외국인은 일본인들이었다.

이러한 토지 조사 사업으로 당시 토지를 소유한 지주들은 천국에서 나날을 보냈지만, 소작인들에게는 지옥 같은 나날들이었다. 일본인들은 토지 조사 사업으로 공공 토지를 빼앗고, 자신들에게 순응하는 지주들의 권리를 높여 주며 가난한 농민들의 권리를 인정하지 않았다. 소작농으로 전락한 가난한 하층민들은 지독한 가난에 시달리며 조선을 떠나 만주땅 간도(間島)로 이주했다.

일본인들은 친일파인 지주들을 도와서 토지 매매가 쉽도록 유도했으며, 일본인들과 지주들에게 유리한 제도를 만들어 해마다 많은 양의 쌀이 일본으로 건너가면서 이 시절 쌀의 상품화가 원만하게 이루어졌다. 쌀이 다른 곳으로 수출되고 쌀값이 오르면 사실상 농민들의 천국이 되어야 하지만, 현실은 제대로 된 경작권도 인정받지 못하고 부당한 소작료를 받은 농민들의 처참한 생활로 이어지고 있었다.

근대적 토지 소유 제도를 확립한다는 명분으로 시행된 토지 조사 사업은 사실 복잡한 신고 절차로 신고되지 않은 토지는 총독부 소유로 옮겨졌고, 산미 증식 계획이라는 명분하에 쌀 생산량을 증가시킨다고 현혹했지만, 현실은 일본에 가져간 쌀이 훨씬 더 많았다. 결국 농민들의 생활은 파탄에 이르렀고 지주의 재산이 증가하면서 가난한 소작인들은 늘어만 갔다.

이 시절 토지 조사 사업은 자본주의적 토지제도를 확립한다는 공평해 보이는 논리를 내세웠지만 사실상 통치자인 그들의 입장에서 식민 통치의 안정을 기하기 위해 필요한 정책이었다. 그들은 우선 행정구역, 도로, 헌병 주재지를 설정하였다. 즉 일본인 자신들의 조선 정착에 필요한 토지 확보의 수단으로 필요했던 것이다.

그들은 무지주·무신고 토지의 국유화로 통치기구의 재정을 확실히 하고 조세의 원천을 명확히 정하여 전통적인 양반 계층이 가진 지주의 권리를 자신들이 만든 법적 제도의 식민지적 지주 계층으로 개편하여 식민 사회 기반을 구축하였다. 또 거주를 토지와 결부시켜 한국인의 동정을 살피면서 영구적인 식민 통치 기반도 구축하였다. 조선 총독부에서도 모든 자원과 세금을 확실히 파악하여 수탈 경제의 기반을 마련하는 데 적합한 목적을 두었다.

이 사업의 결과 지금까지 실제로 토지를 소유했던 수백만의 농민이 토지에 대한 권리를 잃고 영세소작인 또는 화전민이나 자유노동자로 전락하는 비극을 맞아야 했다. 이러한 타격으로 터전을 잃은 우리 민족은 1920년대 유랑 농민이 되면서 일본이나 만주 등으로 떠나는 사회적 현상이 나타났다. 하지만 조선 총독부는 전 국토의 40%에 해당하는 전답과 임야를 차지하는 대지주가 되었다. 총독부는 이들 토지를 국책회사인 동양척식주식회사를 비롯한 불이흥업(不二興業), 편창(片倉), 동산(東山), 등정(藤井) 등의 일본 토지회사와 일본인들에게 헐값이나 무상으로 넘겨주어 일본인 대지주가 증가하게 되었다.[8]

------

8) 일제 관리들은 토지조사 실시 전에 행정구역의 명칭, 토지의 명칭과 사용 목적, 과세지와 비과세지, 경지의 경계, 산림의 경계, 토지 표시 부호, 토지의 지위, 소유권, 질권, 저당권, 소작인과 지주관계 등의 조사를 마쳤다. 조사 내용은 크게 토지 소유권 및 토지가격 조사, 그리고 지형지모의 조사로 이루어졌다. 토지 소유권 및 토지가격 조사를 위해 행정구역 이동 명칭과 구역 및 경계의 혼선을 정리하고, 지명의 통일과 강계의 조사,

3. 일제의 문화 통치

　1920년대로 들어서면서 일제는 이른바 '문화 통치'라는 명분으로 조선을 통치하는 새로운 계획을 세우게 된다. 여기에는 3·1운동의 여파가 작용하기도 했지만, 일본 내에서 민주주의가 발달하고 있었던 영향도 크다. 우리 민중의 평화적이면서도 거족적인 투쟁에 놀란 일제는 공포와 강압에 의한 표면적인 정책만 바꾸었을 뿐, 사실은 '문화 통치'라는 고상한 이름 뒤에 우리 민족의 사상과 정신을 모두 말살하려는 눈에 보이는 공포정치보다 더욱 무서운 발상을 준비하고 있었던 것이다.

　실질적으로는 언론, 출판, 집회, 결사의 자유를 허용하는 듯 관대한 척하면서, 공포에 가득한 헌병경찰제도를 보통경찰제도로 개편하고 조선어를 필수과목으로 지정해 배울 수 있도록 허락했다. 즉 겉으로는 세련되고 관대해 보이지만, 사실 새로운 정책으로 일본에 충성하는 새로운 친일파를 양성하려는 목적이 더욱 강했다. 3·1운동 직후 폭탄 테러의 위기 속에 천운으로 목숨을 구하며 부임한 재등실 총독은 '조선 민족운동에 대한 대책'을 구상하면서 다음과 같은 친일파 양성책을 마련했다.

신고 서류의 수합, 지방 경제 사정과 토지의 관행을 명확히 하는 준비 조사를 하였다. 또한 토지 소유권을 위해 필지 단위로 지주, 강계, 지목, 지번을 조사하여 불분명한 국유지와 민유지, 미정리된 역둔토, 소유권이 불확실한 미개간지를 정리하기 위한 분쟁지 조사도 실시하였다. 이어서 토지의 지목에 따라 수익성의 차이를 근거하기 위한 지위등급조사, 토지조사부, 토지대장, 토지대장집계부, 지세명기장의 필요에 따른 장부조제, 토지 소유권 및 그 강계 심사의 임무를 위한 토지조사위원회 구성과 사정, 토지 소유권을 비롯한 강계의 확정에 대하여 토지신고 이후의 각종 변동 사항을 바로잡기 위한 이동지 정리, 최종적으로 지적이 이동된 것을 조사하여 토지대장 및 지적도를 확실히 하기 위해 사업이 진행되었다. 이 결과로 실제 토지 소유자들은 권리를 잃고 영세 소작인으로 전락하고, 조선 총독부는 전 국토의 40%에 달하는 토지를 소유하는 대주주가 되었다. 이때 일본에 설립된 회사가 동양척식주식회사와 후지흥업, 기다쿠라, 히가시야마, 후지이 등이다.

• 조선 민족운동에 대한 대책

첫째, 일본에게 절대 충성을 다하는 자로써 관리로 강화한다.

둘째, 신명을 바칠 친일적 인물을 물색하고 이들을 귀족, 양반, 부호, 실업가, 교육가, 종교가들에게 침투시켜 친일단체를 결성한다.

셋째, 각종 종교 단체에서 친일파가 최고 지도자가 되게 하고 일본인을 고문으로 하여 어용화한다.

넷째, 친일적 민간인에게 편의와 원조를 제공하고 수재 교육의 이름 아래 친일적 지식인을 대량으로 장기적 안목에서 양성한다.

다섯째, 양반과 유생으로 직업이 없는 자에게 생활 방도를 만들어 주고 이들을 선전과 민정 정찰에 이용한다.

여섯째, 조선인 부호에게는 노동쟁의, 소작쟁의를 통해 노동자, 농민과의 대립을 인식시키고 일본 자본을 도입해 그것과 연계를 맺도록 하여 매판화시켜 일본에 끌어들인다.

일곱째, 농민을 통제, 조정하기 위하여 전국 각지에 유지가 이끄는 친일단체 교풍회, 진흥회를 만들어 국유림의 일부를 불하해 주는 한편 입회권(수목채취권)을 주어 회유한다.

위에 제시된 재등실이 구상한 일곱 가지 구성안은 그가 원하는 목표대로 이루어졌다. 재등실은 식민지 지배 당국인 일제에 의한 친일파 양성은 곧 민족분열정책으로 3·1운동 후 사회주의 사상이 들어오면서 조선인 사회에도 지주, 자산가 계급과 소작인, 노동자 사이의 이해관계와 대립이 격화되어 갔다.

또한 재등실은 조선인에 대한 역사 교육을 규정하는 '조선교육조서'를 발표하며 조선 역사기록물을 허위로 조작하여 역사적 사실을 왜곡하고,

조선사편수회를 조직하여 우리 민족의 역사를 비난함과 동시에 식민사
관을 심어 주기 위해 혈안이 되어 있었다.

다음은 1922년 재등실(齋藤實)이 발언한 조선 총독의 '조선교육조서'
번역문이다.

• 조선교육조서

"먼저 조선 사람들이 자신의 일, 역사, 전통을 알지 못하게 하라! 그
럼으로써 민족혼(과), 민족문화를 상실하게 하고 그들의 조상과 선인(先
人)들의 무위(無爲), 무능(無能), 악행(惡行)을 들추어내, 그것을 과장하
여 조선인 후손들에게 가르쳐라! 조선인 청소년들이 그들의 부조(父祖:
부모와 조상)들을 경시하고 멸시하는 감정을 일으키게 하여, 하나의 기풍
으로 만들라! 그러면 조선인 청소년들이 자국의 모든 인물과 사적(史蹟:
역사 기록과 유적)에 대하여 부정적인 지식(인식)을 얻게 될 것이며 반드
시 실망과 허무감에 빠지게 될 것이다. 그때 일본의 사적, 일본의 문화,
일본의 위대한 인물들을 소개하면, 동화 효과가 지대할 것이다. 이것이
제국일본(帝國日本)이 조선인을 '반(半) 일본인'으로 만드는 요결일 것이
다."

참으로 이런 대단한 발상이 또 있을까? "총칼로 지배하는 것은 순간의
효과밖에 없다. 남을 지배하려면 철학, 종교, 교육, 문화를 앞장세워 정신
을 지배해야 한다."는 재등실의 생각이 고스란히 담겨 있다. 신체에 가하
는 직접적인 잔혹한 폭행과 고문보다 더욱 무섭고 비열한 민족말살의 시
작을 예고하는 폭탄이라 볼 수 있다. 여기에 담긴 기본 방침은 점차 조직
적, 전면적으로 조선 땅에 침투해, 결국에는 자신들의 역사를 망각하여

우리 조상을 부정하고, 자국의 문화를 천시하며, 한겨레를 비하하는 하나의 기풍으로 정신적 자학이 되고 말았다.

더욱 가슴 아픈 사실은 여기에 우리와 피를 나눈 같은 민족이 학자로 참여해 식민사관에 동참했으니, 어쩌면 그들이 악덕 친일 경찰보다 더욱 비난받아 마땅한 일이었다. 오랜 세월이 지난 지금까지도 그 흔적이 남아 거짓 역사를 사실로 믿고 순응하고 있으니 얼마나 안타까운 일인가? 재등실은 한민족에 대하여 아주 강력한 쇠뇌 교육에 주술을 걸었고, 그것은 일본으로서는 아주 성공적인 결과를 남겼지만, 우리 민족에게는 악습과 악행을 심어 주고 말았다.

결국 앞서 제시한 여러 제도를 바탕으로 조선 총독부는 겉으로는 사회주의 노선과 소작농민 및 노동자에 대한 탄압을 강화하면서 지주와 자산가 계급을 보호해 주었고, 속으로는 민족정신과 사상을 무너뜨렸다. 그러면서 점차 조선인들을 친일파로 만들어 민족운동 해방전선을 파괴시켜 나갔다. 그리고 1930년대로 들어서면서 자신들이 일으킨 전쟁에 우리 조선인을 참여시켜 민족을 분열시키기 시작했다.

4. 역대 조선 총독과 그들의 만행

일본 총리실 마크인 '오칠동'(五七桐)'

현재 일본 총리실 마크인 '오칠동'(五七桐)'은 일제 강점기 조선 총독의 휘장이기도 했다. 문제의 문장은 큼직한 오동잎이 아래로 세 갈래, 그 위에 오동 꽃 세 송이가 나란히 솟아 있는 형상인데, 세 송이 꽃에서 가운데 꽃은 꽃잎을 모두 7장, 양옆의 꽃들은 각각 5장씩 달고 있다. 이 문장은 바로 이미 1592년 임진왜란을 일으켰던 주범인 풍신수길의 문장이기도 했다.

그가 누구인가? 조선에 전쟁의 상처를 안기며 수많은 인명 살인과 문화재 약탈, 살아 있는 조선인들 코를 베어 소금에 절여 가져갔던 잔혹한 인물 아니던가? 당시 그가 조선을 점령하지 못한 천추의 한을 몇 백 년이 지난 후, 그의 후손 명치천황이 통쾌하게 이루어 줄 것을 감히 예상도 못 하고 피를 토하는 심정으로 눈을 감았을 것이다. 하늘에서나마 그의 후손이 조선을 통치하는 것으로 한을 풀었을까?

오랜 시간이 흐른 후 풍신수길도 못한 일을 해내며 조선이란 나라를 손에 넣은 그들이 일제 강점기 조선을 통치하며 마치 풍신수길만큼이나 끔찍한 만행을 조선인들에게 저질렀다. 우리 민족을 괴롭혔던 일본 지배자들은 '과히 인간의 악은 어디까지가 한계인가?'라는 대단한 심리적 연구를 필요로 하는 수준이었다. 그리고 악역의 우두머리에는 언제나 허수아비 조선 국왕을 비웃으며 천황을 대신하는 조선 총독이 거만하게 통솔하고 있었다.

일제 강점기에 조선을 통치했던 역대 조선 총독은 모두 아홉 명이었다.

사내정의(寺内正毅)

제1대 총독은 사내정의(寺内正毅: 재임 1910년 10월 1일 ~ 1916년 10월 14일)이다. 사내정의는 초대 총독으로서 조선의 입법·행정·군사권을

장악한 후, 조선의 국권을 탈취하였다. 그는 초대 조선 총독으로서 무단 통치를 실시하는 기반을 마련해 준 인물이다.

제2대 총독은 장곡천호도(長谷川好道: 재임 1916년 10월 14일 ~ 1919년 8월 12일)이다. 그는 그의 재임 기간에 일어난 3·1운동을 잔혹하게 진압하고 무단 통치를 자행해 일본에 공을 세웠다. 또한 토지 사

장곡천호도(長谷川好道)

업을 완성시켰는데도 불구하고 일본 측에서는 단 3년 만에 다른 총독으로 교체하였다.

제3대 총독(재임 1919년 8월 12일 ~ 1927년)이자, 제5대 총독(재임 1929년 8월 17일 ~ 1931년 6월 16일)을 지낸 인물이 우리의 주인공 강우규 의사와 등장부터 악연으로 맺어지게 되는 재등실 총독이다. 그는 두 번씩이나 조선 총독으로 임명되어 형식상의 문화 통치를 표방하며 기존의 무자비한 강압 통치에서 회유하는 방식으로 변경하는 통치를 시행했다. 하지만 겉으로만 회유일 뿐 사실상 조선인의 정신세계까지 기만하는 정책을 다져나갔다.

1919년 8월 12일 제3대 조선 총독으로 임명된 재등실(齋藤實: 1858~1936)은 해군대장 출신이다. 그는 1927년 제네바 군축회담에 전권대표로 참석하기 위해 2년간 조선 총독 자리를 사퇴했다 1929년부터 내각 총리대신에 오르는 1931년까지 제5대 총독으로 다시 조선으로 돌아왔다. 재

등실은 일본의 군국화에 앞장섰으며 동아시아 침략전쟁의 주범으로서도 공헌한 바가 크다. 물론 그의 최후가 1936년 2월 26일 발생한 일본 군사반란 때 암살되는 비극적인 죽음이었으니 하늘이 내린 천벌을 받은 것일까?

우리 민족은 거족적인 3·1운동으로 일제 헌병경찰의 무단 통치 아래 폭행당했던 부당함에 대해 '평화'라는 깃발을 내걸었다. 이러한 단합된 민족운동으로 우리 민중은 조선 점령을 대단하게 인식하며 통치를 정당화하고 자만하던 일제의 선전이 모두 거짓임을 온 세상에 드러냈다. 우리 조선인이 주인공이 되는 국가를 꿈꾸며 일제에 당당하게 평화적 시위로 맞서 싸운 우리 민족의 투쟁은 일제로부터 '문화 정치'를 보장받았다.

하지만 이러한 정책은 사실상 그 내면에 폭력적인 식민통치에 대한 국제사회의 비난과 우리 민족의 저항을 두려워한 일제가 '우는 아이 사탕 주는 식'의 잠시 동안 기획한 달콤한 속임에 불과한 것이었다. 그리고 그 지배를 지속하려는 속임수가 온 천하를 지배하고 있었다. 그 시절 일제는 대내외 정치 공작을 맡을 국제적 예지와 모사군의 지혜를 겸비한 지략가가 절실하게 필요하던 시점이었다.

일제에게 그러한 갈증을 해소해 줄 적합한 책사가 바로 재등실이었다. 그는 젊은 30대 시절에 6년간이나 주미공사관 무관으로 일했으며 40대 초반에 해군 차관의 지위에 올라 러일전쟁을 승리로 이끄는 기반을 마련해 둔 공로가 있었기 때문이다. 그는 여기서 한 걸음 더하여 1906년부터 1914년 수뢰(受賂)사건으로 그의 행적에 약간의 오점을 남기며 퇴진하기까지 해군의 최고 책임자였던 인물이다. 이만하면 재등실은 외교적 수완과 동시에 강한 리더십의 소유자였으니 당시로서는 조선 총독으로 부임하기에 적임자였다.

조선에 부임하는 날 목숨을 잃을 뻔한 위기를 모면하고 그는 '문화적 제도의 혁신'이라는 개혁을 선포한다. 문관 총독을 임명할 것이며 헌병경찰 제도를 폐지하고 지방자치를 실시할 것을 약속했다. 하지만 문화라는 찬란한 제목으로 색칠된 개혁의 숨은 속사정은 내부적으로는 친일파를 육성하여 민족 분열을 부추기고 조선 독립의 열망을 무너지게 하며, 외부적으로는 일제 정책의 실태를 우호적으로 선전하는 정치 강화 목적에 주력하고 있었다.

재등실은 1919년 부임한 다음 날인 9월 3일 공포한 시정 방침 훈시에서 다음과 같이 선언했다.

"무화적 제도의 혁신으로 조선인을 이끌어 가르쳐 행복과 이익의 증진을 꾀하고 장차 문화의 발달과 민력의 충실에 응해서, 정치·사회상 대우에 있어서도 내지(일본)인과 동일하게 취급하는 궁극의 목적에 이르게 할 것이다."

하지만 몇 년 후 1922년 4월 1일 〈동아일보〉 사설을 주목해 보면 재등실이 선언한 이 발표문이 얼마나 위선적이며 조선인을 더욱 괴롭히고 착취하기 위한 제도이며 정치적 공작이란 사실을 바보가 아니면 알 수 있을 것이다. 1922년 4월 1일 〈동아일보〉에 실린 사설 내용이다.

"지방자치 제도의 실시는 군이 부임 당시 성명한 주요 정강의 하나다. 군의 손으로 건설된 소위 신(新)지방제도는 지방자치를 위한 제도가 아니라 참으로 괴상한 일종의 유희적인 연습기관이다. 군은 이것을 '문화 정치'의 최대 산물이라고 할지 몰라도 문화 정치가 이러한 괴물을 만들어

산리반조(山梨半造)　　　　　　　　　우원일성(宇垣一成)

냈다면 우리는 한층 더 이 '문화 정치'라는 것을 저주하지 않을 수 없다."

그리고 무엇보다 일본에 식량 부족 현상으로 조선의 쌀을 대량으로 일본에 유입하기 위해 '산미증식계획'을 거창하게 외쳤듯이, 재등실이 만든 모든 계획은 참으로 이름만 아름다울 뿐, 자국 일본 경제 발전에 영향을 미치면서 조선의 백성을 굶주리게 한 불행한 경제 정책이었다.

제4대 총독 산리반조(山梨半造: 재임 1927년 12월 ~ 1929년 8월 16일)는 조선 총독부의옥(朝鮮總督府疑獄) 사건에 관련되어 사임하고 말았다. 제6대 총독 우원일성(宇垣一成: 재임 1931년 6월 17일~1936년 8월 4일)은 경제개발 정책을 외치면서 우리 민족문화 말살정책에 무척 앞장서 조선어 교수 시간을 대폭 축소시켰다.

남차랑(南次郎)

제7대 총독 남차랑(南次郎: 재임 1936년 8월 5일~1942년 5월 28일)은 조선과 일본의 내선일체를 주장하며, 지원병 제도를 만들어 우리 조선 청년들을 전쟁에 강제로 참전시켰다. 나아가 조선어 대신 일본어 사용을 더욱 철저하게 사용하게 하고 창씨개명을 강요했으며 황국신민화 구호를 강력히 주장했다.

"현재 우리나라(일본)는 동양평화 옹호의 사명을 수행하기 위해 국민을 총동원하여 시국에 대처하고 있는 때인데, 대일본국민인 자는 그 신앙하는 종교의 여하를 불문하고 일제히 천황폐하를 존숭하여 받들고 선조의 신기(神祇)를 숭경하고 국가에 충성을 다해야 하는 것은 말할 필요도 없는 바로서, 신교(信教)의 자유는 대일본국민 범위에서만 용인되는 것이므로 황국신민이라는 근본 정신에 어긋나는 종교는 일본 국내에서는 절대 그 존립을 허용하지 않는 것이다."

위에 나타난 1938년 10월 7일 조선감리회 총회석상에서 열린 신사참배와 침략전쟁에 대한 협력을 강요하며 연설한 데서 그의 의도를 알 수 있다. 여기서 남차랑은 우리 민족을 일제에 순종하는 '충량(忠良)한 신민(臣民)'으로 만들겠다는 굳은 결심을 나타내며, 좋은 의도로 신민일 뿐 조선인을 일본의 노예로 삼겠다는 위협과 협박을 한 것이나 다름없었다.

제8대 총독 소기국소(小磯國昭: 재임 1942년 5월 29일 ~ 1944년 7월 21일)

소기국소(小磯國昭)

아부신행(阿部信行)

는 남차랑 총독의 행적에서 한 걸음 더 발전해 학도병제도를 실시해 나이 어린 우리 조선 청년들을 사지(死地)로 내몰았다. 1944년에는 총리가 되었으며 극동국제군사재판에서 기소되어 종신형을 선고받고, 도쿄에서 옥사했다.

제9대 총독 아부신행(阿部信行: 재임 1944년 7월 22일 ~ 1945년 9월 28일)은 전쟁 수행을 위한 물자와 인력의 수탈에 온 힘을 쏟아 일본에 이익을 던져 주었다. 국민의용대를 편성하여 비협조적인 조선인에 대한 대규모 탄압과 검거도 무척 잔혹하게 시행한 인물이다.

살펴보았듯이 일제 강점기 조선을 통치했던 총독은 모두 아홉 명이지만, 그중 조선을 마지막으로 통치했던 제9대 총독 아부신행(1875~1953)은 어쩌면 가장 잔혹하면서 강력하고 실질적인 지배 체제의 성과를 이루었다고 볼 수 있다. 아부신행은 조선을 떠나며 참으로 정확하고도 무서운 예언을 하고 일본으로 돌아갔다.

1879년 일본 석천현(石川縣)에서 태어난 아부신행은 일본 육군사관학교를 졸업하고 독일 유학을 다녀와 군 중앙부 주요 보직을 거쳐 1933년에 육군 대장, 1939년에는 일본 내각 총리를 지냈다. 비록 5개월의 짧은 시간 동안 일본 총리를 지냈지만, 1944년에는 비로소 조선 총독에 임명되어 천황을 대신해 조선을 통치하는 강력한 권한을 가지게 된다. 물론 부임해 올 때까지만 해도 조선 지배가 영원할 것 같던 일본이 패망해, 그 다음 해에 조선을 떠나게 될 것이라고는 상상도 하지 못했을 것이다.

그는 재임 기간 동안 조선인에 대한 식민지 교육을 무척 철저히 시행했다. 1944년 7월 24일 제9대 조선 총독으로 부임한 직후부터 전쟁 수행을 위한 물적·인적 자원을 수탈하는 데 온갖 노력을 기울였으니 일본으로서는 무척 대단한 공신이었던 셈이다. 여기서 한 걸음 더 나아가 징병, 징용 및 조선 젊은 청년들을 잔혹하게 색출했으며, 여자정신대 근무령을 공포해 조선 여자들을 성적 노예로 희생시켰다. 아부신행은 조선인이 이 법령에 대응하지 않으면 국가총동원법에 의해 징역형을 내리며 더욱 공포에 떨게 했다.

그러던 그가 결국 일본의 패전과 동시에 미국이 조선에 주둔하게 되자, 마지막으로 항복문서에 서명하고 조선을 떠나며 확신에 찬 예언을 남겼다. 그때 그 자가 남긴 유명한 예언은 참으로 소름이 끼친다.

"우리는 패했지만 조선은 승리한 것이 아니다. 장담하건대, 조선민이 제 정신을 차리고 찬란하고 위대했던 옛 조선의 영광을 되찾으려면 100년이라는 세월보다 훨씬 더 걸릴 것이다. 우리 일본은 조선 민중에게 총과 대포보다 무서운 식민 교육을 심어 놓았다. 결국은 서로 이간질하며 노예적 삶을 살게 될 것이다. 보라! 실로 조선은 위대했고 찬란했지만

현재 조선은 결국 식민 교육의 노예로 전락할 것이다. 그리고 나 아부신
행(阿部信行)은 다시 돌아온다."

그가 한반도를 떠나며 남긴 이 예언은 교만하면서도 어쩌면 너무도 정
확한 예언이었다. 그는 조선의 역사를 왜곡하면서 "일본은 과거에 임나일
본부를 두어서 고대부터 한반도를 경영해 왔다."는 거짓 논리를 날조하면
서 조선 식민 통치를 정당화했다. 단군의 역사를 신화로 만들었고, 전 세
계에 존재했던 정치적인 의견 충돌과 교류를 마치 조선에만 존재했던 나
쁜 성향인 듯 '당쟁(黨爭)'이란 이름을 붙여 조선이 당파 싸움으로 망했다
는 설로 한국인들을 쇠뇌시켰다. 그리고 그 날조된 이야기를 지금의 일본
역사 교과서에서도 사실로 기술해 실어 놓았으니 참으로 역사 왜곡이 그
도를 넘어 끔찍한 수준이다.

아부신행이 던진 이 발언. 이 얼마나 무서운 발언인가? 그리고 이 무서
운 예언은 적중했으며, 여전히 우리 사회 곳곳에 남아 식민사관의 잔재를
풍기고 있고 많은 사람들이 아직도 그들이 뿌린 역사를 마치 사실처럼
인식하고 있다.

또한 아부신행은 광복 직후인 1945년 12월 11일 맥아더 사령부가 그를
심문할 때 여전히 조선을 비하하는 발언을 던지며 조선을 식민지로 삼아
지배한 일을 정당화하고 있었다.

"일본 식민 정책은 한국인에게 이득이 되는 정책이었고 한국인은 아
직도 자신을 다스릴 능력이 없기 때문에 독립된 정부 형태가 되면 당파
싸움으로 다시 붕괴할 것이다."

이렇게 방자한 태도로 남북공동정부 수립을 적극 반대하고 나섰다. 이

안신개(岸信介)

처럼 일제 점령기 36년이라는 결코 짧지 않은 시간 동안 조선을 통치했던 조선 총독은 아홉 명이었다. 당시 조선 총독은 천황에 직속하는 친임관(親任官)으로 일본 내각 총리대신과 동격의 지위를 갖고 있었다. 즉 식민지의 행정권, 군대통수권, 입법권, 사법권을 모두 장악한 무소불위의 권력을 가진 사실상 조선의 국왕이자 한 나라를 통치하는 일본 천황과 다름없는 제왕적 존재였던 셈이다.

게다가 아부신행과 사돈인 안신개(岸信介: 1896~1987)는 만주국을 건설하며 일본이 아시아를 지배하려는 나름대로 원대한 전략을 세웠던 인물이다. 이러한 계획으로 중국인과 조선인의 항일투쟁을 무력화시키고 나아가 전 세계를 지배할 수 있을 것이라는 어리석은 자만(自慢)이 결국 패망의 결과였지만, 두 사람의 노선은 참으로 유사했다.

그리고 할아버지와 외할아버지 두 사람의 유전자를 그대로 답습한 그들의 손자가 바로 지금 일본의 안배진삼(安倍晋三) 총리 아니던가? 그 시절부터 우리 민족에게 끊임없이 고통을 주었던 두 사람의 잘못을 그저 은폐하고 왜곡하려는 안배 총리 역시 더러운 만행의 공범일 뿐이다.

안배진삼(安倍晋三)

문득 1970년 12월 7일 폴란드의 수도 바르바샤 국립묘지 앞에서 죄스러운 표정으로 엄숙하게 묵념했던 서독 총리 빌리 브란트(Willy Brandt)가 떠오

빌리 브란트의 사죄

른다. 20세기 역사와 철학을 조화시키려 노력했던 콜링우드(R. G. Collingwood)의 명언처럼 "역사는 죽은 과거가 아니라, 현재 속에 살아 있는 과거"이며, 카(E. H. Carr)의 주장처럼 "역사는 과거와 현재의 끊임없는 대화"일 것이다.

그래서일까? 당시 총리라는 높은 지위에 걸맞게 빌리 브란트는 제2차 세계대전 당시 나치에 의해 억울하게 희생된 유대인을 기리는 위령탑 앞에 서서 고개 숙여 사죄했다. 아무리 문서를 찢어 버리고 당시 피해자들을 흔적도 없이 제거해도 과거의 그릇된 역사를 현재 시점에서 속일 수 없다는 것을 증명하는 듯했다. 이 장면은 주변에 있던 기자들에 의해 전 세계에 보도되었고, 총리의 진심 어린 사죄에 독일을 증오하던 유럽인들의 반응이 달라지기 시작했다.

당시 전 세계 언론에서는 이 장면을 "무릎을 꿇은 것은 한 사람이었지만, 일어선 것은 독일 전체였다."라고 칭찬했던 예전 기사를 접하며 현재 일본과 비교가 되지 않을 수 없었다. 사실 독일인들도 일본인들처럼 당시 얼마나 많은 유대인들을 잔혹한 방법으로 학살하고 괴롭혔던가?

비열한 변명처럼 들릴 수 있지만, 인간이라면 자신의 의지와 상관없이 그 시대 흐름과 상황에 따라 잘못된 길을 가기도 하고 잘못을 저지르기도 한다. 또한 이미 지난 일은 되돌아갈 수도 되돌릴 수도 없지만, 인간이기에 지난 일을 반성하고 사죄할 기회를 얻을 수 있는 특권이 주어진다. 그러나 일본은 현재까지도 어떠한가? 거짓 역사를 조작하고 왜곡하는 것도 모자라, 여전히 당시 피해를 입은 생존자들이 현존하고 있는 상태에서도 그 시절 있었던 사건들을 부인하고 있지 않은가?

여전히 남아 있는 정신대 할머니들에 대한 사과와 보상을 외면하고 역사를 숨기려는 안배의 행위는 결국 전 세대의 잘못에 대한 조금의 반성도 없이 현재진행형으로 이어져 오고 있으니 안타까운 지도자일 뿐이다. 언젠가 안배 총리가 한 주간지에 이렇게 발언했다는 기사가 보도되었다.

"중국은 어처구니없는 나라지만, 그나마 외교 게임이 가능하다. 하지만 한국은 그저 어리석은 국가일 뿐이다."

지나간 조상들의 잘못된 시각에서 한 치의 양보도 없으니 참으로 촌스러운 지도자의 행동이 비굴하게 느껴지는 발언이다. 문득 현재 전 세계 제일 부호로 불리는 빌 게이츠(Bill Gates)의 명언이 떠오른다.

"잘못으로부터 뭔가를 배워라. 가장 중요한 것은 문제를 해결하는 것이다."

과거 잘못을 해결할 가장 소중한 방법을 알지 못하고 있으니, 아마도 이 명언의 참뜻을 실천하지 못하는 국가의 지도자야말로 어리석은 사람으로 어리석은 국가를 만들고 있는 것은 아닐까?

제2장
우리 민족의 항일독립투쟁

1. 3·1운동

　전 세계 195개국 중 95%에 이르는 나라들이 1919년의 약 20년 전후에 독립 또는 혁명적 정체 변화에 의해 새로운 나라가 되었다. 여기에는 두 개의 결정적 계기가 있었다. 첫째는 1776년 미국의 독립이다. 이를 계기로 중남미 20개국이 독립하였다. 1816년의 아르헨티나에서 1902년 쿠바 독립까지가 그것이었다. 이 단계는 백인 모국으로부터 식민지의 백인 지배층이 독립을 한 것이다. 식민지하 약소국의 독립과는 성격이 다른 것이었다. 둘째는 제1차 세계대전이었다. 이 시기에 3·1운동이 일어났다.[9]

　1919년 3월 1일 일제의 폭력적인 무단 통치에 견딜 수 없었던 우리 민족은 민주적이며 평화적인 투쟁으로 다 함께 일어섰다. 우리의 외침은 각계 유명한 인사들을 비롯해 전국 방방곡곡 남녀노소가 모두 모여 거대한 만세 행진을 이루었다. 일순간 방심했던 일제는 그 거대한 물결 속에 문화 통치를 약속하기에 이른다. 국내뿐만 아닌, 해외에서 거주하던 독립운동가들도 임시정부를 세우고, 무장독립투쟁도 함께 활기를 띠기 시작했다.

　3·1운동이 일어나기 전, 1917년 러시아에서 혁명이 일어나고, 이듬해

---

9) 이정은, 《3·1운동의 얼-유관순》, 독립기념관, 2010. 4~5쪽.

3·1운동

제1차 세계대전이 종결되었다. 이 시절 러시아 혁명정부와 미국에서는 민족자결주의를 발표하기 시작했다. 어쩌면 그러한 역사의 비극이 다소 정리되면서 독립운동을 위한 유리한 조건이 형성되었을 것이다. 식민지 국민의 독립할 권리를 국제적으로 주장한 이 선언의 영향으로 국내와 외국에 거주하던 독립투사들은 무척 용기를 얻었다.

유리한 조건을 잘 이용하여 독립투쟁을 크게 발전시키기로 합의하고, 대표단을 조직하여 국제회의에 파견하는 한편, 우리 민족이 일본의 통치를 원하지 않으며, 온 민족이 독립을 갈망한다는 뜻을 보여 주기 위한 거족적인 시위를 추진하기로 한 것이다. 그리고 일본에 조선의 독립을 요구했다. 모든 종교단체들인 천도교와 기독교 그리고 불교계의 대표들과 학생단체 대표들 모두 동참했다. 비록 다른 믿음과 사상을 가졌지만 모두들 단합하여 독립선언서를 만들고 독립선언식과 시위운동을 위한 구체적인 준비를 완수했다. 그리고 기다리던 역사적인 순간인 3월 1일이 되었다.

서울뿐만 아닌 전국의 주요 도시가 이른 아침부터 묘하게 움직이고 있었다. 정오가 지나 많은 학생과 시민들이 각자 손에 태극기를 들고 약속된 장소로 집결했다. 그리고 계획했던 두 시에 누군가 단상으로 뛰어 올라 경의에 찬 역사적인 독립선언서를 낭독함과 동시에 "대한 독립 만세!"를 외쳤다.

"조선이 독립국임과 조선인의 자주민임을 선언하노라. 차로서 세계만

방에 고하여 인류 평등의 대의를 극명하며, 자손만대에 고하여 민족자존의 정권을 영유케 하노라."

모두들 손에 태극기를 들고 흔들며 동시에 벼락처럼 만세 소리가 미친 듯이 터져 나왔다. 태극기의 흔들림과 우렁찬 그 열기가 조선을 뒤덮었다. 일순간 놀란 일제의 군인과 경찰은 시위대의 앞을 가로막고 철수할 것을 요구했다. 그리고 잔혹한 일제 군인과 경찰들은 무력을 앞세워 시위대를 진압해 가며 평화적인 시위를 공격했다. 하지만 무서운 폭력 앞에 피 흘리며 죽어 가면서도 시위는 끝나지 않고 진행되었다.

피압박 민족으로서 자유와 독립을 외치면서 3·1운동은 일본 제국주의의 무력적 탄압 앞에서 두 달여의 투쟁을 마감할 수밖에 없었다. 하지만 3·1운동이 보여 주었던 20세기 전반 인류의 낡은 가치들, 즉 탐욕, 독점, 침략, 무력, 강압과 공포의 정치, 수직적·일원적·일방적 질서에 정면으로 대척점에 서서 새로운 문명을 지향하는 것이었다. 새로운 시대와 인류적 가치들, 즉 침략에 대해 독립, 폭력에 대해 비폭력, 강압과 공포에 대해 자유와 해방, 일방적·일원적·수직적 질서에 대해 수평적·다원적·자발적 협력의 새로운 가치들 말이다. 제1차 세계대전 후 '독립'이라는 화두를 들고 나선 3·1운동이 세상을 바꾸었다. 3·1운동은 당시에 세계에 잘 알려지지 않은 약소민족의 독립운동이었다. 당시에 그 운동이 크게 반향을 보인 것 같지 않아 보였을지라도 세계는 그런 방향으로 나아가 약소국들의 독립 선언이 나타나기 시작했고, 실제로 제1차 세계대전과 더불어 시작되어, 제2차 세계대전을 거치면서 더욱 가속화되어 한국을 비롯한 47개국이 독립했다.[10]

---

10) 이정은, 《3·1운동의 얼―유관순》, 독립기념관, 2010. 4~5쪽.

2. 독립운동의 주인공이 된 모든 민중들

3월 1일 이후에도 만세 시위는 지속적으로 이어졌다. 또한 3월 중순을 지나면서, 철도가 연결되는 중소 도시로 점점 늘어나 3월 말에서 4월 초에는 전국 대부분의 곳에서 만세시위가 벌어졌다. 만세시위가 확산되면서 운동을 조직하고, 시위운동에 참가하는 민중들의 구성도 점차 달라졌다. 초기에는 학생과 종교인들이 중심이 되어 시위가 조직되었지만, 시위가 확산되면서 농민과 노동자를 비롯한 그저 이름 없는 평범한 민중들도 참여하여 거족적인 민족투쟁으로 확산되었다.

3월 2일부터 본격적인 시위운동에 참여한 노동자들은, 파업투쟁을 시작으로 여러 차례 시위운동을 전개하였다. 전국 곳곳의 농민들도 지역별로 장날을 맞이하여 대규모 독립선언식을 거행하고 만세운동에 참여했다. 농민들에 이어 이제는 어린 학생들도 시위에 나섰다. 그들의 역할도 무척이나 컸다. 어린 학생들은 동맹휴학을 통해 시위에 참여하여 학교가 휴교한 뒤에는 고향으로 돌아가 시위 조직에 나섰다. 이제는 각종 상인들도 생업인 상가 영업을 미룬 채, 만세운동을 전개하였다.

이렇게 사회 유명인뿐만 아닌, 민중들도 모두 시위에 본격적으로 참여하면서 그 형태도 무척 달라졌다. 처음에 평범하게 세속에서 자신의 일에만 충실하게 종사하며 일제 지배자들 밑에 숨죽이며 하루하루 보내던 민중들이 민족자결주의가 무엇인지 알 리가 없었다. 하지만 평화적으로 시위를 벌이다 억울하게 학살당하던 초기의 운동 방법을 동일하게 유지하지는 않았다. 비록 힘은 없었지만, 우리 민중들은 일제를 우리 민족 스스로의 손으로 몰아낼 수 있을 때 독립이 이루어지리라 확신했다. 직접 나서 일제의 통치기관을 공격하기도 했고, 시위 참가자가 붙잡힌 헌병 주재소나 경찰서를 공격하면서 일본인들을 몰아내기도 했다. 아마도 이렇게 전개되었던 3·1운동에 대해 대한민국 사람이라면 모르는 사람이 없을 것이다.

하지만 암울한 시절 우리 역사의 한 페이지를 거룩하게 장식했던 거족적인 민족운동인 3·1운동만큼이나 연약한 개인이 직접 나서서 노구의 힘으로 혼자 모든 것을 기획하고 책임지며 투쟁했던 강우규의 의열 민족운동도 사실상 무시할 수 없는 사건이며 결코 폄하할 수 없는 거룩한 업적이다.

무엇보다 이러한 3·1운동의 여파가 조직화된 세력뿐만 아닌, 개인의 우국충정을 일깨우는 계기가 되었으며, 숨어 있던 애국지사들의 의지를 당당하게 불러일으키는 불꽃같은 역할의 서막을 알리기 시작했다는 데 큰 의의가 있었던 것이다.

3. 3·1운동 이후 개인이 일으킨 최초의 항일의거

현재 유년기를 지난 대한민국 국민이라면 3·1운동에 대해 들어보지 못한 사람은 없을 것이다. 그 운동이 구체적으로 무엇이며 어떻게 진행되었는지 어린 나이 학생들이 상세히 알지는 못한다 해도 3·1운동이란 사건이 있었다는 정도는 누구나 머릿속에 자각하고 있을 것이며 그에 관련된 위인들도 종종 외우고 있는 일이 보편적인 현상이다.

하지만 정작 3·1운동의 여파 이후 개인이 일으킨 최초의 의열투쟁은 무엇이며, 그 주인공이 누구인지는 별로 관심을 보이지 않고 있다. 또한 우리에게 각종 언론과 교과서 등을 장식하며 익숙한 이름 안에 훌륭한 위인으로 각인된 윤봉길 의사며 이봉창 의사들에게 열정을 일으키며, 이러한 젊은 인재들이 독립운동을 기획하는 데 영향을 주었던 인물에 대해서도 여전히 시큰둥한 반응이 대부분이다.

그럼, 앞서 설명한 인물은 과연 누구인가? 절대 역사 안에 가볍게 버려둘 수 없는 인물. 많은 의사들의 일제에 대한 분노를 뜨거운 열정으로 솟구쳐 멈추지 않는 의거로 이어지게 했던 인물. 그가 바로 강우규이다.

앞서 언급했듯이 식민지 조선을 통치했던 역대 조선 총독은 아홉 명이었다. 그중 재등실은 두 번이나 조선 총독을 역임하며 조선 민중을 착취하고 수탈하는 데 무척 고심한 인물이며, 부임과 동시에 죽을 고비를 넘긴 천운을 타고난 총독이라 할 수 있다. 그리고 그의 등장과 함께 3·1운동 이후 최초의 개인이 일으킨 항일의거가 탄생하게 된다.

제3장 강우규의 생애와 독립사상 형성

1. 강우규의 젊은 시절

    강우규는 조선 왕조가 한창 세도정치로 절정에 달하던 시절, 몰락의 기운을 안고 기울어져 가는 허수아비 임금 철종 6년 1855년 6월 1일 평안남도 덕천군 무릉면에서 태어났다. 아버지 강재장의 4남매 중 형 두 명과 누이 한 명을 두고 막내로 출생했다. 강우규의 유년 시절에 대해 실제로 객관적이던 주관적이던 많은 일화들이 전해지지는 않는다. 다만 1920년 2월 21일에 실린 〈매일신보〉 기사에 "강우규는 빈한하기 짝이 없는 농가의 출생이었소."라는 구절을 통해 그가 넉넉하지 못한 가정에서 무척 어려운 유년 시절을 보냈음을 알 수 있다. 그리고 어린 시절 부모님을 잃고 누님의 도움을 받으며 성장했으니, 자라면서 편안한 형편에서 혜택을 누리지는 못했지만, 틈틈이 익혔던 한학을 기반으로 전통적인 한방의학

1920년 2월 21일 〈매일신보〉 3면 기사

을 학습해 한의사로 활동했다는 사실이다.

그리고 강우규의 손녀 강영재의 증언을 토대로 강우규의 일생을 파악해 볼 수 있다.[11] 강우규 거사 당시 손녀 강영재도 어린 나이였기에 자신이 할아버지인 강우규의 모습과 행동을 정확하게 기억할 수는 없을 것이다. 또한 강우규 거사 이후 일제의 감시와 멸시로 가족들이 흩어졌고, 또한 강우규 자료 발굴에 어려움을 겪는 이유는 직계 후손인 손녀 강영재마저 사실상 1985년 세상을 떠났기 때문이다. 다만 강영재도 고백했듯이, 자신도 아버지인 강중건으로부터 전해들은 할아버지에 관한 일화와 성장하면서 어린 시절의 기억을 통해서 당시 상황과 활동을 회고해 주었던 기록이 전해진다. 또한 그 시절 신문 보도와 재판 기록을 통해 당시 강우규가 젊은 시절 종사했던 직종과 활동 범위와 됨됨이, 심성 등을 유추해 보는 일이 나름대로 신빙성이 있을 듯하다. 《기려수필(騎驢隨筆)》[12]에 있는 다음의 기록을 통해 그의 인물됨이 고상하고 평판이 좋았음을 느낄 수 있다.

---

11) 강영재, 《남대문역두 강우규의사의 투탄》, 신동아, 1969년 6월호. 박환, 《잊혀진 의열투쟁의 전설 강우규의사 평전》, 선인, 2010, 215~243쪽 참조.

12) 송상도(宋相燾: 1871~1946)가 대한제국 말기부터 광복까지 애국지사들의 사적을 기록한 책이다. 명나라의 기려도사(騎驢道士)가 명나라가 망한 뒤에 명나라 말기 충신의 사적을 수집했던 것처럼, 1910년 경술국치 이후 수십 년간 전국 각지를 답사하면서 애국지사의 유가족 또는 친지를 방문하여 그 사적을 기록하고, 사건 당시의 신문과 기타 자료를 수집하여 이 책을 편찬하였다. 책 내용은 1866년(고종 3) 병인양요 때 순절한 이시원(李是遠)의 사적으로부터 시작하여 항일투사 239명의 행적을 기록하고, 대한민국임시정부, 공산당, 고려혁명당과 6·10만세, 광주학생독립운동 등의 단체 및 사건에 대해서도 서술하고 있다. 이뿐만 아니라 일반인들에게 알려지지 않은 지방의 구국운동 상황도 수록하였다. 특히 한말 의병의 활동 상황에 대해서는 다른 의병 자료에서 볼 수 없는 귀중한 것들을 많이 기록하고 있다. 저자가 유학자였던 만큼 유교적 안목에서 서술하였는데, 현지 답사를 통하여 기록하였기 때문에 당시 항일투쟁의 실상을 알려 주는 귀중한 문헌으로 평가받고 있다.

"어려서부터 위인이 현명하고 대절(大節: 큰 절조)을 지니고 있어 행동 거지가 웅장하고 적은 일에 뜻을 두지 않아 주위 사람들에게 장래를 촉망받았다고 한다."

1920년 4월 15일 강우규의 공소심판 기록에 재판장과 강우규의 심문 내용 중, 강우규의 다음과 같은 대답을 확인할 수 있다.

"신교는 야소교(예수교) 장로파를 믿고, 학문은 10세 때 한문을 배웠을 뿐이다. 그 후로는 각지로 방랑하였고, 별로 공부는 하지 못하였다."

여기서 강우규가 기독교 신자이며, 어린 시절 체계적인 학교 교육을 받았다기보다는 서당에서 한문을 익힌 정도라는 것을 짐작할 수 있다. 또 재판장이 다음과 같이 질문하였다.

"피고가 의술을 잘해 최자남의 처의 병을 고쳐 주었다니 정말인가?"

이에 강우규가 이렇게 대답하였다.

"별로 의술을 안다고 할 수는 없으나, 어렸을 때 한방의술을 좀 배우고 겸해서 내가 그때 약장사를 하였다."

이러한 재판 기록을 통해 강우규가 고향에서 한방의술을 익혀 한의사로 활동했으며 홍원으로 이주한 후에도 동네 사람들의 가벼운 병을 좋은 마음으로 치료해 주는 의원 역할을 하였다는 사실을 알 수 있다.

강우규가 30대에 홍원으로 이주한 후에도, 그 지방 사람들을 대하는 자세며 행동이 무척 얌전하고 고상했다는 평으로 보아도 단순히 농사만 지으며 어렵게 생활하지만은 않았던 것으로 여겨진다. 홍원에 정착할 무렵에 고액의 자금을 가지고 와서 터전을 마련했다는 점, 학교를 설립하여 교육자로 활동한 점 등을 미루어 보아도, 강우규가 비록 가난한 농부의 아들로 태어났지만 성장하면서 익힌 한문 교육을 통해 한의사로 종사하고 약장사를 하면서 모은 재산일 것으로 추정해 볼 수 있다.

따라서 강우규는 가난하게 성장했으며, 서당에서 배운 한문을 바탕으로 20대까지 고향에서 한의사로 일하다가 30대로 들어서면서 초반에 (1885년) 함경남도로 거처를 옮기게 되었던 것이다. 강우규가 거처를 옮긴 이유를 아마 짐작해 보면, 당시 일제 강점기 그들이 우리 전통의학인 한의약 말살정책을 통해 한의사들을 탄압하기 시작한 일도 한몫했던 것이라 추측해 볼 수 있다. 반드시 그러한 불합리한 정책으로 한의사를 그만두게 되었다고 장담할 수는 없지만, 일제가 시행한 한의약 말살정책에 대해 잠시 살펴보는 것도 우리 민족이 처한 당시 암울한 시대 상황을 이해하는 데 짚고 가야 할 가치가 있는 일이다.

2. 우리 의학의 형성과 발전 그리고 쇠퇴[13]

•조선시대 의학의 발전

고려 후기 금나라와 원나라의 의학이 도입되었지만, 큰 영향을 끼치지 못하다가 조선시대에 비로소 의학 이론을 체계화시켰다. 우선 중국에서

---

13) 대한한의사협회에서 1898년 대한의사총합소 출범부터 2011년까지의 한의사의 113년 역사를 기록한《1898~2011 대한한의사협회사》를 발간하였다. 이 책을 참조하여 한의학의 변화와 발전 과정을 분석하고 정리하였다.

건너온 다양한 의학 서적과 우리 전통적인 순수한 의학 서적들은《의방유취(醫方類聚)》로 세종 때에 정리되었다. 그리하여 조선시대 우리 의학은 중국의학에 이론적인 토대를 두고 실제 의학적 실천은 우리 고유의학의 이원적인 구조로 형성되었다. 그리고 조선 중기에 그 유명한 허준에 의해 '한의학'으로 융합되어 발전하였다. 허준은 중국의 한대(漢代) 이후 형성된 여러 학설을 자신이 정립한 독창적인 이론으로 체계를 세워 처방하였다. 그가 저술한《동의보감》은 조선뿐만 아닌, 중국과 일본 등에까지 널리 전파되어 다양한 한의학 기술 발전에 영향을 끼쳤음은 물론, 우리 민족 고유의 의학 서적으로 현대까지 영향을 끼치는 빛나는 유산임은 우리의 자랑이다. 또 조선 후기로 들어서면서 실증주의 학풍이 가미되면서 실천과 경험을 중요하게 여기며 각 부분별로 세분화하고 전문화하는 현상이 나타났다.

조선 중기 이후 변해 가는 정치적인 흐름과 당쟁의 영향 또한 의학에도 피할 수 없는 변화를 낳았다. 당시 당쟁의 풍파로 비켜난 의학자들은 새로운 학풍을 일으키며, 서민들을 위한 간소한 의학 서적을 편찬하기 시작했다. 왕족이나 귀족에게만 국한되지 않은 실용적이며 보다 쉽게 읽고 처방할 수 있도록 만든 의학 서적을 개설하여 독창적인 이론을 제시해 주었다. 특히 조선 후기 '사상(四象)의학'의 탄생을 낳은 이제마(李濟馬)[14]가 '유형체질론'의 이론을 바탕으로 한의학의 질을 한층 높여 주었다.

---

14) 이제마(李濟馬: 1837~1900)는 조선 후기의 한의학자(漢醫學者), 문관(文官), 무관(武官), 시인(詩人), 조선 왕족 방계 혈족으로 본관은 전주(全州), 자는 무평(務平), 호는 동무(東武)이다. 64세로 삶을 마칠 때까지 고향에서 보원국(保元局)을 만들어 환자들을 보살폈다. 저서로《동의수세보원》외에도《천유초(闡幽抄)》,《제중신편(濟衆新編)》,《광제설(廣濟說)》,《격치고(格致藁)》등을 저술하였다. 이제마는 사람마다 타고난 체질이 다르므로 같은 병이라도 그 치료가 달라야 한다고 주장하였으며,《동의수세보원》을 통해 태양, 소양, 태음, 소음의 네 가지 체질이 있다고 하는 사상의학을 제창한 것으로 유명하다.

• 조선 후기 한의학 – 개항과 서양의학의 쇄도

조선 후기 닫혀 있던 조선의 개항이 우리의 자발적인 의지를 배제한 채 일본의 무력 앞에 열리기 시작했다. 이 시절 일본을 비롯한 서구 열강도 우리에게 개항을 요구하며 다양한 서양문물을 우리에게 선보이기 시작했다. 정치, 경제, 실생활의 다방면에 서구 사상의 침투는 사실상 커다란 혜택과 만족보다는 준비 없이 닥친 폭풍처럼 우리 전통문화에 혼란과 취사선택의 어려움을 안겨 주었다.

서양의학이 처음 소개된 시점은 영조 때이다. 이때만 해도 그저 단편적인 지식을 문헌에 전하는 수준에 그쳤다. 하지만 일본인들이 조선에 들어서면서부터 서양의학을 직접적으로 만나게 되었다. 1877년 부산에 설립한 '제생병원'을 시작으로 서울, 인천, 원산 등에 일본인이 설립한 병원이 점차 개원되기 시작했다. 물론 일본인 의사뿐만 아닌 한국인 의사도 함께 진료하였다. 또한 일본을 비롯한 서양 각국의 나라들과 통상조약이 체결되면서 개신교 선교사들도 잇따라 조선에 들어오게 되었다. 이들은 포교의 한 방편으로 의료사업을 진행했기 때문에 서양의학이 조선 지배층을 거쳐 서민들에게까지 침투하기 시작했다. 하지만 이때까지만 해도 한의학이 보편적으로 우선시되었지, 아직 서양의학은 익숙하지 않고 신뢰할 수 없는 의학으로 인식되어 있었다.

• 조선 후기 의사규칙과 개혁 시도

1891년 의과취재(醫科取才: 조선조에서 한의사를 선발하던 시험제도. 의학부문과 침구의 부문을 구술과 필기로 보던 제도)가 폐지된 후 새로 제정된 의료인 신분제도로 대한제국이 근대국가로 지향하는 과정에서 민족전통의

의약정책을 계획하며 동·서의를 구별하지 않았다는 점이 특이하다. 1900
년 1월 대한제국이 제정 공포한 의사규칙(내부령 제27호)은 의사에 관한
사항 7개 조문, 약제사와 약종상의 규칙 및 벌칙에 관한 사항 20개 조문,
약품순시 규칙 5개 조문 등 총 32개 조문과 기타 한약과 양약의 독약과
극약을 구별해 각각의 약품명을 명시했다.

　궁내부(宮內府)의 내의원(內醫院)과 전의감(典醫監)15)에는 조선인 한
의사와 함께 서양인 의사도 전의로 채용되었고, 내부 위생국장과 병원장
에 전의 출신인 한의사가 임용되고 있었다. 또 내부병원에는 한약소와 양
약소가 구성되어 있었고 한의사가 주류를 이루어 일반진료에 들어갔다.
이 제도가 조금 더 지속되었다면 민족의학의 주도로 동서의학의 좋은 점
과 나쁜 점이 융합되어 불편하지 않은 의료제도가 정착되었을 수도 있다.
하지만 우리의 소망과는 달리, 의료개혁은 근대화를 완벽하게 마무리하
지 못한 채 마감하고 말았다.

경성의학교

---

15) 궁내부(宮內府)는 조선 말기인 1894년 제1차 갑오개혁 때 신설되어 왕실 업무를 총
　　괄한 관청이다. 내의원은 태종 때 왕실의 내용약(內用藥)을 맡은 기관으로 내국(內
　　局), 내약방(內藥房), 약원(藥院) 등으로 불렸다. 전의감은 조선시대 궁중에서 쓰는 의
　　약의 공급과 임금이 하사하는 의약에 관한 일을 관장하였던 관서이다.

•국운쇠퇴와 한의학의 수난

1899년 우리나라에 최초로 근대식 관립 경성의학교가 설립되었다. 16개의 교육 과목으로 구성되었으며 전부 서양의학 과목과 교재도 일본의학 서적을 번역한 것이었다. 경성의학교 교장에는 지석영(池錫永)이, 교관에는 김익남16)을 비롯해 일본에서 조선으로 건너온 일본 의사들이 주를 이루

지석영

었다. 이 시절부터 오랜 세월 동안 우리 생활 속에 침투해 민족과 함께 유일한 의학으로 위상을 지켰던 한의학은 망국의 위기 속에 사라져 갔다.

물론 우리 한의학을 다시 발전시키려는 노력이 적극적으로 일어났다.

---

16) 1858년 영국은 세계에서 제일 먼저 의사면허제도를 실시하였다. 그 이전에 국가에서 의사면허제도가 실시되기 전에는 누구나 의사 역할을 할 수 있었다. 우리나라는 1900년 대한제국 시기에 처음으로 의사면허제도가 시행되었는데, 최초의 근대 서양식 한국인 의사는 사실 서재필(1864~1951)이었다. 조선인 최초로 미국 시민권을 얻고 컬럼비아 의대를 졸업했지만, 사실상 1895년 조선으로 돌아와 의사로 활동한 일은 없다. 또 한 사람은 김익남(1870~1937)이다. 김익남은 갑오개혁 정부의 학부(교육부)가 실시한 일본 유학시험에 합격한 후, 1899년 7월 일본 동경 지케이(의원) 의학교(4년제)를 졸업했다. 김익남은 한국 국적을 가진 사람으로는 최초로 근대식 정규 의학교육을 받고 의사가 된 인물로 볼 수 있다. 지석영(1855~1935)은 사실상 의사가 아니면서 '종두법'으로 유명해져 의사처럼 인식이 되었던 인물이라 할 수 있다. 구한말에 태어난 지석영은 아버지 지익룡으로부터 학문을 교육받으면서 잡학에 속하던 의학도 함께 공부했던 유의이다(조선시대 유학자들은 한의학을 스스로 공부해서 의학에도 식견이 있었는데 이들을 유의라 한다). 지석영은 1883년 과거에 합격해 관직에 오른 후, 공무를 수행하면서도 종두법(우두법)을 확산시키는 데 노력하였다. 1895년 갑오개혁 후, 신식의학을 교육하기 위한 관립의학교 설립이 추진되어 1899년 경성의학교(현재 서울대 의대 전신)가 설립되면서 지석영은 교장으로 취임하였다. 이후 1910년 한일병합이 되면서 경성의학교가 대한의원의육부로 개편될 때 일본인 교장이 임명되면서 지석영은 퇴임하게 된다.

전의였던 홍철보, 장용준, 김병관[17]등은 민간 한의사들과 뜻을 모아 고종에게 새로운 제안을 했다. 그들은 고종에게 한의학교를 설립해 줄 것을 요구했다. 우리 의학에 긍정적인 자세를 지닌 고종은 이러한 제한을 허락하고 '동제의학교'를 만들었다. 이러한 명령 아래 홍철보를 포함한 한의사들은 교육을 담당할 담당 교수 선발에 나섰다. 그들은 전국 각지에서 천거되어 온 한의사들을 시험으로 선발했다. 주요 시험 과목은《동의보감》,《황제내경(黃帝內經)》,《의학입문(醫學入門)》[18] 등이며, 시험은 의학 책을 암송하고 해석하는 방식으로 평가했다. 이때 김영훈이 도교수로, 전광옥이 부교수로 뽑혀 임명되었다.

1905년 4월부터 40여 명의 학생들에게 우리 전통 한의학 교육을 실시했다. 하지만 다음 해 1월부터 통감 정치가 실시되면서 통감부의 관여로 인해 운영비가 중단되었고, 또 고종의 퇴위로 학교 운영은 위기에 직면하게 되었다. 결국 학교는 개교한 지 3년 만에 운영을 중단해야 했다. 모든 일이 무용지물로 돌아갔지만, 이러한 위기 속에서도 한의학을 부활하려는 한의사들과 민간인들의 열정은 줄어들지 않았다.

또한 1908년 8월 김영훈, 조병근, 전광옥, 장기학, 박혁동, 이희풍 등 각 지역 대표들이 집결해 전국 한의학을 통한 민간단체 조직을 결성하고 한

17) 1904년 한의학 교육기관 설립을 주청한 장용준(1867~?)은 전의(典醫)로 활동했고 광제원 원장도 역임했던 인물이다. 홍철보는 자호(字號)가 '원명(原明)'으로 본관은 남양(南陽)이며 정조 때 수역 역관(首譯 譯官)이며 가의대부(嘉義大夫)인 홍택헌(洪宅憲)의 증손이다. 한의사 부활단체 '팔가일지회(八家一志會)'에 영향을 주었으며, 김병관은 광제원의 한의사를 역임한 인물로 1904년 전의보(典醫補)로 있으면서 장용준, 홍철보 등과 함께 고종에게 한의과대학의 설립을 주청하여 동제의학교가 개교하도록 공헌했다.

18)《황제내경(黃帝內經)》은 중국 진나라, 한나라 때에 편찬된 중국 최고의 의학 서적으로 황제에 빗대어 작은 우주인 인간의 육체를 논한 자연철학적 이론 의서이다.《의학입문(醫學入門)》은 중국 명나라 이천(李梴)이 1575년에 지은 한의학 서적이다. 이 서적은 내집(內集) 9책과 외집(外集) 10책으로 구성된 의학 입문서이다.

의학의 새로운 부흥을 위한 취지서를 각계에 전달했다. 비로소 10월에 '대한의사회'가 조직되었다. 이때 홍철보가 회장에, 장용준이 부회장에, 이학호가 간사장에, 서병효가 평의장에, 이준규가 강습소장에 추대되었고, 전국 한의사 170여 명이 회원으로 가입되었다. 이들 회원들은 이 시절 소멸되어 가는 한의학을 보존함과 동시에 서양의학을 받아들이면서 전통의학과 서양 의학의 장점을 살리는 새로운 의학의 탄생을 꿈꾸었다.

1910년 7월에 모든 회원들은 기금을 모아 동서의학강좌를 마련하고 나름대로 방안을 모색해 의학 발전을 도모했지만, 안타깝게도 그 해 조선은 일본에 의해 나라의 문을 닫고 말았다. 이러한 파문으로 인해 대한의사회는 동서의학강좌를 지속하면서 '조선이사연찬회'로 이름을 변경하였다. 이들은 그로부터 3년 동안 모임을 이어오다가 일제의 탄압으로 해산하게 되었다.

•일제 강점기 한의학 – 일제의 식민지 의료정책

대한제국을 점령한 일본은 우리 민족의 정신과 문화를 말살하기 위해 조선의 사상을 격하시키기 시작했다. 우선 그들은 우리의 전통적인 풍속과 언어 사용을 금지시키고 각종 제도를 그들에게 유리하게 개혁하기 시작했다. 여기에 우리의 전통의학 사상 중 하나인 한의학도 당연히 포함되어 있었다.

게다가 당시 일본은 명치유신 이후 일본에서 한의학을 단절시켰던 시기였다. 그러므로 우리의 전통의학인 한의학을 소멸시키는 일은 무척 편안한 일로 느껴졌다. 1905년 일본은 통감 정치 이후 전통의학인 한의학 말살정책을 본격적으로 진행하기 시작했다. 우선 일제는 1905년 통감 정치 이후 의사 및 위생 업무를 경찰국의 업무로 삼고 광제원(廣濟院)[19]에 있던 한의사들을 몰아내기 시작했다. 아무런 잘못도 없이 일제의 민족 말살정책의 수단으로 한의사들은 쫓겨나기 시작했다. 1910년 대한제국의 국권을 강제로 강탈한 일본은 적극적으로 강압정책을 펼쳐 나갔다. 그들은 한의학 말살정책을 강화했고, 공식적인 의학제도였던 한의학을 조선 총독부의 강압정책으로 인해 배제시켜 버렸다. 일제는 그러한 정책을 강화해 나갔지만, 현실적으로 당시 병원이 부족했고, 서양의사들도 부족한 상태였다. 이 시기 일제는 이러한 현실을 반영하면서 의생(醫生)제도를 실시했다. 조선은 총독부병원과 각도의 자혜의원, 전국에 있던 의료기관 모두 230개 정도에 불과했기 때문이다.

• 의생규칙과 신분 격하

우리 민족 말살정책의 하나인 의생제도를 구체적으로 시행하기 시작했는데, 우선 한의사들의 신분을 격하시키는 방안을 찾았던 것이다. 조선 총독부는 한의사들에게 일시적으로 의사자격을 부여해 주고 의료시책에 이용하려 했다. 이러한 의생규칙을 1913년 11월 조선 총독령 제102호로 발표한 후, 1914년 1월부터 시행을 강행하기 시작했다.

오랜 세월 한 왕조의 모든 의료를 담당하고 국가의 주치의로서, 서민들의 동반자로 소중한 역할을 해오던 한의사들의 신분이 격하되기 시작했

---

19) 조선 고종 때인 1899년 질병 치료의 사무(事務)를 맡아 보던 내부(內部)에 소속된 병원이다. 일반 환자들의 진료를 담당하는 일이 주요 업무였지만, 죄수들에 대한 진료와 전염병을 취급하는 별도의 시설도 갖추고 있었다. 국고에서 의료비는 보조해 주었고, 약은 직접 구입하되, 죄인에게는 무상으로 치료해 주었다. 1907년에 광제원의 제도가 폐지됨에 따라 대한의원으로 변경되었다.

다. 이로써 의료 교육을 포함한 각종 보건정책에서도 한의사들은 소외되어 서양의사들과 차별받기 시작했다. 의생규칙을 제정하면서 서양의사는 총독부가 만든 의사규칙의 혜택을 받았지만, 기존 조선의 한의사들은 의생의 신분으로 격하되면서 각종 의무와 혜택에 있어 서양의사들과 달리 경무총감의 지휘 아래 불편한 감시를 받아야 했다.

부당한 처우와 원통한 마음을 참으며 우리 민족의학을 계승하기 위해 5,000명 넘는 한의사들이 영년의생면허를 받았다. 그러나 오랫동안 익숙한 우리의 의식과 달리 새로 정립된 차별 대우에 모멸감과 수치심을 느낀 한의사들은 면허취득을 거부했다. 이러한 결과로 인해 기존 동양의학 대가들과 신진 한의사들이 소멸되면서 우리 한의학 발전에 장애로 작용하는 불행을 낳게 되었다. 우리 전통의학을 연구하는 한의사들이 사라져 가면서 동양의학 연구의 붕괴를 가져왔고 한의학계도 점점 침체 위기에 직면하게 되어 서양의학에 비해 미천한 대우를 받기 시작했다.

기존 한의사들은 신분적으로 '유의(儒醫)', '의원(醫員)', '약상(藥商)' 이렇게 세 가지로 구별되었다. 흔히 한의학의 최고 경지를 추구하는 학자를 '유의'라 했다. 이들은 학자로서 동양의학의 전통적인 분야의 연구와 더불어 치료법을 탐독하여 동양의학을 수준 높은 학문으로 끌어올리는 데 기여했다. 주로 정계에 진출한 정치가들과 당대 지식인 학자들이 '유의'로 이름을 남겼는데, 대표적인 인물로 만능 재주꾼 다산(茶山) 정약용과 서애(西厓) 유성룡 등이 있다. 또한 무척 친숙한 허준과 이제마 등도 유의로서 훌륭한 업적을 남겼던 대표적인 인물들이었다. 하지만 일제에 의한 의생제도로 그동안 동양의학 발전과 학문 연구에 이바지했던 유명한 유의들이 한의학계를 떠나고 말았다. 이러한 뛰어난 인재가 사라진 한의학계는 점점 침체되면서 한의사들의 숫자가 감소하게 되었다.

• 학술지 발간과 의학강습

　이러한 위기 속에서도 기존 우리 전통한의학의 명맥을 보존하며 발전시키려는 노력이 지속되면서 학술지를 발간하고 의학강습소를 만드는 방식으로 표출되고 있었다. 1913년 10월《한방의약계》가 조선의사회의 홍종철에 의해 창간되었고, 그 다음 해 1월 제2호가 발간되었으나 전선의회의 결성으로 인해 중단되었다. 홍종철과 조병근이 전선의회의 청산기금을 인수하고《동서의학보》라고 제호를 바꿔서 월간으로 발행했지만, 경영난으로 인해 1917년 6월 7호의 발간으로 끝나고 말았다. 여기서 멈추지 않고 조병근은《조선의학계》제호의 학술지를 1918년 3월부터 다시 발간하기 시작했지만, 1919년 9월 11호를 끝으로 마감하게 되었다. 하지만 이러한 위기 속에서도 근대 한의학 교육기관으로 '동제의학교'가 설립되어 의학강습소로 자리 잡기 시작했다.

　또 1908년 1월에 인사동에 세워진 '동의학강습소'가 5년 뒤 1912년 수문동 보통학교 자리로 옮기게 되었다. 이때부터 '공인의학강습소'로 변경되었고 수학 기간은 3년, 동양의학 과목이 주체가 되면서 서양의학 과목도 학습하였다. 1919년 홍종철이 운명할 때까지 학교 운영비를 부담하며 학생 수는 학년 30명 내외로 운영되었다. 그러나 그의 죽음과 3·1운동으로 학교가 폐교되고 말았다.

• 한의학에 일기 시작한 새 기운

　3·1운동의 발생은 모든 각계 인사들에게 우리 민족의 새로운 애국심을 고취해 주었고, 한의학계에도 예외일 수는 없었다. 동양의학에도 신선한 자극이 되어 새로운 바람이 일어났는데, 동양의학에 대한 공정한 평가와 동시에 냉정한 각성이었다. 한의사들은 서양의학과 동양의학을 비교해 보

고 긍정적인 검토와 함께 새로운 사실을 발견하게 되었다. 그들은 서양의학이 외과술에서 동양의학보다 수준 높은 경지에 있음을 알게 되었다. 하지만 내과술에서는 우리 전통의학이 보다 더 뛰어나다는 사실을 인정하고 이러한 점을 홍보하기 시작했다.

당시 서양의사였던 장기무는 〈조선일보〉에 '한방의학의 부흥책'을 연재했다. 1934년 2월 16일부터 3회에 걸쳐 연재했는데, 여기서 그는 우리 전통 한의학의 회복이 필요함을 절실하게 주장하고 나섰다. 우선 이러한 한의학 부흥의 대책으로 다음과 같은 다섯 가지 개선 방안을 제시하고 있다.

첫째 단체의 조직, 둘째 술어의 정리, 셋째 연구소 및 부속병원 설치 등의 필요성을 강조했다. 넷째 의학 교육의 문제점을 지적, 다섯째 학술보도기관 등에 관한 견해와 개선 방안을 요구했다. 장기무의 이러한 주장에 영향을 받은 열기는 여기서 멈추지 않고 정근양이 〈조선일보〉에 다시 그 대책을 발표하면서 더욱 독자들의 관심을 주목하게 했다. 이러한 관심에 탄력을 받아서인지 경성제국대학 의학부에 한약 강좌를 설치하게 되었다. 또한 개성에도 생약연구소가 만들어졌고, 조선 총독부도 약초 재배를 권장하는 정책을 실시했다. 이러한 여파로 한의학계에 조금씩 부흥의 싹이 일어나 관심을 촉구하게 되었다.

지금까지 살펴보았듯이 우리 의학은 한대에 성립된 중국으로부터 전래되어 신라시대에 당(唐)의학, 고려시대에는 송(宋)의학의 유입으로 오랜 역사를 자랑하지만, 본격적인 의학 발전은 조선시대로 들어서면서부터 우리 민족의학으로 자리 잡아 발전되기 시작했다고 볼 수 있다. 고려 말엽에 의서들이 발간되었지만, 우리나라 의학 발달에 기여하며 우리 민족의학으로 뿌리 내리기 시작한 계기는 중국으로부터 그동안 유입되었던 각종 의학서를 정리하고 우리가 창작한 의학서를 바탕으로《의방유취》를 세종대에 체계를 지어 종합적으로 완성한 일이다. 그리고 그 유명한 허준에 의해 중국의학의 이론과 우리 고유의학이라는 두 가지 요소가 포함되어 '한의학'으로 융합되었던 것이다.

현대 한의학에서도 모범적인 저서로 그 우수한 가치가 인정되는《동의보감》은 조선뿐만 아닌, 중국과 일본에까지 전파되어 한의학 발전에 커다란 영향력을 발휘하였다. 허준을 비롯해 조선 후기 이제마가 '사상의학'을 창시하여 실용적인 의학서로 서민들에게 편리함을 안겨 주었고, 진정한 노블레스 오블리주를 실천했던 조선시대 이헌길[20]은 전염병과 기근으로 죽어가는 백성들을 아무런 대가 없이 순수하게 치료해 주어 많은 생명을 구했다.

조선시대 전문 의원들이 주로 중인 계급이었지만, 왕족이나 명문 사대부 가문의 자제들도 유교 경전 공부로 학문적 소양을 쌓는 것 못지않게 의학 공부도 필수처럼 여겨 의학에 관한 해박한 지식과 기본적인 치료법을 학습하고 있었다.

조선 후기로 들어서면서 비참한 우리 역사의 시작을 알려 주는 일제의 무력을 앞세운 개항의 바람을 타고 서양의 물결이 자연스레 침투하기 시작했다. 조선의 사상이나 제도를 비롯해 문화면에서 여러 가지 변화가 찾

---

20) 이헌길(1738~1784)은 조선 영조 때 왕족 출신의 명의이다. 조선 후기는 유난히 굶주림에 전염병까지 겹쳐 가난한 백성들이 전염병으로 죽어 가던 시절이었다. 이헌길은 홍역으로부터 백성들을 구하기 위해 양반에게는 천대받던 의학을 홀로 연구하여 가난한 백성들을 무상으로 치료해 주었던 의사이자 학자였다. "귀한 사람 천한 사람이 따로 없다."는 그의 마음가짐은 다산 정약용의 기록을 통해 전해졌다. 정약용은 그의 저서《마과회통》에서 "근래에 몽수란 사람이 있어 명예를 바라지 않고 뜻을 오직 사람 살리는 데 두고 마진서를 취해 어린 생명을 구한 것이 무려 만 명에 이른다."라고 칭송하고 있다. 이 뜻은 몽수 이헌길이 아무런 대가를 바라지 않고 순수한 애민정신에 입각해 자신의 의술로 사람을 구했던 아름다운 마음을 극찬한 것이다.

아왔는데, 우리의 의지와 노력에 의한 자발적인 변화가 아닌 일본의 이권에 의한 조작된 거친 변화의 폭풍이었다. 의학 부분에서도 예외 없이 변화가 일어났는데, 우리의 의학으로 군림해 오던 한의학은 비로소 서양의학과 접하게 된다. 물론 서양의학이 그 이전인 영조 때에 들어오기는 했지만, 이 시기만 해도 그저 간편한 서적들을 통한 시각적인 구경거리였지, 직접적인 영향을 미치지는 않았다.

1900년도에 관립의학교가 설립되면서 조선에 35명의 의사가 졸업하게 된다. 그 시절 한의사는 우리 전통의학인 한방을 학습함과 동시에 한국 양의사의 시초가 되기도 했다. 이 시기 내부의원은 한의사들이 양방과 한방을 모두 맡아 치료하는 형태였다. 하지만 1905년 을사늑약 이후 일본 통감부가 설치되면서, 일제는 양의사들에게 모든 주도권을 넘겨주어 우리 한의사들을 축출하고 일본에서 건너온 양의사들을 고용하기에 이른다.

이어서 1913년 일제는 '의생규칙'을 반포하여 한의사는 의사가 아니며 의생으로 명시하여 버렸다. 즉 그들은 서양의학을 배워야만 의사로 규정한다는 법을 공포했지만, 현실적으로 서양의학을 배울 수 있는 기회를 박탈하고 일본 자국민 의사를 보호하기 위한 비열한 정책을 만들어 가고 있었던 것이다.

1910년에 조선 총독부는 식민지 조선의 한의학에 대한 새로운 방향을 공포했다. 기존에 한의사로 종사하고 있는 사람들을 제외하고, 한의사가 되기 위해 학문에 정진하거나 새롭게 종사하려는 사람들에게 의사 면허증을 발급하는 일을 억제하려는 정책이었다. 그들은 한의학을 서양의학보다 한 단계 낮게 취급하며, 서양의학 아래에 두려 했다. 서양의학을 전공한 이들에게 의사, 한의학을 전공한 이들에게 의생이라 낮춰 부르면서 한약 재료를 매매하는 종사자들의 진료를 허용해 주며 점차 한의사의 수를 줄이면서 우리 전통의학을 말살하려는 의도였다.

당시 일본이 한의학 정책을 펴서 한의학을 말살하려 했던 의도는 무엇이었을까? 일찍 서양의 문물을 받아들인 일본이 의학 정책에 있어서도 서양의학을 받아들이며 나날이 양의사들이 증가하고 있는 현실에서, 그들은 일본이 조선보다 우수하며 조선은 일본보다 열등한 국가라고 폄하하는 인식이 숨어 있었기 때문이다. 그리고 식민지 국가 조선에 서양 의료 체계를 갖춘 기술과 체제를 갖출 의지도 자본도 없었다.

의생으로 지위가 격하된 한의사들의 지위는 관리와 감독을 엄격하게 시행하면서 시간이 갈수록 종사하기가 까다로워졌다. 1915년 조선 총독부는 의생 면허 권한을 자신들이 아닌, 도지사의 권한으로 바꾸었다. 즉 의생들이 아무 지역에서나 자유롭게 활동할 수 없고 특정 도(道)에서만 의료 활동을 할 수 있게 범위를 좁혀 버렸다. 이어 1922년부터는 도에서 면(面) 단위로 더욱 좁혀 버렸다. 결국에는 의생들이 도시를 떠나 작은 시골에서만 진료를 허용한 것이니, 도시에는 점점 한의사는 없어지고 이러한 부당한 제도로 인해 점차 한의학을 전공하려는 사람들의 숫자가 자연스레 줄어들 수밖에 없었다. 새로운 면허 발급을 억제하고, 도시에서 개원하는 기회를 막아 버리고 면허 갱신 기간을 줄이기까지 했으니, 당연히 한의학이 위기에 직면하고 말았다. 이러한 결과로 의생은 1914년 6,000명에 가까웠지만, 1943년에는 3,000명 정도로 줄어들었다.

우리의 찬란한 문화나 역사 왜곡뿐만 아닌, 전통의학인 한의학도 일제 강점기 민족문화 말살정책에 따른 왜곡된 배척에서 만들어진 현실이 해방을 지나 현대까지 이어져 오고 있으니 안타까울 뿐이다.

강우규가 이러한 한의학 말살정책의 기운을 느끼고 한의사를 그만두었는지 정확한 이유를 알 수는 없지만 젊은 시절 한의사를 그만둔 후, 홍원군으로 이주해 자신의 터전을 바꾸었다. 강우규가 이주한 홍원군은 농업을 비롯한 어업도 함께 발달되어 있었고, 당시 구조적인 정황으로 교통이 활발하지 않은 상황에서 상업과 공업 발달은 미숙한 상태였다. 이런 상태에서 강우규는 농사를 짓거나 어업에 종사하지 않고, 소유했던 밑천으로 잡화상을 운영하며 상업에 종사하기 시작했다. 확실하게 확인할 수 있는 자료가 부족하긴 하지만, 가난한 유년 시절을 거쳤던 강우규가 30대 시절에는 어느 정도 기반을 잡아 상점을 운영했고, 그때 얻은 이윤이 적지 않았음도 강영재의 회고를 통해 짐작할 수 있다.

강영재의 회고에 의하면 조부인 강우규가 1885년에 처음 홍원으로 이주했을 때, 장사할 상점의 터전을 만든 곳은 홍원읍 남문 앞 서쪽이었으며, 이 일대가 홍원 읍내에서 가장 번화한 곳이라 기억하였다. 처음에 머물 곳을 마련한 후 고향에 있는 가족을 데리고 와서 아들을 앞세워 장사를 시작했다고 한다. 당시 잡화상을 차렸는데, 물감, 면사, 포목 등의 생필품을 팔아 생계를 유지해 나갔다고 했다. 그 후에는 주변에서 장사를 하는 장사꾼들에게 장사 밑천을 주기도 하면서 점차 상업적인 기반을 넓혀 나갔다.

결국 1885년인 30대에 함경남도 홍원으로 이주해 규모가 큰 잡화상을 운영하면서 상업적인 성공을 기반으로 나름대로 막강한 부를 축척하게 된다. 아마도 이때부터 강우규는 교육에 관심을 갖고 육영 사업에 새로운 도전을 하려 준비했던 것 같다.

한말 계몽운동론은 사회진화론에 입각하여 전개되었다. 이는 철저하게 '힘의 강약'에 의한 제국주의 침략을 정당화하는 논리였다. 우승열패나 양육강식은 국제사회 질서로서 인식되고 수용되는 분위기였다. 당시 계몽론자 대부분은 이를 무비판적으로 수용하였다. 그런 만큼 제국주의 침략에 대한 인식이나 비판은 미약할 수밖에 없었다. 문명화된 서구 문명이나 가치관에 전도된 상황은 이를 극명하게 보여 준다.[21]

---

21) 박환, 〈강우규의 의열투쟁과 독립사상〉, 《한국민족운동사연구》 55, 145~150쪽: 정운

러일전쟁 발발과 을사늑약을 전후로 확산된 식민지화에 대한 위기의식은 국권회복운동 활성화로 귀결되었다. 계몽론자들은 정치사회 단체나 자강 단체를 결성하는 가운데 적극적인 계몽활동을 전개하였다.[22]

계몽운동 확산과 진전은 주민들의 자발적이고 경쟁적인 참여 속에서 이루어졌다. 주요 영역은 크게 교육운동, 언론운동, 종교운동, 국학운동, 국채보상운동 등이었다. 근대 교육운동은 사립학교 설립운동과 야학운동으로 전개되었다. 이는 사회적인 존재로서 의무이자 사회적인 책무나 마찬가지였다. 향학열 고조는 활발한 근대 교육기관 설립과 운영으로 이어졌다.[23] 홍원지역도 이러한 분위기에서 결코 예외적인 상황은 아니었다. 오히려 도내 다른 지역에 비하여 '선도적인'이라고 해도 과언이 아니었다.[24] 아마 강우규도 당시 홍원 지역의 이러한 분위기에 동화되어 상인의 길에서 민족을 계몽하기 위한 발판이 되는 교육자로 길을 모색하기 시작했던 것으로 추측된다.

3. 민족운동가로의 변화·교육 및 선교 사업 시작

• 이동휘와의 만남

이때까지만 해도 그저 평범하게 생계를 유지하며 상업을 번창시켜 나

현, 《노구를 민족제단에 바친 의열투쟁가 강우규》, 55~143쪽.
22) 김형목, 〈한말 충남지방 애국계몽운동〉, 《충청남도지-근대편 충남》, 충남도사편찬위원회, 2008 참조.
23) 김형목, 《대한제국기 야학운동》, 경인문화사, 2005, 103~110쪽.
24) 김형목, 〈한말 홍원지역 계몽운동 전개와 강우규의 현실인식〉, 전쟁기념관 학예부, 2014, 참조.

이동휘

가는 상인으로 살아가던 강우규가 어떻게 우리 민족 역사에 자랑스러운 한 페이지를 장식하는 민족운동가가 되었을까? 아마도 여기에는 그의 인생에서 만난 이동휘(李東輝)의 존재를 무시할 수 없을 것이다. 결국 인간이 다양한 사람들과 만나 인연을 맺고 살아가면서 좌우로 펼쳐져 예측할 수 없는 그 인연의 굴레 안에 때때로 평탄하지 못한 길을 열어 주는 악연과 마주해 곤욕을 치를 때도 있지만, 인생의 의식을 확연히 변화시킬 특별한 인연과 운명처럼 만나게 되기도 한다. 어쩌면 강우규의 삶에서 새로운 삶의 방식을 전환하게 해 준 불꽃같았던 인연은 이동휘였을 것이라 단언해 본다.

그럼, 여기서 잠깐 이동휘란 인물에 대해 주목해 보도록 하자. 이동휘는 1873년 6월 20일 함경남도 단천군 대성리에서 가난한 농민의 아들로 태어났다. 강우규보다는 스무 살 정도 어린 나이지만, 훗날 정신적 지주이며 스승과도 같은 역할을 하게 되는 이동휘도 풍족하지 못한 유년 시절을 보냈던 사실은 두 사람 모두 흡사한 점이다.

강우규의 손녀 강영재의 증언에 따르면, 이동휘가 국권회복과 기독교 선교를 위해 고향인 함경도를 방문했을 때 두 사람이 처음 만나게 되었다고 한다. 당시 동네 사람들은 고향에 방문한 이동휘를 존경하는 마음에 극진히 대접했고, 그러던 중에 강우규의 집에도 방문하게 되면서 자연스레 친분을 쌓아 가게 되었던 것이다. 그 시절 이동휘는 종교와 교육 활동에 이미 뼈를 태운 상태였고, 강우규는 이러한 사회 활동을 통해 민족혼을 되살리려는 열정을 가진 이동휘에게 매혹되어 새로운 인생의 노선을

설립하는 계기를 마련하게 되었던 것 같다.[25]

그때 이동휘는 고향인 함경도의 교육 환경이 열악하다는 현실을 가슴 아파하면서 이 지역에 학교를 설립하려는 소망을 갖고 있었다. 이동휘는 이미 1908년 서북학회 창립총회를 통해 교육자로 이름을 알리고 있던 중에, 함경도를 순행하며 자금을 모금하고 교육에 필요한 활동을 전개해 나가던 중이었다. 또한 이동휘는 교육 활동에서 멈추지 않고 종교에도 심취되어 독실한 기독교 신자로서 그의 불타는 신앙심과 기독교에 대한 이론을 전파하는 데도 심혈을 기울였다.

강우규가 홍원에서 상업에 종사하고 있을 무렵, 이동휘가 함경도 지역을 방문하여 강우규 저택에 머물게 되었다. 이 둘의 만남이 훗날 한의사 출신 강우규가 숱한 역경 속에서 독립운동가로 노구의 나이에 역사에 한 페이지를 장식하는 계기가 되었다고 볼 수 있다. 이동휘를 만난 후 그는 우리 민족의 발전과 조국의 근대화를 위해 가장 시급하며 기초가 되는 작업이 교육의 도입이며, 이러한 교육은 낡은 교육 사상이 아닌 신교육 사상의 새로운 도입에 있다고 판단하게 된다.

무엇보다 강우규는 교육 사업을 통해 애국계몽운동을 펼치기로 다짐

---

25) 이동휘는 고향인 단천을 중심으로 활발한 계몽운동을 전개하였다. 함경도 지방에서 이동휘의 사회적인 영향력은 대단했다. 이동휘의 활동은 대중 강연과 사립학교 설립을 통한 교육구국운동으로 '방향전환'을 의미한다. 곧 한국인의 정치 활동이 봉쇄되는 상황에 직면하자, 그는 정치개혁운동에서 점차 대중계몽운동으로 전환하는 등 정세 흐름에 부응하고 있었다. 서북 지방과 관서 지방의 시찰은 지역사회 변화를 모색하려는 의도에서 비롯되었다. 시세 변화에 대한 각성과 근대교육 보급에 의한 민지계발은 궁극적인 의도였다. 이러한 분위기는 홍원 지역에도 그대로 전파되었다. 이동휘의 노력으로 영흥군에만 80여 개교 설립 계획에 일본인도 동참하는 상황이었다. 이곳에 한말 설립된 학교는 47개교에 달하는 등 주민들의 적극적인 지원 속에서 진행될 수 있었다. 김형목, 〈대한제국기 강화 지역의 사립학교설립운동〉, 《한국독립운동사연구》 24, 27쪽 참조: 김형목, 〈한말 홍원 지역 계몽운동 전개와 강우규의 현실인식〉, 전쟁기념관 학예부, 2014 참조.

하게 된다. 이 시절 이동휘는 국권회복을 위해 대한민국 임시정부 국무총리를 맡고 있었으며 독립운동과 기독교 선교 활동을 활발하게 진행하고 있던 상황이었다. 이러한 이동휘의 영향으로 강우규도 기독교 신사가 되었으며, 이 믿음을 토대로 교회를 만들고 홍원에 영명학교를 설립하여 민족의 정신을 개조하고 독립을 고취시키는 데 필요한 민족운동에 적극적으로 참여하게 된다.

이동휘는 함경도에서 전도 강연을 통해 많은 신자들을 얻었고, 그중 기독교에 빠져든 강우규도 적극적으로 신앙심을 발휘하게 되었다. 이동휘의 이 같은 노력으로 함경도에는 많은 교회들이 설립되었고, 기독교를 기반으로 신학문을 수용하여 교육을 통한 각성을 촉구하는 토대가 되었다. 강우규도 이동휘가 추진한 이러한 사업에 동화되어 새로운 신학문에 흡수되어 우리 민족이 국권을 회복하고 잃어버린 민족의 정신을 살려 독립을 이루는 근본에 반드시 교육의 힘이 작용해야 한다는 사실을 인식했던 것이다.

이때 구한국군대의 참령으로 있던 무인이며 애국지사였던 이동휘에 대

신민회 간부들

해 강영재는 이동휘의 모습을 이렇게 전하고 있다.

"그는 기골이 유난히 장대한 거인이었으며 코밑에는 팔자수염을 달고
눈빛이 이글이글 타는 전형적인 무인이었다."

이동휘는 1907년 8월 1일 일제에 의하여 구한국군대가 강제해산되기
이전에 강화도 진위대장으로 있다가 해직되었으며 1907년 8월 9일 강화
도 진위대가 군대해산령에 불복하고 일군에 항전할 때에는 배후에서 이
를 지휘하기도 했던 열혈의 지사였다. 즉 그 당시 함경남북도민들의 존경
을 받던 지도자였던 셈이다. 이동휘가 홍원읍에 등장하면 마치 유명한 연
예인이 등장한 것처럼 동네 사람들이 기뻐하며 극진히 대접했다고 한다.

강영재는 당시 할아버지인 강우규가 조선이란 국가를 떠나 노령의 나
이에 가족을 이끌고 먼 타국으로 이주를 결심한 동기가 신민회(新民
會)26)를 만난 계기였다고 했다. 특히 이동휘는 함경도 지방을 중심으로

---

26) 1907년 4월 국권회복을 목표로 안창호(安昌浩)의 발기로 양기탁(梁起鐸)·전덕기(全
德基)·이동휘(李東輝)·이동녕(李東寧)·이갑(李甲)·유동열(柳東說)·안창호 등 7인이
창건위원이 되어 조직된 단체이다. 또 노백린(盧伯麟)·이승훈(李昇薰)·안태국(安泰
國)·최광옥(崔光玉)·이시영(李始榮)·이회영(李會榮)·이상재(李商在)·윤치호(尹致
昊)·이강(李剛)·조성환(曺成煥)·김구(金九)·신채호(申采浩)·박은식(朴殷植)·임치정
(林蚩正)·이종호(李鍾浩)·주진수(朱鎭洙) 등이 중심이 되어 활동하였다. 주로 무관
출신이었던 이들은 〈대한매일신보(大韓每日申報)〉를 중심으로 애국계몽운동을 전개
하였으며, 상동교회(尙洞敎會)를 중심으로 뭉친 집단 세력으로서 서북 지방과 서울 등
지의 신흥 시민 세력들이 대부분이었다. 또한 미주에 있던 공립협회(共立協會)의 집단
세력이었다. 이 단체는 계몽 강연과 학회 활동을 활발히 진행하면서 독립 의지를 불태
워 나갔다. 일제는 1911년 1월 안악군을 중심으로 하여 황해도 일대의 애국적 지도자
160여 명을 검거하였는데, 이어서 1911년 9월에는 소위 '사내(寺內) 총독 암살음모사
건'이란 것을 날조, 신민회 평안남북도지회 회원을 비롯해 전국의 지도적 애국계몽운
동가 700여 명을 검거해 고문을 가하고, 그중 105명에게는 실형을 선고하였다. 이 과
정에서 국권회복을 목표로 한 한국인 애국자들의 지하단체가 신민회라는 이름으로 결
성되어 있었음이 드러나게 되었고, 결국 신민회는 일제에 의해 해체되고 말았다.

활약했던 민족운동가라 할 수 있고, 평소 친교가 있어 지도를 받아오고 있던 경험을 바탕으로 이동휘가 해외로 망명하자 마음이 동화되었을 것이라고 회고했다.

•교육 및 선교 사업 시작

1910년 가을 강우규는 조선을 떠나기로 결심한 후, 우선 큰 아들 중건과 자부 최점손과 그해 태어난 손녀 강영재를 먼저 노령(露領: 러시아)으로 보냈다. 아마도 많은 가족이 모두 한 번에 이주하기가 불편했기에 아들을 먼저 보냈던 것 같다. 또 그가 살아갈 터전을 미리 살펴보고 준비하기 위해서였을 것이다. 그 해 만주 두도구(頭道溝)를 거쳐 노령 하바롭스크로 떠났나.

강우규는 처음 떠났을 때, 확실히 거처할 곳을 정착하지 못해 북만주와 노령의 국경 지방을 정처 없이 떠돌았다. 그나마 젊은 시절 자신이 익혔던 의술이 있었기에 조선인들이 거주하던 마을에 한약방을 차려 놓고 환자들을 치료하며 생계를 이어가고 있었다. 틈틈이 한의사로 활동하며 생계를 이어오던 강우규는 주로 한인촌 예수교 교회를 찾아다니며 그곳 교인들과 교류하며 친분을 쌓아 갔다. 그 속에서 새로운 인맥을 형성하며 점차 한인촌에서 의료 사업을 넓혀 나갔고, 한의사로서 알려지게 되어 주변 사람들로부터 신망을 얻기 시작했다.

1910년에서 1911년 두 해 동안 흩어져 떠났던 강우규 가족들은 1915년에 비로소 노령 하바롭스크에서 다 함께 살아가게 된다. 하바롭스크에서 만난 가족들은 다시 북만주 길림성 요하현(饒河縣)으로 이주하여 그곳에서 '신흥동(新興洞)-신흥촌'이라는 새로운 마을을 만들었다. 그때 이미 강

우규는 독립운동 단
체들과 교류하기 편
하고 연락망을 확보
하기 위한 거점을 확
보하기 위해 북만주
길림성 요하현으로
터전을 마련했던 것

하바롭스크

같다. 이 시절 강우규는 고향에서 챙겨 온 자금과 지금까지 방랑생활 동
안 한의사로 일하며 모아 두었던 재산 모두를 독립운동에 미련 없이 던지
기로 결심했던 듯하다.

　강우규는 신흥동 정착 후, 인근 지역에서 유랑민처럼 생활하고 있던 우
리 교포들을 이곳으로 이주하게 하여 점차 그 범위를 넓혀 나갔다. 몇 채
에 불과했던 작은 마을이, 한두 해가 지나서 100여 호 정도의 많은 사람
들이 이주해 한인 마을을 이루는 작은 집단으로 형성되었다. 신흥동은
바로 강우규 자신의 희생과 노력으로 만들어진 집단인 만큼, 그는 이 마
을에서 남다른 열정과 애정으로 주민들을 아끼고 보살폈다. 시간이 지난
후, 이 마을이 노령과 북만주를 무대로 독립운동가들이 활동하는 요충지
가 되었으니 참으로 우리 민족의 곧은 정신과 강우규의 개척정신이 놀라
울 뿐이다.

　1917년 강우규는 그동안 열심히 모은 자금으로 교육 사업을 시작한다.
그 동네 아이들을 포함해 주변 아이들이 점차 모이기 시작하더니 학생이
100명 가까이 늘어났고, 자신이 직접 가르치다가 새로운 선생들을 초빙
해 교육의 범위를 더욱 넓혀 갔다. 강우규는 학생들에게 조선을 식민 지
배한 일본 침략의 부당함을 폭로하고 그들의 야만적인 정책을 비판했다.

이러한 가르침을 주장하며 우리 민족이 빠른 시간에 독립을 달성할 수 있도록 독립운동에 관한 교육을 주입시켜 나갔다. 당시 신흥동에 살던 조선 사람들 대부분이 일제의 무단 통치와 무차별적인 폭력과 억압, 착취에 못 이겨 이주한 사람들이 많았지만, 독립을 염원하며 망명한 독립운동가들도 거주하고 있었다.

어느덧 학생 수가 늘어나고, 학교의 위상도 자리 잡혀 가자 뜻 있는 민족운동가들과 협력해 독립 단체들과 교류가 이루어졌다. 강우규는 주로 노령의 하바롭스크, 블라디보스토크, 니코리스크 등의 한인촌 교회를 다니며 가난한 사람들을 무료로 치료해 주고 함께 성경공부도 하며 민족의식을 심어 주는 강연을 했다. 이 시절 강우규가 노인의 나이였지만 나름대로 가장 근본이 되는 교육을 통해 민족의식을 심어 주어야 행동으로 돌입할 수 있는 독립운동을 할 수 있다고 판단했던 것 같다. 그리고 종종 이동휘와 교류하며 조국의 근대화와 동시에 독립할 방안에 대해 고민했을 것이다.

그 유명한 광동(光東)학교가 바로 강우규가 직접 설립하여 교장을 맡으며, 학교 운명을 비롯해 교육자로서 역할도 동시에 맡아서 열정적으로 수행해 나갔던 곳이다. 강우규는 특히 기독교 신자답게 학생들에게 기독교 사상을 전파함과 동시에 우리 민족의 올바른 정신과 바람직한 의식을 함양시키는 데 주력하면서 신학문의 필요성도 놓치지 않았다.

이들을 훌륭하게 양성하여 훗날 민족을 위해 독립운동을 펼칠 독립운동가를 양성하고 싶었던 마음이 숨어 있었을 것이리라. 그리고 그의 소망대로 이곳은 먼 훗날 러시아와 북만주를 주요 무대로 독립운동을 하는 근거지가 되었다.

강우규는 1910년 한일병합이 되어 북만으로 망명할 때까지 약 25년간 홍원에 거주하면서 상업보다는 학교를 설립하여 청소년들에게 급변하는 국내외 정세에 대처할 수 있는 신사상을 고취하고 마을 주민들을 일깨우는 데 전력을 다했다. 학교 교육을 통하여 청소년들을 지도하는 것과 동네 사람들에게도 올바른 도덕의식을 일깨워 주려고 노력했기에 인근 사람들은 강우규를 친부모처럼 따르며 존경했다.

그렇게 시간이 흘러 홍원에서 20여 년을 지내는 동안 강우규는 50이 넘은 노인이 되었고 아들 중건도 장성하여 딸 삼형제를 두게 되었다. 모든 재산을 학교 교육과 마을 발전을 위해 쏟은 후 그리 넉넉지 않았지만, 나름 안정된 생활 속에서 그저 조선의 현실을 무시하고 살 수만 있었다면, 강우규는 남은 일생을 그저 평범하고 자유롭게 홍원에서 보낼 수 있었을 것이다.

손녀 강영재의 회고에 따르면, 어린 시절 신흥동 강우규 저택과 광동학교에 군복을 입은 무장 군인들이 가끔 방문했었고 광동학교에 입학하던 무렵에는 이동휘가 그의 딸과 함께 방문하여 대면한 기억이 있었다고 했다. 이렇듯 강우규는 이동휘와의 인연을 시작으로 단순히 생계를 유지하며 나날이 번창하는 평범한 상인의 삶에서, 새로운 의식을 전환한 교육자의 모습으로 변화해 나갔는데, 이는 훗날 독립운동가로서 삶을 마감하는 예고편이 되었던 것이다.

이로 보면 강우규의 민족의식은 흔히 유년 시절부터 세뇌된 집안의 가풍으로 형성된 것이 아니며, 어떤 특정한 인물인 이동휘라는 인물과의 교류를 통해 조금은 늦은 감이 있는 나이에 불같이 타올랐다는 점이다. 그럼에도 불구하고 그의 이러한 늦은 경로가 훗날 그 어떤 젊은 독립운동가보다도 열정적으로 타올랐다.

4. 강우규, 민족운동에 뛰어들다

• 1910년대 민족운동의 전개

1910년 우리 역사에 암울한 서막을 열었던 일본의 침략은 우리 민족에게 더 이상의 조국의 주권을 행사할 수 없는 빈껍데기에 불과한 국가로 전락하게 하는 모욕과 수치스런 상황이었다. 늘 인간은 이런 상황에서 두 가지 선택의 갈래로 놓이게 된다.

하나는 일생 동안 편안한 삶을 위해 발 빠른 속도로 말을 원활하게 갈아타서 부귀영화를 누리려는 이해타산에 온몸을 던진 사람. 즉 친일파로 발걸음을 고쳐 일제보다 한 발 더 자신의 민족을 괴롭혔던 인간들이다.27) 또 다른 하나는 자신의 삶을 내려놓은 채, 오직 위기에 처한 조국을 위해 헌신하려 모든 영광을 다 포기한 인간이다. 즉 조국의 독립을 위해 헌신한 민족운동가들이다.

앞서 1910년대 일제의 정책에 대해 간략하게 살펴보았듯이, 1897년 대한제국이 성립되면서 고종은 조선에서 대한제국으로 국가 이름을 고치고, 전제군주제를 채택하게 된다. 그리고 1905년 '을사보호조약'이란 이름으로 일본은 대한제국의 국권을 박탈하고 '조선 총독부'를 설치해 우리나라를 자주 독립국이 아닌, 일본의 감시와 통제 아래 다른 국가와 외교할 수 없도록 모든 권리를 빼앗아 버린다.

---

27) 흔히 잘 알려진 이완용, 이지용, 이근택, 권중현, 박제순으로 대표되는 을사오적, 언론계 종사자였던 김성수, 방응모, 친일 경찰의 대부 노덕술, 하판락, 김태석, 여성 지도자로 대표적인 친일의 길을 걸어갔던 김활란, 모윤숙, 고황경, 독립운동을 주도했지만 변절한 최린, 문화 예술계를 대표하던 이광수, 서정주, 이인직, 홍난파 등이 있다. 또 왕실 외척으로 한일병합을 주도한 윤덕영, 귀화한 일본인인 일본 예찬론자 윤치호 등 당시 수많은 귀족을 포함해 지식인들이 친일파로 앞장서 독립운동가를 탄압하거나 일본을 찬양하는 교육을 강화하였다.

조선총독부(1926년 신축한 청사)

비로소 1910년으로 접어들면서 이른바 경술국치라 불리는 수치스런 이름하에 일본은 대한제국의 행정, 사법, 군권, 조세 등 모든 행사에 관여해 우리나라를 무단으로 통치하기 시작했다. 일본은 '헌병경찰제도'[28]와 '태형령'[29]을 시행해 우리나라 국민의 기본권을 박탈했고, '토지조사사업'과 '회사령'[30]이란 제도를 만들어 우리나라의 경제를 수탈하고 각종 상권과

---

28) 헌병경찰제도는 경찰에게 총과 칼을 소지하게 하면서 국권을 일반인에게 무자비하게 행사하는 제도로서 일본 경찰과 친일 경찰들이 식민지 시대 우리 민족에게 이러한 제도 안에 폭력과 구타를 가혹하게 집행하는 태형령을 시행해 공포스런 분위기를 만들어 백성들을 관리하였다.

29) 독립운동가와 반일사상가에게 합법적으로 혹독한 태형을 가하도록 법으로 시행하였다.

30) 토지조사사업(1912~1918)은 조선시대에는 토지에 대한 조세를 거둘 뿐, 국유지가 아닌 경우 토지를 매매하는 데 국가가 관여하지 않았다. 그러나 조선 총독부는 국가가 땅 매매의 중간자로 개입해 근대적 토지제도를 시행한다는 명목으로 국토조사사업을 시작했다. 토지 소유를 관청에 신고하지 않으면, 국가에 귀속한다는 법령을 만들어 당시 무지하고 나약한 농민들의 토지를 강제로 수탈한 제도였다. 회사령은 조선에서 회

헌병 경찰

토지조사사업

토지를 장악하기 시작했다.

이러한 불합리한 제도를 수용할 수 없었던 우리 민족은 국내뿐만 아닌 국외에서도 독립운동을 전개하기 시작했다. 국내에서는 주로 독립의군부, 대한광복회 등을 만들어 비밀결사를 조직했고, 국외에서도 해외 독립군 기지를 건설해 조국 광복을 위해 외교적으로 조직적으로 활동하기 시작했다. 1912년에는 대한독립의군부를 만들어 의병투쟁, 국권반환요구를 발송하는 역할을 하였고, 1915년에는 대한광복회를 조직해 친일파 부자들의 자금을 털어 군자금을 모으고 독립군을 양성해 민주공화정을 이루었다.

오랜 시간 동안 유지했던 우리 민족의 역량과 전통이 한순간에 무너졌지만, 그 순간에도 백성을 지켜 주지 못한 조국을 외면하거나 원망하지 않고, 조국과 민족을 위기에서 구하려는 선각자들도 있었다. 그들이 있었기에 어두운 1910년에 불합리한 제도만큼이나 감격적인 역사적 기록을 남기는 독립운동도 일어났었다.

사를 설립할 경우 조선 총독부의 허가를 받아야 한다는 규정을 두어 조선의 상공업을 성장시키는 기회를 차탄하고 원료 공급지로만 활용한다는 의도로 만든 제도였다.

1910년대로 접어들자 강우규의 나이는 이미 불혹을 넘어, 하늘의 뜻을 알게 된다는 지천명의 나이인 50대였다. 현대 사회와 달리 의술이 발달하지 않고 평균 수명이 낮은 당시로서는 노년으로서 죽음을 기다려야 하는 마지막 시기이기도 했다. 그 시절 50이 넘은 노인이 된 강우규는 젊은 시절 한의사로 활동했고, 다시 상인으로서 장사에 충실했던 노력 덕분에 넉넉한 재산을 유지하고 있었다. 어쩌면 강우규로서는 그 시절 풍족한 재산과 장성한 아들과 손자들을 바라보며 편안한 노후를 보내는 일이 더욱 안정된 삶이었다.

하지만 그는 그 평탄한 도로를 향해 질주하지 않고 울퉁불퉁하고 험난한 길을 애써 찾아서 반듯한 길로 바꾸려 힘든 여정을 준비하고 있었다. 그가 힘들게 모았던 재산을 모두 포기하고, 가족과의 안락한 노후도 포기한 채, 목숨마저 포기한 민족운동을 기획한 중대한 결심을 했으니 얼마나 큰 위험이었겠는가? 하지만 강우규는 오직 한 가지 목표만 갖고 미래를 기약할 수 없는 길로 가고 있었다.

조국의 불행을 모든 백성이 직접적으로 수용하면서 이제 돌이킬 수 없는 식민지 국가로 전락한 1910년대를 강우규는 이렇게 가족과 이별하며 먼 나라에서 새로운 각오로 과업을 준비하고 있었던 것이다.

강우규는 다른 나라로 이주해 민족운동을 전개해 나가던 중 새로운 소식을 접하게 된다. 강우규는 우리 역사에 잊을 수도 없고, 잊고는 살 수 없는 가장 큰 민족의 외침, 국내에서 일어난 평화적인 독립운동인 3·1운동이 일어났다는 소식을 전해들은 후, 이미 몸은 늙은 노구의 나약한 신체였지만, 마음으로부터 솟구치는 그의 불타는 열정은 민족운동을 외면할 수 없었다. 결국 그는 중대한 결심을 하게 된다. 국내에서 운동에 영향을 받아 신흥동에서도 만세운동을 펼쳤다. 어쩌면 이날 그의 이러한 외침이 훗날 폭탄을 과감하게 던지는 계기가 되었을 것이라고 단언해 본다.

• 강우규, 노인동맹단에 참여

열정적인 만세운동 전개 이후 식을 줄 모르는 강우규의 열기는 1919년 4월 블라디보스토크로 떠나게 된다. 여기서 강우규가 노구의 몸으로 또 다른 곳으로 향한 이유에 대해 '노인동맹단'이란 단체를 주목해서 살펴볼 필요가 있다.

노인동맹단은 1919년 3월 26일 블라디보스토크에 거주하는 김치보의 집에서 조성된 모임이었다. 노인동맹단의 단장인 김치보를 비롯한 회원들은 다른 회원들을 수집하기 위해 각 지방에 대표들을 보내 회원 모집에 적극성을 띠고 있었다. 강우규도 이러한 파견단에 의해 노구가 된 자신의 입장과 역할에 맞는 이 단체에 가입했을 것이라 판단된다.

노인동맹단은 전 세계적으로 보기 드문 유례를 지닌 특이한 단체였다. 단체 이름에서 그 의미를 짐작할 수 있듯이, 젊은 혈기가 넘치는 청년들로 구성된 모임이 아닌 노인 집단으로 이루어진 단체였다. 이 단체의 자격 요

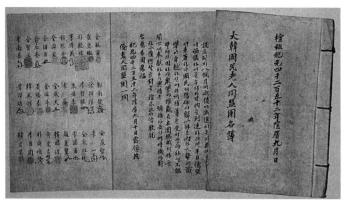

노인동맹단 명부

건 또한 46세 이상만이 가입할 수 있는 조건을 두었는데, 현대 사회와 달리 당시 46세 이상이면 노인으로 간주할 수 있는 나이였기 때문이다.

그리고 아무리 개화의 물결이 침투했다 해도 아직은 조선 유교 사회의 잔재가 존속하는 가운데 여성의 사회적 진출보다는 가정에서의 조신한 역할이 강조되던 시대였다. 여성이 무언가 앞장서서 국가의 일을 주도하기가 힘들었던 시대에도 불구하고 이 단체의 특징은 여성의 참여를 꺼리지 않았던 탓에 중년이 지난 여성 회원들의 이름도 쉽게 눈에 띈다는 점이다.

그들은 독립만세운동을 외치다 체포되기도 했지만, 조선의 독립 의지를 다른 나라에 선포하기 위한 외교적 노력에 주력하면서 젊은 청년들을 물심양면으로 지원하는 역할에도 적극성을 보였다. 대표적인 활동으로 파리강화회의에 보낼 청원서를 제출하고, 블라디보스토크 주재 일본총영사관에 독립요구서를 제출하기도 했다.

•노인동맹단의 대표적인 활동

노인동맹단은 만주, 노령 지역에서 국내로까지 넓혀가면서 1919년 4월경 정세를 탐지하기 위해 블라디보스토크로 이동휘의 부친 이승교를 찾아가 노인동맹단에 가입했다는 주장도 있다. 노인동맹단은 5월 5일 이승교, 윤여옥, 김영학, 안태순, 차대유, 정치윤, 차부인 등 대표 7명을 선정하여 국내로 밀파하였다. 이들은 일본에 보내는 문서 2통과 취지서 수백 매, 여비 1만 루블을 지참하고서 블라디보스트크를 출발했다.

경성에 5월 31일 도착하여 오전 11시경 종로 보신각 앞에서 민중들에게 연설을 한 후 태극기를 흔들며 '조선독립만세'를 힘껏 외쳤다. 이때 이

종로보신각

승교는 통행인들의 관심을 끌기 위해 칼로 스스로 목을 찔렀으나 큰 주목을 받지 못하였고 나머지 대표들은 현장에서 제포되었다. 이후 이승교와 정치윤은 노령을 이유로 추방당하였으나, 안태순은 징역 1년, 윤여옥은 징역 10월, 차대유는 징역 8월을 각각 선고받고 서대문 감옥에서 옥살이를 하는 불운을 겪었다.

그럼에도 불구하고 노인동맹단의 활동은 여기서 멈추지 않았다. 동맹단은 6월 20일 평의원회를 열고 노령으로 추방된 이승교와 정치윤 두 사람의 환영회를 겸해 파리강화회의에 한국독립청원서 제출을 위한 방책을 의논하였다.

강우규의 애국 활동은 두 가지 사상을 담고 있었다. 하나는 기독교 정신이었고 또 다른 하나는 통일평화론에 그 가치를 두었다. 아마도 강유규 자신이 숭배하던 기독교 사상에 입각한 정신과 성취하고자 했던 동양평화론에 목적이 있었기 때문일 것이다. 처음 이동휘의 영향으로 기독교에 몸담게 된 강우규는 독실한 신앙을 바탕으로 기독교의 교리를 열심히 탐독하여 그 사상을 전파하고, 함경남도 홍원과 블라디보스토크, 북간도 구도구 등에 장로교 계통의 교회를 직접 설립하였다. 당시 그가 동양의 평화를 위해 민족주의 정신을 내포한 데는 그 내면에 깊은 믿음으로 자리한 기독교 사상이 존재했음을 무시하고는 그의 독립 사상을 이해할 수 없기 때문이다. 그가 교회를 설립했던 이유도 단순히 개인의 영달과 왜곡된 신앙심으로 신자들을 모집하여 설교나 하자는 목적이 아니었다. 신앙에 입각한 교회 활동을 통해 민족운동을 전개하려는 데 참된 목표가 있었다.

이 시절 강우규는 비록 우리 민족에게는 찢어 죽이고 싶은 원수인 일본이지만, 객관적인 시선으로 일본의 우수성도 인정하고 있었다. 과거에 미개한 나라였던 일본이지만, 당시 동양에서 강성한 국가로 또한 세계의 강대국으로 부상하며 단 시간에 그 위상을 넓혀 갈 수 있었던 데에는 그들이 신문명을 발 빠르게 답습했기 때문이라 판단했다.

그는 일본이 주변 국가와 전쟁을 일으키지 않고 평화회의를 성립시키길 원하고 있었다. 강우규는 독립운동가로서 개인의 역할에만 충실한 개인 차원의 작은 거사가 아닌, 이 나라 조선을 포함한 동양의 전체적인 평화를 유지하기 위한 거사를 준비했으며, 폭력과 무력이 집권하여 전쟁을 일으키지 않는 평화사상을 강력히 내포하고 있었다.

제4장 | 백발노인의 독립운동

1. 강우규 의거의 서막

• 신임 총독을 맞이하는 불행했던 경성의 풍경

찬란하던 500년 역사를 자랑하던 조선을 일본이 무력으로 통치하기 시작한 지 10년이 다가오고 있었다. 일제의 무력 통지가 9년째 되딘 1919년 그들의 탄압과 비합리적인 정책으로 조선 민중들의 고통은 더욱 처참한 지경에 이르고 있었다. 역사적으로 1919년은 우리 민족에게 무척 의미 있는 사건을 남겼던 한 해였다.

3월에 만세운동으로 민족운동가들을 비롯한 어린 학생들까지 시위에 가담한 탓에 그들에 의한 재판이 아직 끝나지 않는 상태였다. 그러한 바람을 타고 1919년 9월은 여름의 뜨거운 열기가 남긴 더위와 함께 강한 폭우로 인한 자연재해와 일제에 의한 정신적인 압박으로 더욱 고통스런 날의 지속이었다.

이러한 시국에 일제는 일왕의 조서를 발표하며 앞으로 조선을 일본인과 차별을 두지 않고 동일하게 대해 주겠다는 유화정책을 표방했다. 물론 이것은 우는 아이에게 사탕하나 잠시 던져 주는 일시적인 정책일 뿐, 그들은 조선의 민족혼을 말살시키려는 새로운 정책들을 계속 창작하고 있는 중이었다.

이러한 때에 3·1만세운동으로 열기가 오른 독립운동의 신념은 그들의 강한 탄압에도 불구하고 멈추지 않고 지속되고 있었다. 가을을 맞이한 9월 1일은 당시 서울 시내 학교의 개교일이었던 관계로 대부분 고등학교와 전문학교 사립학교들이 9월 1일을 전후로 개교하였다. 이 시절 서울은 9월 2일 신임 총독의 부임 소식을 듣고 심상치 않은 기운이 감돌고 있던 시점이었다.

사실 조선에 새로운 총독이 부임한다는 소문은 무더운 여름인 7월부터 들려오고 있었다. 그 이유는 3·1만세운동에 대한 책임으로 조선을 떠나야 했던 장곡천호도(長谷川好道) 총독이 일본 동경으로 돌아간 후, 신임 총독이 필요했기 때문이었다. 일본은 새로운 후임으로 재등실 예비역 해군대장을 임명했고, 이러한 소식은 각종 언론을 통해 국내외에서 활발한 독립운동을 전개하던 민족운동가들에게도 전달되기 시작했다.

1919년은 우리가 일본으로부터 나라를 빼앗긴 지 10년의 세월을 바라보는 시기였고, 3·1운동이라는 거국적인 운동이 일어났던 만큼, 다시 한번 나라를 잃은 서러움과 비통함을 솟구치게 하는 가슴 아픈 한 해였다. 3·1운동이 일어 난지 반년의 시간이 흐른 9월에 새로운 총독이 조선에 부임하게 되는데, 그가 바로 강우규가 목숨을 포기하게 하는 숙명적인 천적 재등실이었다.

이미 주권을 모두 빼앗기고 조선이라는 나라가 사라진 지옥에서 우리 백성들은 새로운 총독을 우상처럼 환영하며 맞이하는 행사에 거짓 시늉을 해야 했다. 서울역(당시 명칭은 남대문역) 정거장에 각 구성원들에게 좌석을 지정해 두고 재등실 총독을 맞이해야 하는 행사를 무척이나 화려하고 호화롭게 진행시켰다. 그날 일제의 군인, 조선의 귀족, 총독부를 포함

일제강점기 서울역

한 각 관서의 직원, 일반인 등 1,000명이 넘는 사람들이 서울역에 나와 신임 총독을 환영하고 있었다.

재등실 총독 일행은 8월 29일 일본 동경에서 출발해 다음 날 대판(大阪)을 거쳐 8월 31일 하관(下關)에 도착했다. 이들은 하관에서 출항해 현해탄을 거쳐 조선으로 이동하기 시작했다. 여기에는 재등실 총독을 비롯해 총독부 제2인자라 할 수 있는 수야련태랑(水野練太郎) 신임 정무총감 일행도 함께 동행 하고 있었다. 재등의 서울역 도착과 동시에 환영 준비로 그 시기는 무척 분주하며 긴장감이 도는 9월이었다.

9월 1일이 되자 부산항은 총독 일행이 타고 오는 배를 맞이하는 관리들로 분주한 분위기였다. 총독 일행은 배에서 내려 환영하는 관리들과 인사를 나눈 후 임시 숙소로 향했다. 이날 부산 일대에 비가 쏟아지던 관계로 화려한 환영식은 모두 취소되면서 부산에서 조용한 하루를 보낸 후 다음 날 목적지인 서울로 향했다. 그들은 대구와 대전, 천안, 수원 등을 거치는 동안 일제에 의해 강제로 동원된 환영객들에게 박수를 받으며 한강을 지나 용산역에 도착했다.

부산과 달리 9월 2일 서울의 오후 날씨는 무척 무더웠다. 일제는 5시쯤 서울역에 도착하기로 예정되어 있던 총독 일행을 위한 보호 작업에 철저하게 대비했다. 군대와 경찰을 동원해 서울역 주변을 포함해 남산 주변 일대에 강력한 통제를 펼쳐 군인을 포함한 일반인과 여성들도 배치시켰다. 경찰은 이날 참석자들에게 예복을 착용하고 가정에서도 일장기를 걸고 경축할 것을 명령했다.

이윽고 오후 5시가 되자 재등실 총독을 태운 기차가 플랫폼으로 들어왔고, 참석자들은 일장기를 흔들며 총독을 맞이하는 환영 인사가 시작되었다. 일장기를 흔드는 환영과 더불어 예포를 발사하며 시민들에게 강한 울림으로 총독을 맞이했다. 총독이 열차에서 내려 사람들 앞에 그 모습을 드러내자, 그는 청목(靑木) 서무부장의 안내를 받으며 사람들 사이를 지나쳤다.

열차에서 내린 재등실 총독을 조선 귀족을 비롯한 외교사절, 재계인사와 신문기자를 포함한 1,000명 가까운 인원이 환영하고 있었다. 아마도 이날 서울역에는 장안에서 이름을 알리는 유명한 사람들 모두 다 참석했다 해도 과장이 아닐 만큼 수많은 인파를 이루고 있었다.

신임 총독은 사람들과 악수를 나누며 인사하고 호위 경찰의 보호를 받으며 드디어 서울역 광장에 당도했다. 재등실 총독은 여기서 마차를 타고 남산 왜성대의 총독 관저로 갈 준비를 하고 있었던 순간, 마차가 몇 바퀴 돌면서 조금 움직이자 역 광장 인근에서 아무도 상상할 수 없었던 물체 하나가 날아왔다. 이 물체는 총독이 마차에 오르는 광경을 사진에 담으려던 기자 옆에 떨어지면서 천지를 흔드는 소리가 울려 퍼졌다. 그 순간 역 광장 일대는 예고 없이 떨어진 폭탄으로 인해 많은 부상자들과 함께 정신없이 도망가는 사람들로 혼란스러웠다.

이러한 정신없이 큰 사건이 일어난 순간에, 살인의 주인공으로 뽑힌 재등실 총독 내외는 자신들의 목숨이 경각에 달린 위험한 상황을 잘 알지 못하고 있었다. 하지만 잠시 후 재등실은 마차 옆에 폭탄을 맞아 쓰러진 몇 명 사람들의 모습을 발견한 후 폭발 사고가 났음을 알고 소스라치게 놀랐다.

당시 1,000명이 넘는 인파와 철저한 경비를 펼친 상황에서 이 같은 사고가 일어날 것이라고는 그 누구도 예상하지 못했을 일이다. 경찰 부대와 친일 단체들, 환영 인파에 둘러싸인 군중 속에 숨 막힐 정도로 신분증을 꼼꼼하게 확인까지 한 상황에서 이러한 엄청난 살인 사건이 일어났던 것이다. 재등실 총독 입장에서는 조선으로 부임한 첫날 자신의 목숨을 노린 너무나 큰 사건으로 인한 충격을 받은 동시에 사상자를 포함한 부상자가 생겨나게 된 살인 사건이었다. 당시 사망하거나 부상을 당한 사람들의 인적 사항은 다음과 같다.

• 강우규 의거와 사상자 명단

사망자 : 총 3명
스에히로: 경기도 순사
귤향귤(橘香橘): 〈대판조일신문〉 경성특파원
산구간남(山口諫男): 〈대판조일신문〉 경성특파원

부상자
천원청태랑(川原清太郎): 〈조선신문〉 기자

무정연태랑(武井延太郎) : 〈경성일보〉 사진부기자

소모전(小牟田) : 본정 경찰서장

권오용(權五鎔) : 동 경찰서 경부

박진화(朴眞和) : 동 경찰서 순사

안무정(安武政) : 종로 경찰서 순사

박완식(朴完植) : 동 경찰서 순사

구보(久保) : 철도관리국장

안도 : 철도관리국 운수과장

노즈 : 동 총독

촌전(村田) : 육군 소장. 총독부 무관

미국인 W.P 해리슨 부인

박성팔 : 고양 경찰서 순사

정관중준(井關重俊) : 총독부 촉탁

양창화 : 개성군 남면 후석리

백준기 : 순사

지광연 : 순사

김태석 : 경기도 제3부 경부

마정 가토 : 총독부

이원승(李源昇) : 이왕직 사무관

노가타 : 경성감옥 수업수

니시타 : 총독부 고원(雇員)

모리시타 : 총독부 고원

산내(山內) : 총독부 고원

성대호(成大鎬) : 차부(車夫)

근등구길(近藤龜吉) : 차부

암미무(岩尾茂): 차부

박홍식(朴弘植): 차부

엄관서(嚴寬瑞): 차부

박재인(朴在仁): 차부

황춘엽(黃春葉): 차부

이백손: 차부

이장룡: 차부

　사실 표적의 대상이었던 총독 자신은 피해를 입지 않았지만, 당시 현장
에 있었던 경찰과 신문기자, 수행 직원 등 30명 넘는 사람이 중상을 입었
고, 그중 사망한 사람도 3명이나 되었으니 무척 무서운 살인 사고였다고
볼 수 있다. 부상자 가운데 당시 경찰 간부 중 한 사람인 김태석이 훗날
같은 고향 출신인 강우규를 검거하게 된다.

• 어수선했던 1919년의 조선

　이러한 폭탄 사건 이후 경찰은 현장에서 범인을 찾기 위해 무척 혈안
이 되었지만, 그 당시에는 범인 검거에 실패하고 말았다. 너무도 갑작스레
일어난 일이었고 특별한 증거도 남기지 못한 파편 조각을 보며 처음 수사
에는 실패할 수밖에 없었다. 그 후에 경성 본정 경찰서(지금의 서울 중부경
찰서)에서는 수사본부를 만들어 현장에서 지목했던 용의자들을 증인으
로 범인을 찾기 시작했다.

　당시 식민지 조선의 실질적인 지도자라 할 수 있는 조선 총독부의 지
위와 위상은 대단했던 만큼, 경찰로서는 허수아비 조선 임금과 비교할 수

없는 최고 권력자 총독 살인 사건에 당연히 목숨을 걸고 범인을 찾기 위해 혈안이 될 수밖에 없었으리라.

하지만 범인을 색출하기가 생각보다 쉽지 않았다. 시간은 사건이 발생한 지 열흘이나 지나 버렸고 용의자를 심문했지만 뚜렷한 성과를 내지도 못했다. 시간이 지체되면서 이 사건은 국외로 번지기 시작했고 동경 경시청 특별고등과에서는 일본 각 방면에 수소문하기 시작했다. 무엇보다 그들은 일본에서 유학하는 조선 유학생들과 노동자들을 의심하며 수사에 들어갔다.

그로 인해 그해 가을의 시작을 알리는 9월의 조선은 무척이나 어수선하고 우울한 상태였다. 총독을 살해하려는 폭탄 사건의 충격과 동시에 극심한 자연재해까지 겹쳐 참으로 난감한 정국이었다. 중국, 일본 등에서 번진 콜레라는 9월 3일 저녁에는 서울까지 발생해 급속도로 퍼져가고 있었다. 급기야 경기도와 평안남도와 평안북도 등 전국적으로 번져 400명이 넘는 환자들이 발생하면서 100명이 넘는 사망자까지 생겨났다. 이렇게 9월에 발생한 콜레라 피해자는 10월이 되어도 줄어들지 않고 더욱 증가하여 조선 전역에 1만 명이 넘는 환자가 생겼고 8,000명 넘는 사람들이 사망하는 참극을 겪었다.

이러한 콜레라의 확산으로 백성들이 날로 죽어가는 가운데 자연재해까지 찾아와 더욱 힘든 상황을 안겨 주고 있었다. 조선 곳곳에 강한 폭우가 몰아치면서 가장 피해가 컸던 서울에는 종로의 전신주가 파괴되어 전화 연결이 힘들었고, 길가 가로수도 부서지면서 거리는 온통 지저분하게 변하고 말았다. 게다가 여러 집들이 무너지면서 백성들의 인명과 재산상 피해도 적지 않았다. 당시 자연재해와 기근에 엄청난 살인사건까지 겹쳤으니, 대한제국 백성들의 삶은 더욱 험난한 불행의 연속이었다.

당시 이러한 여러 가지 혼란한 악재 속에서도 여전히 재등실 총독의 살인 사건은 가장 중대하고 위험한 사건이었다. 그러나 의외로 침착한 기운이 감돌며 관련 사건 보도도 간략하게 보도하는 분위기였다.

이러한 사실은 당시 〈매일신보〉 9월 2일~10월 7일 기사에 상세하게 기재되어 있다.

• 남대문 역에 퍼진 폭탄의 울림: 노인이 조선 총독에게 폭탄을 던지다.

〈매일신보〉 9월 4일 기사에 강우규의 의거 당시 상황을 다음과 같이 평하고 있다.

"총독이 마차에 앉고자 한 순간에 폭탄발이 터지는 소리가 굉굉했다. (중략) 총독과 부인이 탄 마차가 발을 떼어 놓을 때에 돌연히 끽다점(喫茶店: 찻집) 옆 인력거를 둔 곳의 등 뒤에서 총독의 마차를 겨냥하여 폭탄을 던진 자기 있었는데 (중략) 그 폭탄에 상한 자가 부지기수인바, 드디어 중경상자 29명을 낸 참담한 대사고가 일어났는데, 다행히 재등 총독은 군복과 밑 혁대 세 곳의 구멍이 뚫어질 뿐이요, 다행히 무사하였다."

실제로 〈매일신보〉 1919년 9월 4일자에 실린 기사는 당시 강우규가 던진 폭탄의 파장, 즉 폭탄으로 인해 피해를 입은 이들의 인적 사항을 알수 있게 해 준다. 부상자 중 중상 5명에 경상이 15명, 그중 3명은 위독한 상황이었다. 2일 밤 재등 총독은 이번 폭탄 사건에 조난, 부상자에 대해 위문의 특사를 보내어 그 증세를 위문하였다. 강우규의 의거는 비록 목표했던 재등에게는 치명적인 피해를 입히지 못했지만, 총독부를 비롯하여 일제에 큰 타격을 입힌 것만은 부인할 수 없는 사건이었다.

강우규는 화려한 환영식을 뒤로 하고 막 떠나려던 재등실 총독을 향해 폭탄을 던졌다. 폭탄은 굉음을 내며 터졌고 이로 인해 많은 수의 사상자가 생겨났다. 하지만 아쉽게도 사살을 목표로 했던 주인공인 재등실 총독은 옷에 약간의 흠집만 생긴 채로 아무런 상처가 없었으니 참으로 그에게는 천운이었고 강우규와 우리 민족에게는 불행이었다.

강우규는 이날 비로소 환영식을 끝내고 떠나는 우리 민족의 뼈를 타게할 침략자 한 사람을 제거하기 위해 폭탄을 던졌던 것이며, 안쓰럽지만 결국 이 거사는 침략의 원흉에게 죽음을 선물하지 못하고 강우규 자신의 일생을 마감하는 결과가 되고 말았다.

처음에 일제 당국은 범인을 알지 못하고 계속 시간이 지체되던 가운데 조급하고 불안한 기운이 연일 지속되고 있었다. 총독부는 9월 17일이 되자, 본정 경찰서 책임자를 당시 총독부 경무국에서 근무하던 치다 경시로 교체했다. 그렇게 시간이 흘러 10월이 되었고, 사건이 발생한 지도 한 달이 조금 더 지났을 무렵에야 범인이 체포되었다는 보도가 기사화되어 화제가 되었다. 일본 천황을 대신해 조선을 통치하는 조선 최고의 지위자에게 폭탄을 던져 일본인에게 최대의 살인범이 된 범인은 바로 강우규란 인물이었다.

기사 내용에 따르면 "지난 9월 17일 본정 경찰서 경찰관이 체포하였고 조사를 마친 후 검사국으로 옮겼다."는 사실이다. 비로소 사건의 범인이 세상에 모습을 알리는 순간이었다. 이 사건의 범인이 잡히면서 세상 사람들의 관심이 집중되는 것은 당연한 일이었지만, 무엇보다 더욱 사람들을 경악하게 했던 사실은 범인이 전혀 예상하지 못한 인물이었기 때문이었다.

대부분 혈기 왕성하고 건강한 젊은 남자라고 생각했을 테지만, 범인은 뜻밖에도 고령의 노인이었다. 당시 신문에 흰 옷을 입고 흰 머리에 흰 수염이 만발한 노인의 나이는 예순이 넘은 나이였다. 현대 사회의 기준에서 죽음을 앞둔 늦은 나이는 아니지만, 그 시절은 무척 장수한 노쇠한 나이였기에 아무도 그가 범인이라고 예상하지 못하고 있었다.

〈매일신보〉 1919년 10월 7일자 기사에 강우규의 의거를 이렇게 평하고 있다.

"재등 총독을 암살하려고 폭탄물을 던진 범인 강우규는 지난 9월 17일에 시내 누하동에서 본정 경찰서 경찰관의 손에 잡히어서 그 후 동서에서 취조 중이더니 이번에 검사국으로 넘겨갔다. 폭탄물을 던진 강우규는 당년 65세의 노인으로 평안남도 덕천에서 출생하여 어렸을 때 글방에서 한문을 공부한 외에는 아무 학력이 없으며, 중년에 야소교 장로교회에 입교하여 지금까지 그 교를 믿는 중이며, 30여 년 전에 함경남도 홍원군으로 이사하여 그곳에 거주하다가 그 후, 즉 지금부터 10년 전에 북간도 두도구로 이사하여 사립학교를 설립하고 청년 자제를 교육하며, 한편으로는 야소교를 전도하였으며, 해삼위(블라디보스토크) 근방으로 다니며 오로지 일본을 배척하는 사상을 고취하기로 일을 삼았으며, 항상 과격한 조선인들과 서로 교제하며 오랫동안 벽지에 있으면서 조선 사정을 잘 알지 못하는 자이다.

금년 봄 3월에 손병희 등이 조선 독립을 선언하고 소요를 일으키자, 이에 응하여 사방에서 연하여 일어나매, 강우규는 거주지되는 길림성 요하 부근에 있는 조선이 이미 독립된 줄로 믿었다가 그 일이 허사됨을 알고 통분함을 마지아니할 때에 당시 해삼위에서 거주하는 완고한 이들이 조직한 소위 노인단에서 이동휘의 부친되는 이발 이하 7명이 대표가

〈매일신보〉 1919년 10월 7일자 기사

되어 조선으로 건너왔으나 아무 일도 하지 못하고 경성 종로에서 저의
목을 자기 손으로 찌르고 관헌에게 붙들린 후에 경찰서에서 독립운동
의 무모함을 깨닫고 돌아가매, 강우규는 늙은 팔을 뽐내어 얼마 남지
않은 생명을 한번 던지어서 이름을 세상에 드러내리라고 하고 그 기회
를 엿보던 중, 마침 장곡천 총독이 갈리어 간다는 말을 듣고 새 총독이

부임하는 때에 한번 큰일을 하여 보면 일이 만일 실패가 될지라도 이름
이 세상에 드러나리라 하고 결심을 한 모양이더라."

이러한 기사들은 강우규가 완강한 배일파로서 조선의 사정을 제대로
모르는 인물이라는 측면에 초점을 두고 있다. 즉 강우규의 의거를 학문이
짧고 교육 수준이 낮은 지적 수준이 결여된 무식한 인물이며, 심지어 조
선 사정을 파악하지 못하는 해외에 거주하는 시골 늙은이의 행동으로 단
정하고 있는 것이다. 이와 함께 〈매일신보〉는 사건의 동기 역시 이름 없는
무지한 노인으로서 세상에 이름을 내고자 하는 개인적인 욕심에서 비롯
된 것이라고 축소하고 왜곡해서 보도하고 있다.

이어서 〈매일신보〉는 '노인동맹단'이란 단체에 대해서도 이와 유사한
보도 태도를 취하고 있는데, '노인동맹단'을 "완고한 이들이 조직한" 단체
라고 하고 "이동휘의 부친되는 이발 이하 7명이 대표가 되어 조선으로 건
너왔으나 아무 일도 하지 못하고 경성 종로에서 저의 목을 자기 손으로
찌르고 관헌에게 붙들린 후에 경찰서에서 독립운동의 무모함을 깨닫고"
돌아갔다고 부정적인 기사로 보도했다. 이 신문은 강우규의 의거를 평가
절하하여 보도했지만, 당시의 상황을 살펴보는 데 있어 〈매일신보〉만큼
가장 많은 정보를 제공해 주는 자료는 없을 것이라고 본다.

당시 〈매일신보〉 기사는 폭탄이 투척되던 순간과 직후에 그 속에 있었
던 사람들의 반응과 상황을 기자가 자신의 시점에서 바라본 그날의 모습
을 서술하는 방식으로 작성하고 있다. 다시 〈매일신보〉 1919년 9월 4일자
를 쓴 당시 기자의 관점에서 기사를 상세히 살펴보면 다음과 같다. 기자
는 폭탄 투하의 순간에 촬영하던 사람의 두려움과 비참한 광경은 말할
수 없었다고 기사를 시작하고 있다.

"(중략) 얼마 지나서 총독의 마차는 비로소 움직이기 시작하였다. 홀연 굉연한 음향과 함께 격렬히 공기를 충돌할 때는 총독의 마차 부근에 있던 사람이 모두 엎드렸다. 모든 사람은 각처로 흩어져서 도망할 길을 찾으며, 피를 흘리며 정신이 빠져서 달아나는 사람이 속속히 발견되었다. 기자는 그 혼잡 중에 어떤 자가 던졌나 하고 흉도를 찾았으나, 벌써 혼잡 중에 종적이 사라져 버렸다. 그래서 관헌과 병사와 구경꾼들도 이 못된 흉한이 있던 곳을 알았지만 달아난 곳과 얼굴 모양 같은 것은 거의 아는 사람이 없었다.

이 사이에 정거장 앞 넓은 마당에 도열한 병정과 의장병의 위치는 엄숙히 조금도 어지럽지 않게 총독 부처(夫妻)의 마차에 계속하여 총감 부처의 마차는 나팔소리 내며 행진을 하며 관저에 들어갔다. 구경하던 사람들은 바야흐로 물결 흩어지듯 흩어졌다. 그런데 가장 비장한 것은 부상한 사람의 대부분이 장관 명사와 호위 관헌과 신문기자 등이어서 각기 직무로 인하여 다친 것을 잊어버리고, 혹은 경호를 하고 혹은 사진기계에 손을 들고 혼란한 광경을 찍는 등 눈물 날 비장한 광경을 이루었다. 총독 일행은 무사히 정거장 앞을 지나가고, 관헌의 범인 수색 활동, 부상자의 수용 등으로 정거장 앞은 구경꾼의 잡담과 불안의 공기가 가득하였더라."

위의 기사를 쓴 〈매일신보〉 기자는 폭탄이 터진 순간 사람들은 "각처로 흩어져서 도망할 길을 찾으며, 피를 흘리며, 정신이 빠져서 달아났다." 라고 묘사했다. 이 기자는 "부상한 사람들 대부분이 장관 명사와 호위 관헌과 신문기자 등"이었는데, 이들이 그 혼란한 와중에도 "각기 직무로 인하여 다친 것을 잊어버리고, 경호를 하고 사진기계를 손에 들고 혼란한 광경을 박는 등 눈물 날 비장한 광경을 이루었다."라고 감격에 찬 표현으로 칭찬하는 기사를 작성하고 있다.

이어서 기자는 폭탄을 던진 이를 "못된 흉도"라고 표현하며 "혼잡 중에 종적이 사라졌다"고 했다.

반대로 폭탄이 터졌을 당시 의장병 등이 "엄숙히 조금도 어지럽지 않게 총독 부처의 마차에 계속하여 총감 부처의 마차는 나팔소리 내며 행진을 하며 관저에 들어갔다."라고 하며, 그들이 충성스럽게 총독을 보호하여 총독이 피해를 입지 않고 생명을 보존할 수 있었다고 전하고 있다. 우리 민족에게는 영웅에 해당하는 강우규 의사의 행위를 "못된 흉도"로, 재등 실 주변 인물들을 마치 의로운 충신으로 비유한 이 신문 기사는 전형적인 친일 성향이 짙은 〈매일신보〉 측 입장에서 서술한 기사임을 느낄 수 있다. 그리고 1919년 9월 4일 〈매일신보〉에 재등실은 강우규의 의거에 대한 자신의 입장을 표명하는 다음과 같은 기사를 실었다.

총독관저에 재등 총독을 찾아보고 그 조난된 일에 대하여 인사를 한 기자에게 "마차가 떠나고자 할 때에 등 뒤에서 큰 음향이 일어난 줄로 생각했는데, 도착한 뒤 군복과 혁대에 작은 구멍이 있는 것을 발견하였소. 나는 군국을 위하여 총독의 정임을 가지고 조선에 부임한 후에 한 번 죽기로서 나라 일에 진취할 것을 당초부터 생각한 바이라, 이와 같은 위해가 몇 번 있더라도 나는 조금도 두렵지 않소. 차라리 불령배(不逞輩)를 감화시키고 잘 인도하여서 지존하신 성지를 몸 바쳐 더욱 덕스러운 정사를 베풀 따름이라." 하였다. "(중략) 제일 유감되는 것은 범인을 도망하게 한 것이다. 그들의 흉행의 목적은 재등 일개인에 대한 것이 아니고 그들 도배는 언제까지든지 독립의 꿈을 깨지 못하고 오직 소요케 하려는 것밖에 하등 득책이 없는 우배(愚輩: 어리석은 무리)에 불과하니

나는 이러한 무리는 안중에도 없고, 이들에게 만족을 주기 위하여 조선 총독으로 온 것이 아니다."

위의 기사는 재등실이 당시 강우규 의거 사건을 회상하며 자신의 심경을 고백한 상황이다. 자신은 폭탄 투여로 목숨을 잃을 위기에 처했지만 두렵지 않다는 강한 의지를 보여 주고 있다. 하지만 아래 기사를 통해 범인을 빨리 찾지 못한 상황에 대한 불안함과 분노를 내심 표출하고 있음을 짐작할 수 있다.

그럼, 이제 강우규가 범인으로 확정되어 체포된 당시 1919년 10월 7일 〈매일신보〉에 실린 기사를 통해 범인인 강우규 자신의 입장을 살펴보도록 하자.

강우규는 지난 9월 2일 오후 5시에 신 총독이 남대문 역에 도착하자, 이보다 먼저 환영하는 사람과 구경꾼 틈에서 구경꾼인 체하고 미리 준비한 폭발탄을 가지고 남대문역 귀빈실 현관에서 상거가 얼마 안 되는 인력거와 구경꾼이 늘어선 곳에 가까이 서서 신문지에서 본 신 총독의 얼굴을 기억하고 신 총독이 귀빈실에서 나와 마차를 타려고 하는 것을 보고, 가졌던 폭발탄으로 총독을 겨누고 던졌으나, 총독이 무사하였음을 보고 낙심천만하여...

결국 강우규는 자신이 각색한 각본대로 염원하던 신임 일제 총독을 살해하려 했지만 실패하면서 낙심했던 것이다. 비록 실패했지만 강우규가 얼마나 자신의 조국인 조선 독립을 위한 마음이 간절했으며, 조선을 부도덕하게 통치하려는 총독을 없애고 독립을 이루기 위한 단추를 채우려 했는지 느낄 수 있다.

2. 거사 준비 과정과 탄생

역사적인 순간인 1919년 9월 2일. 아무리 노구의 한 개인이 폭탄을 투척해 조선 총독을 살해하려 했던 의열투쟁이지만, 모든 일에는 그 주변에서 성실한 조연 역할을 해 주는 인물이 존재하기 마련이다. 잠시 여기서 강우규 의거와 관련된 인물들의 인력 사항에 대해 간략하게 살펴보도록 하자.

*최자남
나이: 51세
직업: 잡화상
본적: 함경남도 원산부 상리 광석동 1번지
출생지: 황해도 재령군 석률면 구작동

*허형
나이: 26세
직업: 무직
본적: 평남 안주군 안주면 건인동 312
주소: 경성부 안국동 96번지 이도제방

*오태영
나이: 25세
직업: 의학전문학교 학생
본적: 함경남도 정평군 부내면 문봉리
주소: 경성부 안국동 99번지 이도제방

*박정찬

나이: 58세

직업: 목사

본적: 경성부 남대문동 5정목 75번지

주소: 함경남도 원산부 광석동 28번지

*박태희

나이: 24

직업: 약제사

주소: 함경남도 원산부 구제병원 내

*탁명숙

나이: 24

직업: 간호부

본적: 함경남도 함흥군 장원면 양동리

주소: 경성부 남대문의 예수교 장로감리연합회 경영 세브란스 병원 내

*장지상

나이: 21세

직업: 양정학교 3년생

본적: 함경남도 정평군 부내면 원흥리 70번지

주소: 경성부 가회동 182번지 장익규 방

*한은철

나이: 27세

직업: 학교 교사

본적: 평안북도 운산군 동신면 좌동

*한기동

나이: 26세

본적: 함경남도 원산부

　강우규의 거사를 직접적이든 간접적으로든 도움을 주었던 조연급에 해
당되는 인물들을 살펴보았다. 아마도 강우규 자신이 기독교에 심취되어
있었고 교육 사업도 종사했으며, 어린 시절부터 익혔던 의술로 여러 사람
들에게 도움을 주었던 만큼, 다양한 인맥들과 교류가 있었다는 사실을
알 수 있다. 연배가 비슷한 중년들보다 교사나 약제사 등 젊은 사람들도
동참했지만, 최자남과 허형을 제외한 나머지 인물들은 큰 처벌을 받지 않
고 풀려났다.

　성능이 우수했던 폭탄을 혼자 힘으로 구입하기 힘들었을 것이며, 거사
에 필요한 자금도 결코 만만하지 않은 거액이었던 만큼 주변 인물들의 도
움이 필요했기 때문이다. 또한 이러한 엄청난 거사에 함께 동참한 인물들
도 사실상 강우규만큼이나 폄하할 수 없는 정의로운 인물들이며 숨어서
이들이 도움을 주었기에 가능했다고 판단되는 만큼 그 거사의 준비 과정
과 탄생까지의 과정을 살펴보도록 하자.

　당시 강우규는 1919년 6월 11일 블라디보스토크를 떠나, 일본 배를 타
고 6월 14일 원산에 도착했다. 물론 그의 옷 속에는 재등실 총독 환영회
에 투척할 무서운 폭탄이 숨겨져 있었기에 살벌한 감시를 피하며 도착하

원산

기까지 힘든 시간을 가슴 졸였을 것이다. 마치 정정화³¹⁾가 치마 속에 독립자금을 숨기고 힘겹게 압록강을 다섯 번이나 건넜던 것처럼, 그 순간 강우규의 가슴도 생사를 오가는 순간이었다고 짐작할 수 있다. 하지만 여

---

31) 정정화(1900~1991)는 수원 유수를 지낸 정주영(鄭周永)과 이인화 사이의 2남 4녀 가운데 셋째 딸로 태어났다. 충남 예산에 많은 토지를 가진 유복한 가정에서 편안하고 행복하게 자랐으며, 11세가 된 1910년 가을 김가진(金嘉鎭)의 3남인 동갑내기 신랑 김의한(金毅漢)과 혼인하였다. 정정화는 결혼과 동시에 개화파 집안의 영향으로 새로운 세상에 대해 알게 되었고, 어수선했던 일제 강점기에 시아버지 김가진과 남편 김의한이 상해로 망명하면서 정정화의 인생도 그저 순탄할 수만은 없었다. 정정화는 약한 여자지만 1920년 상해 망명과 독립운동 투신을 결심하며 힘든 망명길에 올랐다. 당시 임시정부 법무총장으로 있던 예관 신규식(申圭植)과 시아버님 김가진의 지시에 따라 정정화는 독립운동 자금을 조달하기 위해 1920년 3월 상해를 출발하여 국내로 향했다. 국내 잠입 경로는 1919년 7월 시행되어 국내외에 가동되고 있던 임시정부의 비밀 지방 행정 및 연락 조직인 연통제를 따랐다. 정정화는 이때부터 상해와 국내를 수차례 오가며 독립운동자금을 조달하는 역할을 맡았고, 임시정부가 가장 힘들었던 시절, 임시정부 요원들을 위해 헌신한 여성 독립운동가 중 한 사람이었다. 연약한 여자의 몸으로 만주 벌판에서 일본군을 물리쳤던 남자현, 어린 나이에 감옥에서 독립만세를 외친 소녀 독립운동가 유관순이 몸소 나서 독립운동을 했던 여성이었다면, 정정화는 직접 나서기보다는 뒤에서 소리 없이 독립운동을 지원하며 위험한 사지를 넘나들며 독립운동자금을 조달하였고, 한국국민당, 한국독립당(중경), 대한애국부인회 등의 단체에 가입하여 활동했던 인물이다. 즉 임시정부 요인들의 고달팠던 망명 시절을 보듬었던 여주인이었던 셈이다.

기까지는 하늘이 도왔는지 무사히 원산을 도착한 후, 다음 날인 6월 15일 최자남(崔子男: 1876~1933)을 만나게 된다. 이미 최자남과는 블라디보스토크에서 친분을 쌓고 지냈던 관계로, 이때 최자남의 집에 거처하며 폭탄을 숨겨 두었다. 그리고 철저하게 조선 총독이 당도하는 시점과 그 주변에 대한 기사를 탐독하고 거사 일정을 기획하고 있었다.

여기서 잠시 강우규 의거를 도운 최자남이란 인물에 주목해 볼 필요가 있다. 강우규의 의거가 강우규 자신을 포함해 타인의 도움과 영향이 있었기 때문이다. 최자남은 황해도 재령군이 고향이며 1910년 쯤 블라디보스토크로 이주했다. 그곳에서 장사를 하던 최자남은 니코리스크로 옮겨와 처음으로 강우규와 인연을 맺었다고 한다. 이 시절 최자남의 처가 병에 걸리자, 당시 강우규가 한의사로 일하며 익혔던 의술을 발휘해 병을 고쳐 주면서 자연스레 좋은 인연을 이어 오게 되었다.

최자남이 이 일을 계기로 강우규를 은인처럼 대해 주었고, 최자남 집에 머물면서 기독교를 전파하는 한편, 교육 사상을 고취해 주기도 했다. 결국 이러한 인연으로 원산에 도착해서도 최자남의 집에 머물게 되었고, 중대한 거사 계획도 함께 모의할 만큼 신뢰가 돈독했었다. 자신의 나라를 위해 목숨을 던지겠다는 각오와 신념이 동일한 두 사람은 결국 신임 총독인 재등실을 처단하는 일에 함께할 뜻을 약속하게 된다. 최자남은 강우규의 뜻에 따라 노인동맹단 간부였던 강부위[32]에게 편지를 전달하는 역할을 맡았다.

이러한 최자남의 노력 못지않게 홍원에서 상인으로 일하고 있는 도명

---

32) 당시 노인동맹단 간부였던 강부위의 이름은 강택희였으며 강문백이라고 불렀다. 강부위는 연병우와 같이 1919년 6월 25일 노인동맹단 대표로 블라디보스토크 주재 일본 총영사관에 독립요구서를 제출하기도 했던 인물이다.

수33)도 강우규에게 도움을 주었던 인물이다. 강우규의 거사 계획을 듣고 거사 자금을 주었고, 도명수도 역시 과거 강우규에게 도움을 받았던 사실에 늘 감사하던 인물이었다.

이렇게 거사에 필요한 거사 자금과 폭탄을 준비한 강우규는 1919년 8월 4일 원산에서 알게 된 허형34)과 함께 원산을 벗어났다. 두 사람은 8월 5일, 서울에 도착해 김종호의 집에 머무르며 신임 총독인 재등실이 조선으로 부임하는 날을 신문으로 확인하고 하루하루 그날을 기다리고 있었다.

먼저 8월 7일경 다시 원산으로 가서 최자남의 집에 보관되어 있는 폭탄을 서울로 가져왔다. 강우규는 8월 12일, 드디어 신문기사를 통해 조선 총독이 부임한다는 사실이 확정되자 더욱 철저한 계획을 세웠으며, 사건을 일으킬 현장인 서울역 주변을 상세히 살펴보고 다녔다.

마침내 9월 2일이 되었고, 비장한 각오로 준비했던 폭탄을 옷 속에 숨겼다. 바지 앞부분에 숨겨 둔 폭탄이 보이지 않도록 저고리와 모시 두루

---

33) 도명수는 과거 강우규의 도움으로 사업에 성공했던 인물인데, 강영재의 회고에 의하면 강우규가 당시 재판장에서 도명수의 아들 도상봉을 찾았다고 한다. 또 전해지는 일화에는 강우규가 당시 유서 두 통을 써서 하나는 아들 중건에게 또 하나는 도명수에게 맡겼다고 한다. 도명수가 홍원 자신의 집에 숨겨 두었지만, 해방 후 오랜 세월 땅 속에 묻혀 있어 형체만 남아 보이지 않았다고 한다. 이렇게 강우규가 믿을 만큼 돈독한 사이였다. 강우규 의거 후 거사 자금을 도와 주었다는 이유로 경찰에 체포되어 고문을 받은 후 풀려났다.

34) 허형(許炯: 1894~1963)은 평양 대성학교 재학 중 1910년 학교가 폐교되자, 3·1 독립만세 시위에 참여해 대일투쟁에 나섰던 인물이다. 또 '조선독립청년단'이라는 단체에 가담하여 학생층을 대상으로 지하투쟁을 전개하였다. 허형은 최자남과의 인연으로 원산에서 강우규를 알게 되었고, 자신도 강우규 거사에 참여하도록 요구하였다. 강우규 거사와 공범으로 분류되어 1921년 8월 서대문 형무소에서 1년 6개월간 옥고를 치른 후, 다시 한흥근의 폭탄 은닉 혐의로 평양 감옥에 투옥되었다. 1923년부터는 〈동아일보〉, 〈조선일보〉, 〈중앙일보〉 등의 안주지국장과 평양지국 특파원을 지냈다. 그는 주로 언론계를 통해 민중계몽운동에 노력하였다.

마기를 입고 모자를 쓰고 가죽신을 신은 뒤, 손에는 양산과 수건을 들고 서울역으로 이동했다.

　이날 반드시 목표했던 신임 총독 재등실을 처단하고자 하는 결심과 동시에 자신의 죽음도 아까워하지 않은 각오를 했으니, 한 발 한 발씩 서울역으로 옮기는 발걸음이 무거울 수밖에 없었을 것이다. 오직 하늘에 자신과 조국의 운명을 맡겨야 하는 순간일 뿐이었다.

　그날 준비했던 시간이 점점 가까워져 오후 4시경이 되자 새로운 총독을 환영하기 위한 많은 인파가 몰려들었고, 수많은 인파 중 한 사람인 강우규는 혈안이 되어 주변을 감시하고 있었다. 강우규에게 무엇보다 중요한 일은 재등실 총독이 타고 가야 하는 마차의 위치와 총독의 이동 경로

1919년 9월 2일 서울역에 도착하여 대기 중인 마차에 탄 3대 조선총독 재등실과 부인, 비서관(사진 우측)

를 파악하여 폭탄을 투척하는 일이었던 만큼, 그 시점과 상황 판단이 무척 숨 가쁜 상황이었다.

드디어 오후 5시가 되자, 강우규가 그토록 기다리던 재등실 총독 일행이 서울역에 당도했다. 총독 일행은 화려한 환영 인사를 받으며 귀빈실을 거쳐 마차에 올랐다. 강우규는 이제 운명을 하늘에 맡기고 의거를 단행해야 하는 순간이었다. 물론 그의 목표는 마차에 타고 있던 신임 총독이었던 만큼 가능한 한 가까이에서 폭탄을 투척해 성공하려 노력했다. 그러나 하늘은 일본이란 나라의 식민 지배를 더욱 더 허락하시며, 자신이 아끼는 강우규를 먼저 데려가려는 선택을 하게 되면서, 마차에 탄 재등실이 아닌 그 주변 사람들 몇 명만 목숨을 잃고 말았다.

당시 무서운 폭탄의 울림과 동시에 아무도 예측 못했던 공포의 현장은 한 순간에 쑥대밭이 되고 말았다. 강우규에게는 목표했던 인물인 총독이 무사했으니 실패한 거사였지만, 이 날의 거사는 역사상 결코 단순하고 가볍게 평가할 만한 거사가 아니었다.

재등실 총독은 단지 허리에 차고 있던 대검만 손상되었지만, 총독을 보호하던 주변 인물들이 사망하거나 부상을 당하면서 그 사건의 인명 손실과 피해가 막중했다. 그들에게는 아직도 우리 조선 민중의 가슴에 독립에 대한 열정과 애국 의지가 숨어 있음을 확인하는 계기가 되었으니 훗날 다른 독립운동으로 이어지게 되는 강한 정신력을 심어 주었던 것이다. 또한 당시로서 무척이나 늙은 60세가 넘은 노인이 이토록 과감하고 맹렬한 도전을 행동으로 표출했으니, 사실상 성공한 거사로 평가할 수 있다.

3·1운동이라는 거대한 민족의 움직임 이후, 숨을 돌리기도 전에 새로 부임한 총독 암살 미수 사건은 전 세계의 관심을 촉구하는 대단한 사건이었으며, 우리의 강렬한 민족 정신을 세계에 드러내는 계기가 되기도 했

다. 강우규가 사형당하기 전 마지막으로 자신의 아들에게 남긴 말을 통해 얼마나 간절히 조국의 독립을 염원하는 순수한 마음이 담겼는지 오늘을 살아가고 있는 우리가 그를 잃지 않았으면 한다. 강우규는 다음과 같은 말을 끝으로 길고 험난했던 거사의 탄생을 매듭 지으며 그해 11월 29일 서대문형무소에서 순국했다.

"내가 죽는다고 조금도 어쩌지 말라. 내 평생 나라를 위해 한 일이 아무것도 없음이 도리어 부끄럽다. 내가 자나 깨나 잊을 수 없는 것은 우리 청년들의 교육이다. 내가 죽어서 청년들의 가슴에 조그마한 충격이라도 줄 수 있다면 그것은 내가 소원하는 일이다. 언제든지 눈을 감으면 쾌활하고 용감히 살려는 전국 방방곡곡의 청년들이 눈앞에 선하다."

또 강우규는 사형 집행 당시 감상이 어떠하냐는 일제 검사의 질문에 다음과 같은 짧은 시로 대답했다.

"단두대 위에 서니 오히려 봄바람이 이는구나. 몸은 있으되 나라가 없으니 어찌 감상이 없겠는가?(斷頭臺上 猶在春風 有身無國 豈無感想)"

3. 의거 후 재판 과정

강우규는 자신이 던진 폭탄이 재등실을 살해하지 못하고 주변 사람들에게만 피해를 끼쳤다는 사실을 곧 간파하게 되었다. 당시 폭판 투척 사건으로 인해 정신없이 주변이 우왕좌왕하던 틈에, 강우규 자신도 혼란스러웠을 것이다.

그 시점에 어린 조선 소년이 당시 현장에 있던 순사에게 강우규가 폭탄을 던졌다고 알려 주었지만, 그 순사는 그냥 무시하고 지나쳤다. 아마도 강우규가 너무나 늙은 노인이었기에 범인이라 예상하지 못했던 것 같다. 당시 목격자였던 어린 소년은 다음과 같이 목격담을 전하였다.

"범인의 인상과 풍채는 나이 오륙십 가량의 노인으로, 흰 수염에 푸른 얼굴을 가진 조선 노인인데 흰 두루마기를 입고 오른손에는 양산을 들고 왼손에는 손수건을 들고 있었다. 나는 범인을 놓친 후에도 근처에 있는 줄 알고 남대문 안으로 들어서서 이리저리 둘러보는 차에 남산공원에서 내려오는 사람이 있어 본 즉, 종적을 놓친 범인인데 어떻게 되었는지 두루마기가 박박 찢어져 있었다. 나는 다시 그의 뒤를 따라서 조선공론사 앞에 와서 한 순사에게 이 사실을 알렸으나 들은 척도 하지 않았다."

사실 목격자의 증언이 신빙성이 있고 구체적이지만, 순사는 범인을 알려 주어도 들은 척도 하지 않았다고 했으니, 아무도 강우규를 범인으로 예상하지 않았다는 사실이다. 결국 이러한 제보를 무시했기에 강우규 폭탄 투척 사건의 수사가 시간을 끌며 오래 진행될 수밖에 없었던 것 같다. 이러한 결과로 아무 잘못 없는 조선 사람들이 경찰서에서 억울하게 고문을 당했던 것은 가슴 아프지만, 강우규가 자신의 행위를 은폐하려 모른 척했던 것은 아니었다. 비록 실패했지만 나름대로 이것도 기회로 여기고 다음을 기다렸던 것이다.

강우규는 현장에서 나와 허형에게로 갔다. 그 후 수염을 깎고 옷을 갈아입는 등 외형을 새롭게 바꾸고 이름도 강영일로 고쳤다. 또 친분이 있는 사람들을 통해 거처를 옮겨 다녔지만 결국 친일 경찰 김태석에 의해 체포되고 말았다. 1919년 9월 17일은 강우규가 의거를 끝내고 보름이란 시간이 더 지난 후였다. 이날 강우규에게는 아마도 이 세상과 인연을 마감해야 할 운명의 날이 다가오고 있었음을 자신도 짐작했을 것이다.

강우규는 서울 종로구에 거처한 장익규의 집에서 그 유명한 악덕 친일 형사 중 한 사람인 김태석에 의해 체포되었다. 김태석은 강우규가 사건을 일으킨 9월 2일, 당시 강우규가 던진 폭탄에 의해 서울역 현장에서 부상을 당한 일이 있었다. 워낙 조선인을 괴롭히며 승승장구하던 김태석은 이 사건을 계기로 그의 명예가 한층 더 성장했으니, 이 역사적인 날 김태석은 얼마나 기뻤을까? 잠시 강우규를 체포하며 승승장구했던 친일 경찰 김태석에 대해 살펴보도록 하자.

• 악덕 친일 경찰 김태석

우리 민족에게 나라가 사라지고 민족의 개념이 사라진 그 시절, 사실상 일본인보다 더욱 우리를 분노하게 했던 슬픔은 같은 피를 나눈 조선인들의 등 돌린 배신이었다. 일본인보다 더욱 혈안이 되어 같은 피를 나눈 우리 민족의 몸과 마음에 생채기를 내며 자신의 나라를 구하려 애쓰는 민족투사들을 가혹하게 고문하는 친일파들. 그리고 전 세계에 유례없는 부끄럽고 한심한 역사의 한 장인 해방 후에 그들을 더욱 뻔뻔하게 활기를 칠 수 있게 허용해 준 일.

일제 강점기 악명 높은 경찰 3인방 중 하나이며 조선인들을 뼈가 떨리게 하며 공포의 현장으로 안내해 준 김태석. 당시 김태석, 김덕기, 노덕술은 일제 강점기 대표적인 친일 경찰로 활개를 치고 다녔다.

정상적인 사회에서 누릴 수 없었던 특권을 식민지 시대에 같은 민족을 미치도록 괴롭히며 그들이 얻은 대가는 화려했다. 우리에게는 독립투사를 사살하게 만든 장본인이지만, 일본 입장에서 보면 살인자를 잡은 공로가 있는 김태석에 대해 잠시 살펴보자.

고등계 형사 노덕술

1882년 평안남도 양덕에서 태어난 김태석은 고향에서 보통학교를 졸업했다. 그 후 1908년 서울에서 관립 한성사범학교를 졸업한 뒤 평양공립보통학교 교사를 지냈다. 그러나 잠시 교사 생활을 한 후, 일본으로 유학 가서 일본대학 야간부 법과 2년을 수료한 뒤 1912년 조선 총독부 경찰관을 통역하는 역할을 맡았다. 아마도 일본 유학생이 대접받던 시절 그의 유창한 일본어 실력이 한몫했을 것으로 여겨진다.

그리고 이 일을 시작으로 김태석은 경찰이라는 직업을 갖게 된다. 젊은 유학 시절 그는 자신이 그토록 우리 민족을 괴롭히며 현대 사회까지 자신이 만든 혹독한 고문이 전술될 만큼 짐승만도 못한 인간이 될 것을 예상했을까?

김태석에게 경찰 생활의 시작은 곧 친일파로의 새로운 인생을 의미하는 삶이었다. 김태석은 함경북도 평안남도 등의 경찰서에서 근무하다가 1918년 경무국 총감부 고등경찰과로 부임하게 된다. 1918년부터 김태석은 고등 경찰로 자리 잡아 독립운동가 색출을 담당하는 전형적인 친일 경찰의 노선을 확고히 매듭지어 나갔다.

해방이 되자 김태석이 반민특위에서 친일반민족행위자로 체포되어 법정에 서는 일은 마땅한 일이었다. 물론 그의 교활한 수법은 일본으로 밀항을 준비하고 있었지만 실패하고 말았다. 1919년 자신의 아버지 연배에 해당하는 노인인 강우규를 짐승보다 못한 방법으로 고문하며 자신의 권력욕을 채울 때, 조국이 해방되어 법정에 서게 될 것이라고는 상상도 못했으리라. 물론 우리 민족의 한을 풀지 못하고 다시 반민특위가 해체되었고, 이로써 김태석은 감형되어 1950년 석방되는 또 하나의 한심한 역사의 비극을 우리는 맛보게 되었지만.

그는 반민법정에서 강우규를 체포한 일이 없다고 끝까지 치졸한 변명을 하고 나섰다. 마지막까지 우리 민족을 구하려 목숨 받쳐 독립운동을 한 인물들에 대한 조금의 반성도 없이 자신의 잘못을 부인하는 모습은 인간의 사악함 그 자체였다. 친일파로서 사형선고를 받았지만 결국 석방되었던 김태석. 그리고 일제 강점기 김태석을 능가하는 고문 기술을 전수하며 조선 독립을 위해 애쓴 민중을 파리보다 하찮게 죽였던 그 유명한 노덕술. 그도 해방 후 사악한 판단력으로 목숨을 보존하며 지속적으로 각종 호사를 누리며 평탄대로의 길을 달려 나갔다.

이에 한발도 물러설 수 없는 노덕술과 악랄함의 쌍벽을 이루며 '고문귀신'이라 불렸던 하판락. 그는 해방 후에도 미군정의 '일제 관리 재등용 정책'에 의해 여전히 경찰로 근무하며 빠른 승진 속에 부를 누리며 호화로운 생활을 했다. 그 후에도 신용금고사업을 통해 부를 축적해 금융업자로 변신하는 한편, 기업체를 운영하는 사업가로 성공했다.

심지어 사업가로 변신해 부산에서는 어버이날에 부산시장의 표창을 받고 노인복지 공로자로 인정받기까지 했다. 2002년 2월 민족정기를 세우는 국회의원모임에서 친일파 708인 명단을 발표했을 때 명단에 든 인물들 중 당시까지 유일하게 살아 있는 생존자였다.

그 다음해인 2003년 92세로 생을 마감할 때까지 천수를 누렸으니, 죽기 전에는 흡혈귀보다 더 사악한 방법으로 독립운동가들을 고문했던 자신의 행동에 조금은 후회를 했을까? 그 지독한 고문을 당하며 불구가 되거나 죽어간 같은 민족들의 넋이 그 오랜 세월 반성할 기회를 주었는데도 그 기회를 버린 채 참으로 한 세기 동안 이 세상을 안락하게 살았던 인생이었다.

하판락

'권선징악'이니, '인과응보'며 '사필귀정'이란 아름다운 옛말도 모두 이들을 피해 가 버리고 말았으니, 상황과 때에 맞춰 자신의 목숨을 의탁하며 질기고도 긴 생명을 보존한 그들의 뻔뻔한 삶이 첫 단추부터 잘못 끼워져 버린 해방 후 우리 사회의 비극적인 현실이었다.

사실 악덕 친일 경찰뿐만 아닌, 각종 정치인, 문화, 예술인들도 해방 후 뻔뻔하게 호의호식을 누리며 그 후손들은 지금도 친일한 조상님 덕에 부를 누리고 있으니 아마도 전 세계 유례가 없는 노블레스 오블리주가 바닥난 민족의 현실이 가슴에 아릴뿐이다.

그리고 우리나라와 대비되는 프랑스의 나치 협력자 숙청 현실을 보며 우리는 지금 어떻게 대응해야 하는 것일까?

• **프랑스의 나치 협력자 숙청** (임기상《숨어 있는 한국 현대사》중에서, 2014)

1944년 8월 프랑스가 나치 독일에서 해방되었을 때, 드골의 임시정부가 제일 먼저 착수한 것은 나치 협력자 처단이었다. 드골은 애국 시민에게는 상을 주고 배반자에게는 벌을 줘야만 국민들을 단결시킬 수 있다고 역설했다. 드골은 1차로 레지스탕스를 검거하거나 고문하고 사형대에 올린 친

드골

페탱 원수

나치 경찰과 민병대원을 검거해 재판정에 세울 계획이었으나 재판소가 설치되었을 때는 이미 대상자들이 저 세상으로 떠난 후였다.

연합군이 해방시킨 지역마다 레지스탕스 대원들과 공산당원들이 지역의 친나치 경찰관과 민병대원들을 재판 없이 모두 처형했기 때문이다. 또한 지역 주민들은 독일군과 정을 통한 프랑스 여인들을 끌어내 강제로 삭발을 시켰다.

이렇게 해서 1만 명의 부역자가 약식으로 처형당했다. 강제로 삭발당한 여성 부역자도 2만 명에 달했다. 드골 정부가 설치한 재판소에서 주로 사형 선고를 내린 대상은 독일에게 협력한 비시 정부의 수뇌부와 지식인들이었다.

비시 정부의 국가수반이었던 페탱은 사형선고를 받았다가 종신형으로 감형돼 감옥에서 병들어 죽었다. 라발 총리는 최고재판소에서 사형선고를 받아 처형되었다.

언론인과 작가들에 대한 단죄는 특히 가혹했다. 이들은 글과 책, 기사를 통해 프랑스 정신을 타락시켰다는 이유로 다른 부역자들보다 중형을 받았다. 경제인들은 '먹고살기 위해서'라는 이유로 관대한 처분을 받았다. 재판을 통해서 3만 8,000여 명이 징역이나 금고형을 받았으며 6,700여 명이 사형선고를 받았고 이 가운데 1,500명이 처형되었다. 단 한 명도 사형

대에 세우지 못한 대한민국의 친일 부
역자 처단과 극명하게 대조되는 대목
이다.

종전 후 강제로 삭발당한 프랑스의 여
성 부역자들.

• 제1회 공판

1919년 9월 29일이 되자 강우규는
경성 본정 경찰서에서 나와 경성지방
법원 검사국으로 넘어갔다. 이때 강우
규는 10월 20일에 기소되었지만, 예
심 종결은 다음 해 1920년 1월 28일
에 발표되었다.

강우규의 제1회 공판은 1920년 2월 14일 오전 10시 경성지방법원 제7
호 법정에서 시작되었다. 앞서 〈매일신보〉 1920년 1월 30일자에 '폭탄 투
척 범인 강우규의 예심 종결 – 범인이 자백한 것을 보아도 더 말할 것 없
는 충분한 증거, 경성지방법원 공판에 부처, 대담한 불칙한 범인이 두려운
범행'이라는 제목의 예심종결서 전문이 크게 보도되었다. 당연히 이 사건
은 당시 일제 지배자들 입장에서는 무척이나 흉악하고 극악무도한 살인
사건이었던 만큼 크게 주목해서 설명할 수밖에 없었을 것이다.

제1공판이 열린 날, 장남인 강중건을 포함해 100명이 넘는 사람들이
모였는데, 서양인들도 자리 잡고 있었다. 이날 심문을 받으며 투척 당시를
열심히 진술하였다. 재판장과 일문일답의 심문 중 강우규는 재판장에서
도 결코 꺾이지 않는 기개로 거침없이 답하였다. 다음은 재판 심문 중 일
부를 정리한 것이다.

강우규 의사 재판 판결문

재판장: 한일합방이 그리 싫은 것은 무엇이며, 또 무엇이 그리 재미가 없었는가?

강우규: 그 이유를 말하자면 물어 볼 것도 없이 금수강산 삼천리가 그만 일본이 되었으며, 그에 따라 모두 일본의 지배를 받게 되었으니 무슨 좋은 일이 있으며, 무슨 재미가 있으리오.

재판장: 연해주 같은 곳과 기타 각지를 돌아다니면서 전도에 종사하였는가?

강우규: 그리하였다.

재판장: 그때 단순히 전도만 하였는가?

강우규: 교인에게는 물론 천당을 이야기하며 전도를 하였고, 학생과 같은 청년들에게는 우리 조국을 회복하는 데 큰 일꾼이 되라고 정신적 교훈을 주었다.

재판장: 요하현에서는 무엇을 경영하였는가?

강우규: 광동학교를 경영하며, 한편으로는 전도에 전력하였다.

재판장: 그곳에서도 국권회복운동을 선동하였는가?

강우규: 물론이다. 나는 자나 깨나 국권회복밖에 없는 사람이니 그 목
적으로 교육시키는 것이 당연한 이치 아닌가?

재판장: 독립운동은 언제부터 시작하였는가?

강우규: 독립운동에 힘을 쓰기는 오늘까지 10여 년, 즉 한일병합이 되
는 그날부터 오늘까지 주야로 24시간 한시도 잊어버린 적이 없
다.

재판장: 요하현 신흥동에서 만세를 부른 것은 언제부터이며, 피고가 선
동한 것이 아닌가?

강우규: 신흥동에는 조선인이 약 1,000여 호 거주하는데, 만세를 부른
것은 작년 4월부터였고, 그때 내가 선동했다.

재판장: 1919년 3월 1일 손병희 일파 33명의 독립선언과 시위운동은 언
제부터 알았는가?

강우규: 음력 3월 10일에 알고 그 길로 신흥동에 있는 동포들을 선동하
여 독립시위운동을 하였다.

재판장: 그 뒤 5월 그믐께쯤 블라디보스토크로 갔다면서? 무엇 하러
갔던가?

강우규: 우리 조선독립의 상황이 어떠한지 분명히 알기 위해서 갔다.

재판장: 그때 조선의 독립이라는 것을 알아보니 어떠하던가?

강우규: 만국평화회의와 일본 천황도 조선 독립을 승인하였다는 말을
들었으나 그 말은 헛말이 되고 뜻밖에 장곡천호도 총독이 갈

리고 새로 총독이 나온다는 말을 들었다.

재판장: 그러면 무슨 이유로 총독을 살해하려고 하였는가?

강우규: 장곡천호도 총독이 우리 조선을 통치할 때 조선 인종을 모두
　　　　죽은 인종으로만 알았던 것인데 그 뒤에 보니 조선 사람이 정
　　　　신은 아직 살아 있는 인종이라 아무리 해도 동화를 시킬 수가
　　　　없어 일찍이 조선 총독 자리를 사직하고 가겠다는 정신으로
　　　　간 것인데 그는 세계와 여론을 밝게 깨달은 사람이지만 새로
　　　　오는 총독은 무슨 능력으로 우리 조선을 동화시키며 옳게 할
　　　　수 있으리오.
　　　　그는 곧 하나님의 계명 중에 '이웃을 사랑하라'는 계명을 범한
　　　　자이며, 또 '남의 것을 탐내지 말라'는 계명을 범한 자이며, 또
　　　　민국 공법을 교란시키는 자이며, 민족자결주의를 멸시하고 위
　　　　배하는 자이며, 세계 여론을 경멸하는 자이라 그런 자를 용서
　　　　할 수 없어 살해할 뜻을 둔 것이다.

재판장: 새 총독을 죽이려고 블라디보스토크에서 조선에 왔는가?

강우규: 물론이다.

　경찰의 추적 끝에 결국 체포된 강우규의 모습을 당시 일본 〈조일신문
(朝日新聞)〉을 통해 확인할 수 있다. 〈조일신문〉은 조선 총독부 관리들의
증언에 "그는 역시 우국지사였다."라며 감탄했고 취조를 받으면서도 여전
히 독립에 대한 연설을 멈추지 않았다고 했다. 강우규를 취조했던 경찰부
장의 증언을 바탕으로 당시 조국을 위하는 그의 자세와 확고한 신념이
명확하게 드러난다.

　또 경찰부장의 증언에 따르면, 조사를 받는 과정에서도 전혀 두려워하

거나 불안해하지 않고 당당하고 자신 있게 독립 연설을 하며 공범자 없는 단독 범행이라고 주장하고 나섰다. 강우규는 경찰부장이 공범자를 추궁하자, "큰일을 시행하는 데 누구와 의논하겠는가?"라고 답했다고 한다. 후에 재판장으로 옮겨 심문을 받게 되었을 때도 재판장은 다시 질문했다.

> 재판장: 자신의 사실을 모두 자백하면서 다른 피고의 일을 감추는 사실
> 은 불가한 일이 아닌가?
> 강우규: 나는 하나도 은닉한 일이 없고, 모두 다 사실이다.

이러한 태도는 강우규의 범행이 오직 순수한 조국의 독립을 열망하는 의도였으며, 친분 있는 다른 사람들에게 조금도 피해를 주지 않고 혼자 무거운 짐을 짊어지고 가려 하는 절개가 느껴진다. 이렇듯 자신이 그동안 기획했던 조국 독립운동과 교육 사업, 총독 살해 이유를 구차한 변명 없이 논리적이고 정확하게 설명하며 시종일관 당당한 기개를 잃지 않고 있었다.

이러한 재판 진술의 일부를 통해 판단할 수 있는 사실은, 강우규가 오랜 시간을 두고 조국의 독립을 위한 민족정신을 고취하고 자신이 입각한 기독교 사상과 정신에서 위배되는 행위를 하지 않는 참다운 애국자의 자세다. 아마도 긴 시간 동안 항일투쟁에 대한 의지를 불태우며 차분히 준비하고 직접 실천했기에 가능한 결과였을 것이다.

재판장은 잠시 동안 휴정하고 오후 2시쯤 다시 강우규를 심문하기 시작했다.

> 재판장: 9월 17일 조선인 경부 한 명과 일본인 순사 두 명이 피고를 체
> 포하였나?

강우규: 그렇다.

재판장: 머리와 수염을 깎은 것은 도망쳤다가 다음 기회를 기다린 것은
아닌가?

강우규: 그렇다.

재판장: 총독 하나를 죽이면 조선이 독립될 줄 알았나?

강우규: 하늘이 나에게 기회를 주었으므로 이 기회에 나의 할 일을 할
뿐이다. 곧 하늘이 명령하는 바에 의지하여 나의 할 일을 할
뿐이다. 총독은 죄인이므로 죽이고자 한 것이다.

지금까지 당시 강우규에 대한 제1회 공판 내용 중 일부를 살펴보았는
데, 차가운 겨울이었던 1920년 2월 14일 오전 10시 경성지방법원 제7호
법정에서 시작한 심문은 오후 5시가 되어서야 마무리되었다.

• 제2회 공판

그리고 2월 18일 오전 10시 경성지방법원 제7호 법정에서 강우규의 폭
탄 투척을 도운 공범자들에 관한 제2차 공판을 집행하였다. 이러한 의열
투쟁이 강우규 개인이 준비하고 기획하긴 했지만, 일본 지배자들 입장에
서는 조금이라도 도움을 주었던 공범들을 색출해 상세히 조사해야 할 책
임과 의무가 있었다. 그들은 거사와 관련된 허형, 오태영, 최자남 등도 체
포해 가혹하게 고문하기 시작했다. 일본 지배자들은 당시 우리 조선인들
을 벌레보다 하찮게 여겼기에 조선 민중의 민족운동에 대해 조금의 트집
거리가 있으면 강력한 형벌을 가해 공포스런 분위기를 만들 필요성을 절

감했던 것이다.

제2차 공판에서도 외국인을 포함한 많은 사람들이 법정을 가득 채웠다. 모두 예상했듯이 강우규는 이날 사형을 선고받았다. 강우규를 비롯한 공범인 최자남에게는 징역 3년, 허형에게는 징역 1년 6개월, 오태영에게는 징역 1년을 구형했다. 그리고 2월 25일 선고공판이 열렸는데, 변한 것이 있다면 오태영이 무죄가 되었다는 사실이다. 오태영은 강우규가 범인이란 사실을 알고도 신고하지 않았고, 장익규의 집에 피신하도록 도와주었지만, 그에 따른 증거가 확실하지 않기에 결국 무죄로 판결되었다. 강우규는 역시 2차 공판에서 사형이 확정되었고 여전히 그에 대한 처벌에는 변화가 없었다.

4. 애국정신이 담긴 상고취지서 요약

당시 1920년 5월 8일 〈동아일보〉에 '강우규의 상고문은 자기 손으로 직접 쓴 비분강개한 긴 글'이란 기사가 보도되었다. 강우규는 변호사를 선임하지 않고 자신이 직접 상고문을 작성했는데, 여기에는 재등실 총독을 처단한 배경을 비롯해 최자남에 대한 변호, 상고 이유와 1심과 2심 재판에 대한 판결에 대한 자신의 견해와 동양평화를 위한 자신의 행위에 대한 정당성을 작성하였다.

그 누구의 손과 두뇌를 빌리지 않고 자기 자신이 직접 자신의 입장을 변론한 만큼, 강우규의 애국심과 독립을 염원하는 우국충절을 느낄 수 있을 것이다. 그는 상고취지서에서 자신이 우리 민족 2,000만 동포를 대신해 국권을 회복하고 독립을 이루기 위해 거사를 일으켰다는 거사 목적을 밝히고 있다.

여기서는 강우규가 작성한 상고취지서 중 중요한 부분들을 일부 발췌해 보았다. 늙은 애국자가 거사를 일으키고 힘겹게 실행해 간 과정 속에 친일파들과 일본 재판장들 앞에서 소신 있게 자신의 주장을 정당화하는 의로움을 발견할 수 있을 것이다.

● 의열투쟁의 배경: 재등실 총독 폭탄 투척 이유

"재등실을 살해하려고 한 이유는 전 총독 장곡천호도가 조선에 재임하여 조선 사정에 정통하였고, 조선과 일본 동화정책을 실시하여 통치하려 힘써 왔다. 하지만 지난해 3월 내외지에 거주하고 있는 조선 2,000만 인민이 일심동의로 독립운동을 일으켜, 살인당한 사람이 몇 천, 몇 만이 뇌었으나 여전히 독립운동의 맥이 지속되어 끊어지지 않은 것은 국민들의 식을 줄 모르는 열성이라 할 수 있다. 이러한 조선 민족의 열성을 보더라도 조선을 통치하는 일은 불가능하다는 사실을 간파하고 장곡천은 일본으로 귀국하였다.

그런데 신임 총독 재등실은 어떤 사람이며, 무슨 이유로 조선에 내임하였는가? 신임 총독 재등실의 내임은 하늘의 뜻에 위배되며, 세계의 대세인 민족자결주의와 인도정리로서 확립된 평화회의를 교란하고 기독교에서 하느님이 주장하는 이웃 사랑에 대한 계명을 어긴 것이다. 이는 조선 민족 2,000만을 궁지에 몰아서 그들의 어육으로 삼으려 하는 짓이다.

대일본 제국의 천황은 성덕을 갖추었기에 천의에 순종하고 세계 대세인 평화회의에 동의하여 신임 총독 재등실에게 명령을 내렸다. 천황이 동양대세를 영구히 보호하라 하는 대목이 있는데, 이는 동양대세의 보호는 분쟁이 아닌 평화에 있는 것이다. 그래서 동양 삼국의 평화가 성립 되길 기원하였다.

하지만 재등실 총독은 자신의 사리사욕에만 혈안이 되어 성지를 위 반하고 분쟁을 유도해 동양대세를 보호하는 평화를 발휘하지 못하였다. 재등실은 하늘과 세계의 죄인이요, 자국에 대해서는 역신(逆臣)이요, 조 선에 대해서는 간적(奸賊)이요, 동양의 악마이다. 따라서 이런 악마를 죽여 전 세계가 알도록 동양의 흉악한 증거로 삼고, 대일본 제국에 이처 럼 흉악한 악마가 두 번 다시 생존하지 못하도록 해야 한다. 또한 다시 는 재등실과 같은 사고를 지닌 인물이 태평양을 건너오지도 못하게 해 야 할 것이다."

강우규 자신이 거사를 일으키게 된 배경에 신임 총독 재등실을 살해할 수밖에 없는 이유를 자신의 종교관인 기독교의 사랑과 세계관인 동양평 화론을 근거로 강력하게 작성하였음을 위의 글을 통해 확인할 수 있었다. 하지만 이 글에서 우리가 오해하기 쉬운 대목은 강우규가 일본 천황을 높이면서, 일본 천황을 대신해 조선을 통치하는 대리인이며 실권을 가진 조선 총독 재등실은 상대적으로 나쁘게 비하하는 발언을 쉽게 발견할 수 있다.

어떤 면에서 잘못 분석하면 강우규가 마치 일본 천황에게 아첨하는 친 일적인 행위로 비추어질 수도 있다. 그러나 이것은 강우규가 재등실과 일 본 제국주의의 불순한 의도를 강조하기 위해 나름대로 대조되는 기법을 사용한 것일 뿐, 자신이 기획한 거사의 정당성과 동양의 평화를 기원하는 의지를 보다 더 강조하기 위한 이유였다.

재등실 총독을 "하늘과 세계의 죄인이요, 자국에 대해서는 역신이요, 조선에 대해서는 간적이요, 동양의 악마이다."라고 주장하며 신임 총독을 최대한 폄하하는 표현을 했으니, 그만큼 자신의 행동은 오직 조선과 동양의 평화를 이루기 위해 반드시 성취해야 할 타당한 거사였음을 강력히 주장하고 나선 우국충절을 발견할 수 있다.

•최자남에 대한 변론

"폭발물을 어느 러시아인으로부터 아무도 모르게 구입할 때, 소통이 되지 않아 그 사람이 손가락으로 가르쳐 주는 것을 보고 사용법을 알았다. 개인을 목표로 했을 뿐, 폭탄이라는 걸 모르고 구입했다. 러시아에서 경성까지 오면서 단 한 번도 이것을 누구에게도 보여 주거나 거래한 일이 없다. 유럽 전쟁 때 어느 신문을 보고 독일 군인이 비행기에 폭탄을 싣고 날아가 석의 도시에 투척하여 그곳을 살육하고 폭파시키는 것을 보았다. 그래서 이 물품의 명칭이 폭탄이란 사실도 남대문역에서 사건이 일어난 후, 신문 보도를 읽고 알게 되었다. 남대문역에서 재등실에게 폭탄을 투척한 것은 개인을 사살할 목적이었을 뿐이다."

강우규의 이러한 주장은 사실상 공범인 최자남을 마지막까지 보호하기 위해서였다. 최자남이 고문을 이기지 못해 거짓 자백을 한 것이고, 모든 일은 자신이 혼자 기획했으니 다른 동지들은 무사히 풀려나길 바라는 의도에서 이 같은 주장을 펼친 것이다.

•상고이유와 1심과 2심 판결에 대한 비판

"(중략) 재판장이 총독에게 무슨 죄가 있느냐고 묻기에 피고가 총독의 죄상을 열거해 주겠다고 답했다. 하지만 재판장은 피고의 주장에 대해 시비를 판단하지 않은 채, 아무 대답도 하지 않고 폐정해 버렸다. 이는 법관의 예의라고 할 수 없다. 총독에게도 죄가 있으면 치죄한다고 하면서 본인의 출석요구에 있어서는 무시해 버리는 것은 참으로 언사부동이 아닌가? 실로 억울한 처사가 아닐 수 없다."

이렇게 강우규는 재판의 부당성에 대해 자신 있게 비판하며 자신의 억울한 사정을 다시 한 번 정상참작해 줄 것을 타당하게 요구하고 있다.

"본 피고인에 대한 복심법원의 취조가 끝나고 논고가 있은 후에 재판장은 이미 망한 나라는 나라라고 할 수 없고 동시에 일본의 인민이기 때문에 일본에 충성을 다해야 할 뿐이라고 하는 말은 어린애들에게나 해당되는 것이지 성장한 어른에게는 이런 말을 해서는 안 되는 것이라고 판단된다.

무릇 조국을 위해 거사를 일으키는 사람이 본인뿐인가? 예를 들어, 서양의 워싱턴, 나폴레옹, 비스마르크와 같은 인물이 있고, 동양 제국에서도 이등박문 같은 인물도 있으니 그는 소국을 위해 고심하고 경영한 인물이다. 재판장의 말처럼 만일 자기 나라를 위해 일하지 않고 적국에 복종하였다면 그 나라의 인민은 적의 노예가 되었을 것이며 그 국가들은 지금처럼 세계 일등국가가 되지 못했을 것이다. 그러므로 우리의 귀감이 될 수 있었다."

사실 강우규는 광동학교를 설립하고 학생들을 직접 교육할 때에도 일본의 야만성을 비판했지만, 그들이 선진문물을 도입하고 일찍 개화에 눈을 뜬 행위를 본받아야 된다고 가르치곤 했었다. 또한 서양의 우수한 기술도 과감하게 받아들여 익숙하게 익힐 수 있도록 해야 한다고 토로하곤 했다. 여기서 강우규는 다른 나라 사상가들이나 한 개인이 자국을 위하여 빠르게 움직이고 대항했던 자세를 자신도 터득해서 실천했을 뿐이니, 실로 이 거사를 옳지 않게 여기고 조국을 외면하는 일은 억울한 일이며 바람직하지 않다고 주장하고 있다.

•동양 삼국의 '동양평화론'을 거듭 강조하다

"위대하다 동양이여! 사랑스런 동양이여! 그 대세를 영원히 보호할 황인종 중에서 집권하는 자, 그 인민들을 어찌 사랑하지 않을 수 있겠는가? 또 주님의 사랑을 보호하지 않을 수 있겠는가? 그러한 동양의 대세를 영원히 보호하는 길은 말을 배우는 어린아이들도 분쟁에 있지 않고 평화에 있다고 말하리라. 이렇다면 동양의 평화가 왜 급선무라 하지 않겠는가?

우리는 눈을 뜨고 서양의 실태를 주목해 보자. 세계 최대 대전을 막고 평화회의를 성립시킨 뒤 4대국이니 5대국이니 하는 것은 죄다 사라지고 모모 3국이 동맹을 맺고 안연함을 볼 때, 그 내의는 지방적 관심과 인종 관념에 있다고 해야 할 것이다. 그래서 일본 천황폐하는 이런 일을 깨닫고 동양의 대세를 영원히 보호해야 한다는 동양평화를 강조했다.

하지만 재등실 총독은 천의를 위배하고 성지를 거역하여 분쟁의 기틀을 마련했다. 그는 경찰과 법률로 조선 민족에게 그물을 치고 강산을 우리 민족의 감옥으로 만들었다. 이러한 지경에 이르니 조선 민중들은 악감정을 품고 갈수록 애국열이 높아지고 있는 것이다. 우리 조선 민족

2,000만은 한 사람도 남김없이 싸우더라도 국권회복과 자유 독립을 진취할 것을 혈심동맹해야 할 이 시기에 본인도 투표자가 될 것이다.

동양의 삼국이라 하면 다른 나라가 아닌 한 집안의 한 형제라 할 수 있다. 그러므로 한 나라의 분쟁이 생기면, 그 나라는 어떻게 일어설 수 있으며, 어떻게 지탱해 나갈 수 있을 것인가? 동양 삼국 중 일본은 세계의 대국이다. 동양의 신문명 선진국으로서 그 지위가 어떠한가? 고등법원장이여! 동양 대세를 위해 우매한 재등실 총독이 자국으로 돌아가 성지를 받들고 정부 당사자들께 동양 분쟁의 불씨를 끄고 평화회의를 성립하기를 바란다.

그리하여 동양 삼국을 정립하여 완전한 정책과 사업을 일으킨다면 누가 감히 멸시하며 방어할 수 있겠는가? 이런 때가 오면 대일본은 삼국 중 으뜸 국가가 될 것이며 그 영광과 지위는 어떻겠는가! 내가 하는 이 말을 무시하지 말고 동양 대세를 위해 후회 없도록 해야 할 것이다. 본인은 조선과 우리 민족을 위해 국권회복과 자유독립과 동양평화를 위해 노력하고자 한다."

지금까지 살펴본 강우규의 상고취지서는 강우규 자신이 일으킨 거사의 이유와 목적, 그 사건에 관한 타당성을 신임 총독 재등실의 악마 같은 행위에 대한 분노로 지적했다. 하지만 무엇보다 강우규는 동양의 평화를 모색해 나가야 하는 일이 시급하며 평화적인 방법으로 삼국이 안정을 되찾기를 거듭 기원하며 우리 독립을 뼈아프게 바라는 마음이었다.

사실 이러한 의거를 일으킨 정신에는 그가 늘 강조한 청년 교육과 독립사상, 기독교 정신, 동양평화론이 함께 동참했음을 알 수 있다. 이 모든 정신이 강우규에게 의거를 이끄는 강력한 힘이 되어 주었기 때문이다.

강우규 자신이 일으킨 의거가 작게는 우리 조선의 독립을, 나아가서는 보다 큰 의미의 동양 대세를 위해 동양의 평화를 깊이 있게 원했던 만큼, 자신과 조국의 원수인 일본에게 진심으로 동양평화를 위해 힘써 줄 것을 마지막까지 강력히 요구하고 있는 것이다.

5. 사형 선고 후 강우규의 태도와 순국

당시 사형을 선고받은 후 강우규는 어떤 심정이었을까? 또한 그는 어떤 태도를 보였을까? 모든 사람들이 예상했듯이 그는 재판정에서 심문을 받을 때도, 사형이 선고된 후에도 조국을 사랑하는 독립에 대한 염원에 변함이 없었다. 여전히 꺾일 줄 모르는 강인한 기개로 당당하게 그 많은 사람들이 모인 재판정에서 고함을 지르며 호통을 쳤다. 또한 아들 강중건이 변호사를 선임할 것을 권했지만 확고하게 거절하고 나섰다.

손녀 강영재의 증언에 따르면, 사형 구형에 대한 판결이 확정된 후 강우규는 재판장에게 무섭게 호통을 치며 노여운 마음을 표했다고 한다. 재판정에 있던 의자를 검사에게 던지며 "고얀 놈들"이라 소리를 질렀다. 또 재판소 구치소로 가는 길에서도 재판정을 하나 둘씩 빠져 나오고 있는 사람들이 들을 수 있도록 큰 소리로 독립 만세를 외쳤다고 한다.

당시 1920년 4월 16일 〈동아일보〉 기사 제목에 "강우규 공소공판 검사의 구형은 역시 사형이었다. 이에 대하여 강우규는 끝까지 태연하였다."라는 제목만 읽어 보아도 당시 강우규의 태도가 의연했음이 느껴진다. 사형을 당하기까지 서대문 형무소에 수감되어 있는 동안 그 좁고도 어두운 곳에서 생활은 무척 힘들고 고달팠다는 사실은 애써 설명하지 않아도 짐작할 것이다.

1920년 8월 11일 〈동아일보〉에 "아 암흑한 죽음의 손, 이 참혹한 굶주림의 귀신, 강우규의 말로, 지는 여름 철창 아래에 사형 위에 주림까지는" 이란 이 길고도 고통스런 제목을 통해서도 알 수 있을 것이다. 당시 혈기 왕성한 청년 독립운동가들도 금수보다 못한 친일 경찰의 모진 고문과 열악한 형무소 시설 속에 견디기 힘든데, 그 시절 강우규는 이미 60세가 넘어 70을 바라보는 노인이었다. 무척 더운 여름에 한 점 바람도 통할 수 없는 좁고 더러운 형무소 안에서 각종 질병과 영양 부족을 겪으면서도 여전히 참다운 교양인의 자세를 잃지 않았다고 한다. 형무소에 근무하던 경찰들은 강우규가 늘 성경책을 탐독하며 마지막까지 책을 읽고 바른 태도로 일관했다고 감탄하였다.

비록 육신은 늙은 몸이었지만, 그가 지닌 기상과 정신은 청초하고 싱그러운 초록 잎처럼 맑고 건강했다. 문득 인디언 속담이 생각난다. "늙을수록 말문을 닫고 지갑을 열어라." 노인이 되면 간혹 불필요한 잔소리와 아집만 늘어나면서 씀씀이에 인색해 지곤 한다. 이러한 정신으로 종종 주변 사람들을 불편하게 하는 사례를 접할 때가 있다. 이 속담은 사람 마음이 넉넉해지지 못하는 태도를 경계하며 멋지게 나이 들기를 바라는 마음에서 던지는 충고일 것이다. 하지만 강우규는 이 속담을 멋있게 실천한 참다운 나이로 늙어간 노인이었다.

열심히 모은 재산을 교육사업과 독립운동에 올바로 사용할 줄 알았으니 지갑을 제대로 열었으며, 법정에서 당당하게 외치는 위엄을 보였어도, 쓸모없는 말실수로 시간을 보내지 않았으니 그의 삶은 고단했지만 멋진 마무리로 마감한 삶이었다. 그 시절 젊은 사람들도 조국을 배신하기를 물 마시듯했던 시대였으며, 소위 사대부라 자처하며 관직을 차지하던 노론 관리들 대부분이 친일파로 돌아선 더러운 시대였다. 그저 평범하게 한

의사로, 교육자로, 사업가로 안락하게 마무리할 수 있었던 삶이었다. 하지만 그는 최고령 독립운동의 기록을 달성하며 모든 조선 청년들의 모범이 되어 주었다. 결국 사형이 확정된 후, 반 년 만인 1920년 11월 29일 서대문 형무소에서 질병에 힘겨워 하던 생활을 끝내고 이 세상과 인연을 마쳤다.

강우규의 아들 강중건의 증언에 따르면 의술로 1년에 수천 원을 벌었지만, 그 돈을 아들에게 물려주지 않고 학교에 모두 기부했다고 한다. 이것은 1920년 5월 28일 〈동아일보〉 기사를 통해서도 확인할 수 있듯이 마지막까지 강우규는 조선 청년 교육의 중요함을 근심하고 당부하고 있다.

"너 나 죽는다고 조금도 어찌 하지 말라. 만일 네가 내가 사형받는 것을 싫어하는 어리석은 사람이면 나의 자식이 아니다. 내가 평생에 세상에 대하여 너무 한 일이 없음이 오히려 부끄럽다. 내가 이때까지 우리 민족을 위하여 자나 깨나 잊지 못하는 것은 우리나라 청년들의 교육이다. 내가 돌아다니면서 아무리 애를 쓴대야 내가 죽느니만 같지 못할 것 같다.

즉, 내가 이번에 죽으면 내가 살아서 돌아다니면서 가르치는 것보다 나 죽은 것이 조선 청년의 가슴에 적게나마 무슨 이상한 느낌을 줄 것 같으면 그 느낌이 무엇보다도 귀중한 것이다. 이제 내가 이만큼 애쓰다가 죽는 것은 당연한 일이 아니냐. 조선 청년의 가슴에 인상만 박힌다면 그만이다. 내가 죽을지라도 나의 가슴에 한 되는 것은 나 죽은 후에 조선 청년들의 교육이다.

지금은 조선 사람 가운데 매우 사람 같은 사람이 많아서 청년의 교육을 소홀히 하지 않겠지만 그저 그래도 눈을 감고 앉았으면 쾌활하고 용감히 살려고 하는 십삼도에 널려 있는 조선 청년들이 보고 싶다. 아!

보고 싶다. 일러주고 싶다."

위의 신문 기사 일부분을 통해서도 실감나듯이, 너무나 간곡하고 애절한, 평범하지만 결코 평범할 수 없었던 참다운 교육자이자 애국자의 바람직한 마음을 확인할 수 있다. 무엇보다 자신이 그토록 염원했던 조국의 독립을 달성하는 밑바탕에는 앞으로 나라를 이끌어 나가야 할 청년들의 교육이 거름이 되어야만 가능하다는 판단을 마지막까지 멈출 수 없었기 때문이다.

"자나 깨나 잊지 못하는 것은 우리나라 청년들의 교육이다."

그러므로 평생 동안 한의사로 상인으로 일하며 알차게 모았던 전 재산을 영명학교, 광동학교, 협성학교 등을 설립하는 데 모두 던져 버렸던 것이다.

"내가 죽으면 조선 청년들의 가슴에 이상한 느낌을 줄 것 같으면 그 느낌이 무엇보다도 귀중한 것이다."

이러한 당부는 자신의 목숨 따위는 하나도 아깝지 않으니 자신의 죽음 이후 제발 청년들의 가슴에 민족의식을 고취할 수 있고, 조국을 위한 독립에 헌신할 수 있는 변화가 일어나 모두 각성하길 바란다는 간곡한 소망이었다.

그러한 그의 유언에 힘을 받았는지 훗날 청년 의사들의 의거가 탄생되었고, 비록 재등실을 살해하지는 못했지만, 그 일을 초석으로 일본 지배자들과 친일파들에게 애국정신이 살아 있음을 심어 주려 했던 것이다. 각

지역에 있는 학교에 청년 교육의 절실함과 중요함을 걱정하는 자신의 마음을 전달해 줄 것도 아들 중건에게 부탁했다. 또 사형 집행 전에 마지막 유언을 묻자 다음과 같은 말을 남겼다.

"자손들이 시골에서 살지 말고 가능한 한 큰 도시로 나와 살기를 바란다."

마치 정약용 선생이 아들에게 다음과 같이 당부하신 말씀과 유사한 듯하다.

"가능한 한 한양에 살고 이것도 힘들면 한양 근처에 살아라."

아마 자신의 자손을 비롯해 젊은 인재들이 편벽한 곳에서 살지 않고 보다 넓고 발달된 곳에서 많은 것을 배우고 학습해 나가길 바라는 아버지의 마음이었을 것이다. 그래서 아들 중건에게도 당시 어린 손녀 강영재를 마지막까지 교육시켜야 한다고 당부했다.

강우규의 사형이 집행되던 날, 서대문 형무소 형사들은 강우규의 아들 강중건을 경찰서에 감금시켰다. 강우규의 사형 집행이 모두 끝난 후에야 그를 석방시켜 주었는데, 그제야 비로소 강중건은 아버지의 시신을 수습할 수 있었다. 당시 강우규의 시체가 궤짝 속에 앉은 모습으로 입관되어 있어 아들 중건은 경악하지 않을 수 없었다.

강우규는 죽는 순간에도 죽은 후에도 편하게 저승에 갈 수 없었던 것일까? 당시 경계와 감시가 살벌했던 일제 간부들은 강우규 빈소에 조문객이 방문하는 일을 못 하게 막았고 진주 강씨 집안 문중 선산에 안장하고자 하는 것조차도 허락하지 않았다. 결국 일본 측 입장에서는 살인범에 불과한 강우규를 감옥 공동묘지에 보내도록 했다. 일본 경찰의 감시 속에서 강우규는 쓸쓸하게 조상 선영에 묻히지도 못하고 초라한 무덤에서 긴 잠을 자야 했다.

그러나 그는 우리 민족에게는 분명 애국자요 선각자였던 만큼, 일제에서 해방된 1945년 8월 15일 이후, 1950년에야 신사리에 있던 그의 묘를 서울 우이동으로 옮길 수 있었다. 그리고 또 다시 1956년 3·1절을 기하여 최남선이 비명을 세웠다. 최남선이 지은 비명에 강우규 거사 의의를 이렇게 평하고 있다.

"이는 곧 3월 이래의 독립만세가 그 목소리를 고쳐서 발한 것으로서, 한국인의 가슴 한가운데 울결해 있는 일본의 신관리와 신정책을 근본적으로 거척하는 열렬한 정신이 폭발의 작렬을 빌어서 표현한 것이다."

이는 강우규가 서울역에서 일으킨 거사는 일제의 야비한 정책의 실상을 폭로하고 우리 민족의 독립 의지를 3·1운동 이후 전 세계에 또 다시 강력하게 표방하고 나선 사건이었음을 의미한다. 이렇게 최남선이 비명을 지은 묘지는 시간이 지나 국립묘지가 건립되자 1967년 그곳으로 모셔 왔다. 이제는 조금이나마 지하에서 편히 잠들 수 있었을까? 그러나 지하에서 대한 독립을 지켜보고 자신의 시체가 이리저리 옮겨지는 수난을 보면서도 여전히 친일파 후손들이 장악한 이 나라를 보면서 진정한 독립운동가의 넋은 아직도 편히 잠들지 못했으리라.

2006년 강우규의사기념사업회가 조직되었고 활발한 활동 결과 강우규 의거 92주년을 맞이해 2011년 서울역 광장에 강우규 동상이 건립되었다. 이제 역 주변을 지나치는 수많은 인파들도 일제 강점기에 이렇게 훌륭한

강우규 의사 묘소(국립묘지)

민족운동가가 이곳에서 민족을 위해 아름다운 역사 한 페이지를 장식했음을 기억하게 될 것이다.

제5장 강우규 의거가 남긴 의의

강우규는 1920년 11월 29일, 겨울의 서막을 알리는 차가운 11월에 자연사가 아닌 사형으로 그의 66년간의 생을 마감했다. 당시 무척 장수한 나이였고 그저 성실히 모아 둔 넉넉한 재산으로 안락한 노후를 보내며 편히 자연사 하는 행운을 강우규는 애써 거부했다. 우리 역사에 최고령의 독립운동이란 기록적 한 페이지를 장식하며 무섭고도 잔인했던 형장으로 당당하게 걸어갔다.

일본 입장에서는 너무나 사악하고 극악무도하다 못해 흉악한 살인범이

서대문 형무소

었겠지만, 우리 민족에게는 애국자요 교육자요 이론과 실천을 함께 수반하며 자신의 신념을 지켜간 참다운 지성인이며 교양인인 독립운동가의 한 사람으로 결코 잊어서도 안 되고 잊을 수도 없는 인물이다.

문득 서대문 형무소를 탐방했을 때가 떠오른다. 숨을 내쉬고 몰아쉬기를 반복하며 힘들게 걸어 올라갔던 이곳 서대문 형무소. 이곳은 아마도 억압, 공포, 죽음의 상징인 곳이며 사실 우리 민족의 부끄럽고도 한심하고 가슴 아픈 시절의 실태를 가장 정확히 보여 주는 역사의 현장일 것이다. 서대문 형무소 역사관을 돌아보며 과연 사람들은 무슨 생각이 떠올랐을까?

이곳이 1907년 대한제국을 점령한 조선 통감부가 세운 형무소인 만큼, 그들은 1908년 의병탄압을 위해 수용소를 만들어 일본 제국주의의 위상과 끔찍한 실상을 더욱 강압적으로 실행한 곳이 아니던가?

국내에 존재하는 애국지사들의 기념관을 비롯해 네덜란드 헤이그에 위치한 '이준 열사 기념관', 미국 뉴욕에 위치한 '뉴욕한인교회', 미국 필라델

유관순 굴

피아에 위치한 '서재필 기념관', 미국 로스앤젤레스에 위치한 '안창호 기념관', 일본 교토에 위치한 '망간 기념관' 등 해외에 건립된 우리의 독립 유적지를 관광할 때 그들의 이러한 공로에 머리 숙여 사람들은 감사할 것이다. 하지만 오랜 세월이 지나 이러한 기념관이 단아하게 창조되어 그들의 노고를 감상하기까지 긴 시간을 넘어서며 고난을 겪어야 했다.

이준 열사 기념관

그러나 민족을 위해 조국을 위해 그들이 아까워하지 않고 던진 목숨마저도 그저 편하게 눈감지 못하게 하고 거쳐 갈 수밖에 없었던 곳, 이곳 서대문 형무소. 그 어떤 화려하고 정돈된 기념관을 관람하고 떠갈 때보다도 더욱 처절하게 느껴지는 감정은 이곳을 지나칠 때 "가장 시원한 복수는 용서이다."라는 말도 결코 옳지 않다는 사실을 절감하게 된다. 용서하지 말아야 할 일이 있고, 반드시 잊지 말아야 할 기억이 있듯이, 이곳에서 힘겹게 죽어간 민족운동가들의 아픈 상처의 흔적을 마음으로도 행동으로도 놓을 수 없기 때문이다.

독립 열사들이 인간으로 도저히 상상도 할 수 없는 고문을 당했던 끔찍했던 고문장, 한 평도 안 되는 숨 막히는 좁은 독방 감옥, 형식적인 절차를 거치기 위한 재판장, 끔찍한 사형장과 시체를 확인하는 지하실, 그들이 피 흘리고 뼈가 타는 아픔을 겪으며 모두 거쳐 갔던 이곳은 민족을 위해 순수한 열정을 지닌 독립 열사, 그들이 죽어 갔던 현장이 아니던가?

"역사를 잊은 민족에게 미래도 없다."라는 말이 있듯이 이곳 추모비에 새겨져 있던 독립을 외치며 죽어간 여러 선각자들의 이름 중 강우규. 아마 이 추모비에 새겨진 이름 중 우리에게 익숙한 유관순, 이곳에 '유관순 굴'이라 불리는 지하 감옥에 관한 설명도 눈에 띈다. 하지만 추모비에 새겨진 이름들을 자세히 읽기보다는 그저 지나쳤을 사람들이 훨씬 더 많았을 것이다. 가장 노령이면서 낯선 이름으로 다가오는 강우규.

조선왕조의 기득권층이 자신들에게 돌아올 이익을 계산하며 나라를 일본에 넘긴 공로로 무척이나 호의호식하고 지냈던 36년이란 결코 짧지 않은 그 시절. 하지만 나라 잃은 백성들에게 그 시절은 고통받는 지옥과도 같은 상처로 남겨진 시간이었다. 조국이 없던 시절 자신의 의지와 상관없이 정신대로, 징병으로, 징용으로 보내졌던 그들을 지켜 주지 못한 나약하고 병든 조국이었지만 이러한 조국을 되찾으려 목숨을 버린 민족운동가들도 분명 존재했었다.

매국노들이 일제로부터 상당한 양의 은사금을 받고 일본 관람까지 즐기며 미친 듯이 일본에 충성할 때, 나라를 되찾기 위해 자신의 부와 명예, 권력, 모든 것을 내던지고 목숨까지 버린 독립지사들이 지금도 지하에서 피눈물을 흘리고 있을 것이다.

이희영 열사

어떤 이는 해외로 망명하여 임시정부를 세우고, 어떤 이는 외교를 통해 독립을 성취하려 했고, 어떤 이는 만주나 연해주로 떠나 무장투쟁으로 나라를 되찾으려 고초를 멈추지 않고 있었기에 그나마 우리 민족에게 하나의 자부심으로 살아 숨 쉴 수 있는 자랑거리가 되는 것이리라. 진정한 노블레스 오블리주를 실천한 조선 최고의 명문 이회영 형제들, 같은 해 출생해 함께 멋진 우정을 공유한 맑은 영혼을 지닌 윤동주, 장준하, 문익환 이 세 사람의 독립운동.35) 여기서 좀 길지만 문익환이 노년에 친구 윤동주를 생각하며 만든 시를 옮겨 보고자 한다.

동주야

너는 스물아홉에 영원이 되고
나는 어느새 일흔 고개에 올라섰구나!
너는 분명 나보다 여섯 달 먼저 났지만
나한테 아직도 새파란 젊은이다.

너의 영원한 젊음 앞에서
이렇게 구질구질 늙어 가는 게 억울하지 않느냐고
그냥 오기로 억울하긴 뭐가 억울해 할 수야 있다만
네가 나와 같이 늙어가지 않는다는 게
여간만 다행이 아니구나!

---

35) 일제 강점기 만주 명동촌은 함경북도 유학자 가문들이 공동 이주해 정착한 마을이었다. 이곳에서 1917~1918년 비슷한 시기에 출생해 무척이나 돈독하게 지내며 아름다운 우정을 과시했던 세 사람의 친구가 있었다. 이들은 유난히 조국을 사랑했고, 어린 나이에 간직했던 순수한 양심을 성장한 후에도 비굴한 탐욕과 그 양심을 절대 교환할 수 없었던 영원히 늙지 않은 마음을 지닌 세 사람이었다. 바로 윤동주, 장준하, 문익환이다. 일본 유학 중 독립운동 혐의로 일본 감옥에서 생체실험 대상이 되어 의문의 죽음을 당한 윤동주. 청년 시절에는 한국광복군이 되어 독립운동을, 중년에는 유신에 반대하는 민주화 운동을, 한국인 최초 막사이사이상 수상과 국회의원까지 험난한 일생 속에 의문사한 장준하. 비교적 이들보다는 순탄하게 자연사하는 행운을 얻었지만 개신교 목사로, 성서학자로 독재에 저항하며 오랜 시간 감옥에서 힘든 시간을 보냈던 문익환. 이들의 고결했던 우정과 나라를 지키기 위해 변함없었던 양심에 경의를 표할 뿐이다.

너마저 늙어간다면 이 땅의 꽃잎들

누굴 쳐다보며 젊음을 불사르겠니?

김상진 박래전만이 아니다

너의 '서시'를 뇌까리며

민족의 제단에 몸을 바치는 젊은이들은

후쿠오카 형무소

너를 통째로 집어삼킨 어둠

네 살 속에서 흐느끼며 빠져나간 꿈들

온몸 짓뭉개지던 노래들

화장터의 연기로 사라져버릴 줄 알았던

너의 피 묻은 가락들

이제 하나 둘 젊은 시인들의 안테나에 잡히고 있다

그 앞에서 '하늘과 바람과 별과 시'가 습작기 작품이 된단들

그게 어떻단 말이냐

넌 영원한 젊음으로 우리 핏줄 속에 살아 있으면 되는 거니까

예수보다 더 젊은 영원으로

동주야

난 결코 널 형이라고 부르지 않을 것이니.

　　나라를 구하기 위해 노력하며 목숨을 걸었던 독립운동가들을 같은 피를 공유한 민족이면서도 일본의 편으로 돌아서 비난했던 친일파들. 이 고결한 이들을 미친개처럼 고문했던 친일 경찰들. 양심을 땅에 묻어 둔 채, 고귀한 생명을 실험하며 자국의 이익을 취한 일본 간부들. 이러한 금수 집단들이 이 시를 읽고 무슨 감동이 있겠으며, 무슨 반성이 있겠는가? 몸

안중근   이봉창   윤봉길

박상진   박은식   신채호

은 부유했지만 양심은 가난했고 외로웠던 친일파들이 몸은 허약해도 양
심만은 부자였고 촛불처럼 밝았던 독립운동가들의 삶을 이해해 주길 바
라는 것도 망상일 뿐이다.

그러나 안중근, 이봉창, 윤봉길, 박상진 36) 등의 의사가 있었고, 신채호,

---

36) 박상진(1884~1921)은 한말의 독립운동가로서 1910년 판사시험에 합격해 평양법원으
로 발령이 났지만, 이를 거부하고 독립운동에 뛰어들었다. 1916년 노백린, 김좌진 등
을 대한광복회에 가입시켜 조국 광복을 위해 항일투쟁을 전개하였다. 1916년 만주에
서 무기와 화약 등을 들여오다 옥고를 치르기도 했고 시간이 지나 대한광복회 활동이
세상에 알려지면서 결국 사형선고를 받고 말았다.

김구

박은식, 김구 등 수많은 독립지사들 또한 우리에게 익숙한 이름이다.

이렇게 멋진 민족운동가들이 남긴 공로 못지않게 적지 않은 공을 세우고도 우리 뇌리에서 사라졌던 독립운동가 강우규의 삶을 돌아보았다. 65세의 힘든 노구를 이끌고, 조선 3대 총독 재등실을 향해 폭탄을 던진 인물, 그가 바로 강우규 의사이다.

1932년 4월 29일 상해 홍구 공원에서 개최된 일본의 전승축하 기념식에 참석한 일본군 수뇌부를 폭살한 청년 의사 윤봉길은 모두 기억하면서 정작 윤봉길 의거가 탄생하는 데 초석을 다져 준 강우규는 뇌리에서 잊혀져 갔던 사실이 안타까운 우리 역사였다. 이렇게 강우규 의거가 많은 젊은 의사들의 의거가 탄생하도록 자극제가 되어 주었기 때문이다.

우리에게 너무나 훌륭한 독립운동가로 기억되는 유관순, 안중근, 윤봉길, 이봉창. 이들이 10대, 20대, 30대의 나이로 독립운동에 뛰어들었던 나이에 비하면 강우규의 의거는 당시 65세로 노인이 이룬 최초의 의거였던 사실에 민족사적 의의가 있으며 수많은 조선 청년들의 모범이 되는 3·1운동 이후 최초의 의열투쟁이었던 셈이다.

강우규의 의거가 비록 폭탄 투척 대상인 재등실을 살해하는 쾌거를 달성하지는 못했지만 당시 조선 지배로 교만해져 있던 일제에 무서운 충격을 던져 주었던 것만은 결코 부인할 수 없는 실상이다. 또한 재등실 폭탄 투척 사건이 일본과 조선뿐만 아닌, 그 시절 서양 기자들에게까지 전해져 미국 〈LA TIMES〉에도 실려 중요하게 보도된 사건이었다.

조선 총독부의 기관지로 친일 성향이 강했던 당시 〈매일신보〉 기사는 강우규 의거를 불측한 음모로 조선을 문란시키는 범죄자로 매도하고 나섰다. 이는 언론을 통해 강우규를 거세게 비판하면서 일본 입장에서 유리하게 보도하려는 여론 조작으로 볼 수 있다.

하지만 이러한 그들의 지저분한 공작에도 불구하고 우리 민족의 가슴에는 강한 울림으로 남아 민족 투쟁의 불꽃을 피우게 하는 계기가 되었다. 저런 약한 노구의 몸으로 어떻게 이런 기개와 정신력이 탄생했을까? 또한 당시 강우규 열사의 의거를 사람들에게 알린 약제사 견습생 윤기현은 보안법 위반으로 체포되고 말았다.

러시아 블라디보스토크에서 노인동맹단의 한 사람으로 활동했던 애국지사, 1919년 9월 2일 조선 3대 총독 재등실에게 폭탄을 투척한 독립운동가, 우리 전통의학을 계승한 한의사이며 광동학교를 설립한 교육 사업가, 이 모든 것이 한 평생 그가 이룬 업적이었다. 감옥에서도 동양평화론과 청년교육을 강조하며 자신의 죽음으로써 대한독립의 정당함을 전 세계에 알리고자 한 최고령 노인 독립운동가였던 강우규.

"단두대에 홀로 서니 춘풍이 감도는구나. 몸은 있으되 나라가 없으니 어찌 감회가 없으리오."

이렇게 짧은 시를 남기며 죽어간 강우규의 가슴은 뜨거웠을 것이다. 문득 이완용이 송태조 조광윤(趙匡胤)의 영일시(詠日時: 해를 찬양함)를 인용, "해가 아직 바다 속을 떠나지 않았을 때는 온 산이 어둡더니, 하늘로 떠오르니 온 세상이 밝아지는구나." 하며 일본을 찬양했던 일과 대조를 이루는 듯하다.

참으로 암울한 일제 강점기에 특히 비극적인 일이 많았던 1919년에 고종이 승하했고 3·1운동이 일어났으며, 3·1운동 이후 최초의 의열투쟁으로 강우규가 의거를 일으키고 사형을 받기도 했다. 이 힘든 1919년에 강우규보다 3년 늦게 태어난 이완용은 무슨 생각을 하며 어떤 위치에서 무슨 일을 했을까? 고귀한 독립운동가의 죽음과 이 더러운 매국노가 문득 겹쳐 떠올랐다. 3·1운동 당시에는 독립투쟁을 비난하는 내용이 담긴 경고문을 세 차례에 걸쳐 발표하면서 만세운동이 "불순 세력의 선동에 의한 무지한 백성들의 허망한 경거망동일 뿐이다."라고 비난했던 이완용. 그는 그해 일제가 하사한 후작 지위에 올랐다.

그가 화려하게 귀족 지위에서 노인의 위대한 투쟁을 하찮게 여기며 일본의 걸레 역할을 해 준 대가로 웃고 있을 때, 강우규란 존재 자체가 한심한 늙은이로 보였을 것이다.

일제에 의해 사형을 당한 강우규의 싸늘한 시체는 초라하게 넘겨졌다. 하지만 강우규 유언대로 육신이 뭐가 그리 중요하겠는가? 비록 그는 자연사하지 못했고 이완용을 비롯한 을사오적들은 천수를 누리며 해방을 보기 전에 눈을 감았으니 참으로 그들의 육신은 편안했으리라. 하지만 역사의 잣대는 그 시대를 기억했고 하루하루를 바쁘게 살아가는 중에도 잊을 수 없었던 의열투쟁가 강우규를 찾아내며 그를 찬양하고 있을 때, 그 시대에 공존했던 매국노를 비난하는 일도 잊지 않고 있을 뿐인 것을.

그래서 사람은 죽으면 한 평 관 속을 차지하는 황제일 뿐, 이름만 남기고 떠난다고 하지 않던가? 마지막 장례식까지도 호화로웠던 이완용은 각종 교과서와 역사책 속에 매국노로 장식되며 그 악명을 남길 것을 예상하고 눈을 감았을까? 지하에서는 서울역에 당당히 건립된 강우규의 동상을 보며 그해 같은 시대를 공유했던 1919년의 사건에 조금이라도 반성을 하고 있을까?

이 땅에는 아직 남겨진 과제가 있고 그 당연한 과제는 여전히 완성되지 못한 채 남겨져 있다. 독립운동가 후손 중 아직도 마땅한 직업이 없는 사람들이 60% 이상이며 중졸 이하 학력이 55% 이상, 중병 환자들이 대부분이며 그중 일부는 친일파 후손에 의해 외국으로 도망가 살고 있는 현상이 지금 우리나라의 현실이다.

특히 40여 명이 독립운동에 참여한 독립운동의 명가로 뽑히는 안중근 집안의 비참한 현실은 어떠한가? 해방 후 가족 대부분이 이승만 정권의 탄압으로 인해 외국으로 피신해 갔고 그 후 군사독재 정권의 탄압으로 투옥되거나 사망했다. 신채호 후손들도 신채호가 일제가 강제 실시한 호적 정리를 거부하고 중국으로 망명하여 독립운동을 했다는 이유로 무국적자로 분류해 모든 재산을 몰수당하고 말았다.

반면 해방 후에도 친일파를 처단하지 못해, 독립운동가를 고문하고 민족을 배반한 그들은 여전히 호의호식하며 지금 그 후손들도 안락한 생활을 이어가고 있지 않은가? 여전히 각종 정계를 장악한 친일 후손들은 아무런 반성의 그림자도 없이 조상의 잘못에는 침묵하고 있으니 독립운동가의 활약은 갈수록 증발되는 듯해 우리 역사가 한심할 뿐이다.

다시는 그러한 일이 일어나서는 안 되지만, 만일 다시 다른 나라의 식민지가 된다면, 누가 이 나라를 위해 노블레스 오블리주를 발휘하며, 누가 앞장서서 헌신하려 하겠는가? 그렇게 나라를 구하려 열망한 인물들에 대한 결과는 이미 역사에서 배웠는데, 아마도 친일파 후손들은 얼마나 조상들이 고마울까? 지금이라도 잊혀졌던 의열투쟁가들을 찾아내어 그들의 고단했지만 아름다웠던 흔적을 후손들이 듣고 보고 실천하도록 해야 할 것이다.

"개똥밭에 굴러도 이승이 좋다."는 속담이 있다. 모든 것을 다 갖춘 완벽한 인간도 죽음만은 비켜갈 수도 벗어날 수도 없으며, 돈으로 자신의 생명을 연장하는 거래를 할 수도 없다. 인간에게 가장 피하고 싶은 이 죽음을 맞이하기 싫어 자신의 오랜 수명 연장을 위해 수많은 백성들을 희생양으로 삼은 진시황제나 김일성 같은 독재자들의 잔혹한 행위가 있는 반면에 두려운 죽음을 국가와 민족을 위해 포기한 채 당당하게 거사에 뛰어들었던 인물 강우규. 그의 이러한 정신이 현대를 사는 우리 젊은 청년들에게도 계승되길 기원해 본다.

참고문헌

1. 사료

〈독립신문〉, 〈매일신보〉, 〈동아일보〉, 〈조선일보〉, 〈LA TIMES〉

2. 저서 및 논문

강영재, 《남대문역두 강우규의사의 투탄》, 《신동아》, 1969년 5월호.

강우규의사 기념사업회·동아일보사, 《강우규의사 의거 90주년 학술세미나》, 강우규의사 기념사업회·동아일보사, 2009.

국회도서관, 《한국민족운동사료》 3·1운동 2, 1978.

국회도서관, 《한국민족운동사료》 3·1운동 3, 1978.

김삼웅, 〈1920년대 서대문형무소〉, 《서대문형무소 근현대사》, 나남출판, 2000.

김창수, 〈강우규의사의 의열투쟁〉, 《서대문형무소와 의열투쟁》, 나남출판, 2000.

김형목, 〈강우규의사의 계몽활동과 현실인식〉, 《강우규의사 의거 90주년 학술세미나》, 강우규의사 기념사업회·동아일보사, 2009.

김형목, 《대한제국기 야학운동》, 경인문화사, 2005.

김형목, 〈한말 홍원지역 계몽운동 전개와 강우규의 현실인식〉, 전쟁기념관 학예부 2014 참조.

김형목, 〈한말 충남지방 애국계몽운동〉, 《충청남도지-근대편 충남》, 충남도사 편찬위원회, 2008 참조.

독립운동사편찬위원회,《독립운동사》7, 1976.

독립운동사편찬위원회,《독립운동사 자료집》5, 1972.

독립운동사편찬위원회,《독립운동사 자료집》11, 1976.

독립유공자협회,《러시아지역 한인사회와 민족운동사》, 교문사, 1994.

박환,《러시아한인민족운동사》, 탐구당, 1995.

박환,《잊혀진 의열투쟁의 전설 강우규의사 평전》, 선인, 2010.

반병률,《성재 이동휘일대기》, 범우사, 1998.

반민족문제연구소, 〈김태석〉,《친일파99인》2, 돌베개, 1993.

송상도,《기려수필》, 국사편찬위원회, 1955.

양성숙, 〈의열투쟁의 불꽃을 피우다-강우규〉,《한국근현대인물강의》, 춘담 유
　　　준기 박사 정년퇴임기념논총간행위원회, 2007.

유홍렬, 〈3·1운동 이후 국내의 민족운동〉,《3·1운동 50주년기념논집》, 동아일
　　　보사, 1969.

이병헌, 〈강우규〉,《한국 근대 인물백선》, 동아일보사, 1970.

이상근,《한인 노령이주사 연구》, 탐구당, 1996.

이정은,《3·1운동의 얼-유관순》, 독립기념관 , 2010.

이현희, 〈서대문형무소에서의 옥중항일투쟁과 성과〉,《서울학연구》23, 서울시
　　　립대 서울학연구소, 2004.

이현희, 〈임시정부 수립 이후의 독립투쟁과 서대문형무소〉,《백산학보》70, 백
　　　산학회, 2004.

임기상,《숨어 있는 한국현대사》, 인문서원, 2015.

정운현, 〈강우규의사의 생애와 의거〉,《강우규의사 의거 90주년기념학술회의
　　　발표문》, 2009.

정운현,《노구를 민족제단에 바친 의열투쟁가 강우규》, 독립기념관 한국독립
　　　운동사연구소, 2010.

중요자료 1.
〈매일신보〉에 실린 강우규 의사 관련기사

    〈매일신보〉는 일제하 친일신문으로서 강우규 의사의 의거에 대한 1919년 9월 4일 첫 보도를 비롯하여 1921년까지 체포, 재판 과정, 감옥생활 동정, 가족관계, 순국, 그 이후에 걸쳐 상세한 기사들을 싣고 있어 강우규 의사 연구에 가장 중요한 자료들을 제공한다. 여기서는 먼저 재등실 총독 폭탄투척 사건의 당일 보도 기사 전문을 사진과 함께 한글로 완역하여 제공한다.

    이 의거 첫날 기사를 보면 당시 일제가 이 사건으로 얼마나 큰 충격을 받았는지, 이 의거가 그들의 오만하기 짝이 없던 조선 식민지배 정책의 근간을 얼마큼 뒤흔들어 놨는지 확연히 알 수 있을 것이다. 기자의 상세한 정황 설명과 각계각층의 식민지배자들과의 인터뷰 기사들을 읽다 보면 이 의거에 대한 입체적인 이해가 가능해진다. (*편집자주)

■〈매일신보〉1919년 9월 4일 3면 기사 사진과 전문 번역문.

신총독(新總督)에게 폭탄을 투하

지난 2일 오후 5시 남대문역의 불상사(不祥事)

다행히 총독 총감 일행에게는 무사했다.

＝ 중경상자의 수가 30명 ＝

◇ 유력한 혐의자는 즉시 포박되다 ◇

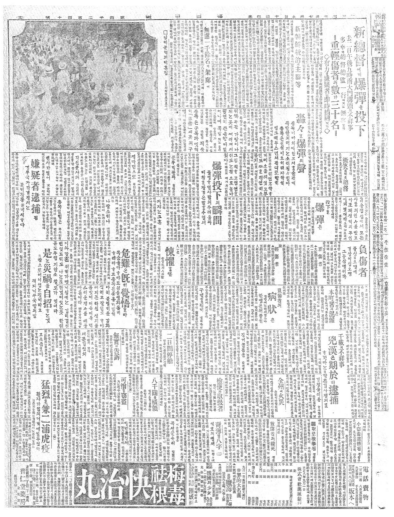

1919년 9월 4일 3면 기사

염려하였던 210일의 액일(厄日)의 흐린 날은 일종의 음울한 기운을 뚝 뚝 흘리었다. 9월 2일 제삼세(第三世: 제3대) 조선 총독 재등실 남작과 제2대 정무총감 수야련태랑(水野鍊太郎) 씨를 환영하는 경성의 천지는 아침부터 국기를 달고 당국에서도 미리 환영할 순서를 정해 관민(官民) 일치하야 신조선 통치의 주뇌(主腦: 수뇌) 등의 부임을 고대하였다. 오후 4시에는 남대문에서 정거장 앞까지 서쪽에는 제78연대장 굴전(掘田) 대좌의 지휘로 보병도 대대가 도열(堵列)을 벌이고, 동쪽에는 환영하는 일반 민중이 열 겹, 스무 겹으로 사람의 성을 쌓았고 대정(大正) 친목회원, 실업 단체는 정거장 앞에 좌등(佐藤) 중대장이 지휘하는 의장병 한 소대는 끽다점(喫茶店) 앞에 머물고 정거장에는 중요한 환영객이 일찍부터 모여들어 마침내 정거장 밖에까지 넘칠 듯하였고 플랫폼에는 표찰을 써놓은 구역에는 호화석 귀빈실을 가운데에 두고 군인석, 조선귀족석, 왼편으로 총독부와 각 관서의 직원석, 왼편에는 일반 환영석이요, 환영 나온 사람은 우도(宇都) 궁군(宮軍)사령관, 정법사(淨法寺) 사단장, 아도(兒島) 헌병사령관, 방하(芳賀) 총독부 의원장(醫院長), 도변(渡邊) 고등법원장, 대야(大野) 군 참모장, 오전(奧田) 여단장, 촌전(村田) 소장(小將), 적지(赤池) 내무국장, 송영(松永) 도지사, 금곡(金谷) 부윤(府尹), 청목(靑木) 서무부장, 이완용 백작, 한창수 남작, 민(閔) 이왕직장관(李王職長官), 국분(國分) 차관 등이 주요한 자이며, 기타 영국총영사 하테 씨 외에 영사 일동, 은행 측에서는 가납(嘉納) 조선은행 부총재, 각 회사 대표, 각 신문 관계자와 실업계의 유익자(有益者) 등, 무려 일천여 명이 가랑(架廊)에 사람의 물결을 쳐서 군복, 프록코트(frock-coat), 무늬 놓은 하오리, 희고 누르게 온 경성 용산의 명사는 모두 이곳으로 모여 오늘 입성하는 일행을 기다렸다.

꼭 5시가 되자마자 521호 국방부 직할부대 및 기관차가 끌고 오는 부산발 임시특별급행열차는 천천히 역내에 굴러들어 올 때 한양공원 서쪽

성벽 855곳에서 야포병대대가 놓는 19방의 예포 소리는 은은히 경성 용산의 하늘에 굴렀다. 열차가 머무른 즉 맨 가운데 귀빈차에서 구보(久保) 경관국장(京管局長)의 선도로 차에서 내린 재등(齋藤) 총독은 흰 해군대장 정복에 가슴에는 훈일등욱일장(勳一等旭日章)이 찬란히 번쩍이고 수야(水野) 정무총감은 총독부인, 총감부인, 시전(柴田) 학무국장, 환산(丸山) 사무관, 수옥(守屋), 이등(伊藤) 양비서관과 부산까지 마중 나간 국분(國分) 사법국장도 내린다. 출영자는 일제히 모자를 벗고 경례를 하였다. 미소를 띤 총독은 수야 총감으로부터 그 뒤에는 총독부인과 총감부인이 뒤따르고 청목 서무부장의 안내로 긴 플랫폼을 차례로 환영객 일동의 앞을 통과하여 정중히 인사하고 특별히 중요한 손들과 외국 영사단, 조선 귀족 등에게도 친히 손목을 잡고 인사한 후 일행은 귀빈실로 들어가다.

굉굉(轟轟)한 폭탄의 성(聲)

– 총독이 마차 안에 앉고자 할 순간에
폭발탄의 터지는 소리 굉굉했다.
총독은 신색(身色)이 오히려 자약해
빙그레 웃으며 관저로 향해 –)

귀빈실 바깥 어귀에는 총독부에서 보낸 준비 마차, 자동차가 기다리고 있다. 귀빈실을 나온 일행은 각각 나누어 타고 총독 등 부인의 탄 마차가 정히(고요히) 발을 떼어 놓을 때에 돌연히 끽다점 옆의 인력거 둔 곳의 등 뒤에서 총독의 마차를 겨냥하고 폭탄을 던진 자가 있었는데 폭탄은 총독을 떼어 놓은 뒤쪽 두 칸 가량이나 되는 곳에 떨어져서 굉연히 큰 음향이 일어나며 폭발되는 동시에 그 폭발에 상한 자가 부지기수인바, 드디어 중

경상자 29명을 낸 참담한 춘사(椿事: 큰 사고)가 일어났었는데 다행히 재등 총독은 군복과 밑 혁대 세 곳의 구멍이 뚫어질 뿐이요, 다행히 무사하였다. 수야 정무총감이 탔던 마차의 말은 상하였으나 총감은 아무런 일이 없었다. 재등 총독은 빛을 변치 않고 태연자약하게 미소를 띠었고 부인도 또한 평연(平然)히 소동치 않고 기병 1개 소대의 의장병에게 호위되어 총감 이하의 일행을 따라 대혼잡한 군중의 사이를 통과하여 이미 정해 놓은 순서대로 즉시 왜성대(倭城臺) 총독부 관저에 들어갔다. 그 침착하고 엄연한 태도는 참으로 놀라웠다. 이러해서 예기치 않던 피의 세례를 받은 총독, 총감은 총독 관저 응접실에서 모든 사람의 인사를 받고 아주 왜성대의 주인이 되었더라. 그때는 오후 6시 …… 부임 최초에 이러한 불상사를 만난 것은 진실로 미안하기 한량없더라. 투하한 폭탄은 놋쇠로 만든 네모진 통.

폭탄은 두 치와 세 치의 네모진 놋쇠로 만든 통에 넣은 듯하고 그 수는 본정서(本町署: 본정 경찰서)의 조사한 결과 한 개인 듯하다 하며, 현장은 타마유를 부어 만든 길인데 둘레가 세 치, 깊이가 두 치나 되는 구멍이 뚫린 것을 보면 무던히 위력이 있는 폭탄이더라. 현장에 달려온 공병장교는 말하되 "이 폭탄은 불완전한 것인데 던지기만 하면 척탄(擲彈)과 같은 것을 교묘히 사용한 듯하며, 군대에서 사용하는 것과는 달라서 통 속에 화약과 주악돌을 집어넣은 것인 듯하오. 또 화승에 불을 붙여서 던졌다는 말도 있으나 원채 경비가 심하였으니까 화승에 불을 붙이고 있도록 몰랐을 리는 없을 듯하며, 또 만일 그렇다 할 것 같으면 대단히 교묘히 한 것이오. 그뿐 아니라 터지는 소리를 들은 즉 폭탄은 한 개이고 둘 이상은 아니로." 하고 말하더라.

폭탄 투하의 순간
- 출영하던 사람의 두려움과 비참한 광경은 말할 수 없어

수원역까지 프록코트를 입고 있던 재등 총독은 어느 틈에 바꿔 입었는지 해군 대장의 복장을 입고 은은한 예포의 소리를 들으면서 남대문역 플랫폼에 내려왔더라.

출영(出迎)하는 문무백관과 일반 유지에게 일일이 인사를 하고 정거장의 왼편에 있는 귀빈실 출입구로 나와서 마차를 타려고 하는 즈음에 기자는 먼저 돌아나가서 총독 출발의 광경을 보려고 귀빈실 옆에 있는 끽다점으로 들어갈 새 문간에 사람이 빽빽이 섰으므로 들어가지 못하고 잠깐 걸음을 멈추니 이때에 총독은 끽다점으로부터 6~7칸 간격을 두고 있는 마차에 춘자(春子) 부인과 함께 오르고 그 뒤의 마차에는 정무총감과 부인이 타고 나팔 소리와 함께 총독의 마차는 움직이기 시작하였더라.

눈 깜짝할 동안에 기자의 옆으로부터 한 칸쯤되는 곳 끽다점의 창 아래로부터 총독의 마차를 향하여 석유황갑과 같은 검은 물건을 내어던지었는데 바로 기자의 눈 앞으로 스쳐지나갔더라. 그 검은 물건은 두 줄로 늘여놓은 인력거를 넘어서 바로 총독을 사진 박으려던 각 신문사의 사진반과 경호하던 경관이 서 있는 앞에 떨어지더니 별안간 천지를 진동하는 우레소리 같은 맹렬한 소리와 함께 터졌다. "아차, 아마 폭발탄이 아닌가?"고 가슴이 서늘하여졌었더라. 변사(變事)가 일어났을 때에 즉각적으로 일종의 전율함을 깨달았다. 얼마 지내어 총독의 마차는 비로소 움직이기 시작하였다. 홀연 굉연한 음향과 함께 격렬히 공기를 충동할 때에는 총독의 마차 부근에 있던 사람이 모두 엎드렸다. 계속하여 모든 사람들은 각처로 헤어져서 도망할 길을 찾으며 피를 흘리며 엎어진 사람, 정신이 빠져서 달아나는 사람이 속속히 발견되었다. 기자는 그 혼잡 중에 어떤 자가 던졌

나 하고 흉도(凶徒)를 찾았으나 벌써 혼잡통에 종적이 사라져 버렸다. 그래서 관헌과 병사와 구경꾼들도 이 못된 흉한이 있던 곳은 알았지만 그 달아난 곳과 얼굴과 모양 같은 것은 거의 아는 사람이 없었다. 이 사이에 정거장 앞 넓은 마당에 도열한 병정과 의장병의 위치는 엄숙히 조금도 어지럽지 않게 총독 부처의 마차에 계속하여 총감 부처의 마차에는 나팔소리 나며 행진을 하여 관저에 들어갔다. 구경하던 사람의 떼는 바야흐로 물결 허여지듯 흩어졌다. 그런데 가장 비장한 것은 부상한 사람의 대부분이 장관, 명사와 호위관헌과 신문기자 등이 있어서 각기 직무로 인하여 다친 것을 잊어버리고 혹은 경호를 하고 혹은 사진기계를 손에 들고 혼란한 광경을 박이는 등 실상 눈물 날 비장한 광경을 이루었다.

총독 일행은 무사히 정거장 앞을 가고 관헌의 범인 수색의 활동, 부상자의 수용 등으로 정거장 앞은 구경꾼의 잡담과 불안의 공기가 가득하였더라.

혐의자 체포됨
- 경무국과 각 경찰서는 곧 대활동을 개시하다

폭탄을 던진 범인에 대해서는 경무국과 시내 경찰서가 전력을 다하여 엄중한 수사를 개시하고 유력한 혐의자를 포박하였다더라.

부상자
- 중상 5명에 경상 25명 그중 3명 위독

2일 밤 재등 총독은 이번 폭탄 사건에 조난 부상자에 대하여 위문의 특사를 보내어 그 증세를 위문하였더라. 부상자의 성명, 직업과 중경상 치료자는 여좌(如左)하더라.

중상자

- 〈대판조일신문〉 특파원 귤향귤(橘香橘)
  좌족횡복(左足橫腹) 위독 – 뢰호(瀨戶)병원

- 〈대판조일신문〉 특파원 산구간남(山口諫男)
  복부 위독 – 총독부 의원

- 본정 서장 소모전십태랑(小牟田十太郎)
  대퇴부 – 자택

- 군 사령부 원부관 대위 현 만철(滿鐵) 사원 야진요태랑(野津要太郎)
  흉부와 좌각(左脚) 위독 – 철도병원

- 고양서 순사 박제구(朴齊九) – 총독부 의원

경상자

- 총독부 무관 촌전(村田) 소장 – 용산 위수(衛戍)병원
- 이왕직사무관 이원승(李源昇) – 자택
- 본정서 경부(警部) 권오용(權五鎔) – 총독부 의원
- 미국인 하리손 부인 – 조선호텔
- 〈경성일보〉 사진부원 무정연태랑(武井延太朗) – 도기병원
- 〈조선신문〉 기자 천원청태랑(川原清太朗) – 화전의원
- 동 사진부원 구도행태랑(久渡幸太朗) – 동상(同上)

- 본정서 형사 박진화(朴眞和) - 자택

- 종로서 순사 안무정(安武政) - 자택

- 동 박완식(朴完植)ㅍ자택

- 강본조(岡本組) 차부(車夫) 성대호(成大鎬)

- 이등조(伊藤組) 차부 근등구길(近藤龜吉) - 자택

- 총독부 촉탁 정관중준(井關重俊)

- 개성 남면 후석리 양창화(楊昌華) - 총독부 의원

- 이등조 차부 암미무(岩尾茂) - 세부란스 병원

- 박홍식(朴弘植) - 동상(同上)

- 엄관서(嚴寬瑞) - 금촌의원

- 박재인(朴在仁) - 동상(同上)

- 이병무(李秉武) 자부순사(子附巡查) 지광록(池光綠)

- 경기도 제3부 경부 김태석(金泰錫)

- 민병석(閔丙奭) 자부순사 백준기(白駿基)

- 이하영(李夏榮) 자차부(子車夫) - 총독부 의원

- 계동93차부 이백묵(李百默) - 동상(同上)

- 본정 이단옥(伊丹屋) 사용 선인(鮮人) 1명

송구할 뿐
- 송영 도지사의 말

"이번에 대변사가 일어난 것은 무엇이라 말씀할 수 없소. 이 같은 변사
가 생기지 않도록 미리 경계에 경계를 하였는데 유감이지만은 이번과 같
은 변사가 생겨 다수의 부상자를 내인 것은 더욱 무엇이라 말할 수 없습

니다. 총독은 혁대에 탄환 흔적이 몇 개 있을 뿐이오. 몸에는 격별한 고장이 없음은 불행 중 다행이라 하지 않을 수 없소이다. 29명의 부상자는 지금 금곡(金谷) 부윤(시장)이 대리로 위문하였는데 자기도 3일에는 불가불 위문할 터이요, 또 사건이 돌발한 이상은 하루바삐 범인을 검거치 않으면 안 되겠으므로 오늘 밤은 물론 밤을 새우겠지요."

본정서(本町署)의 혼잡
– 송영 도지사도 출마해

흉해지(凶害地) 관할서되는 본정 경찰서장 소모전(小牟田) 경시(警視)는 부상되어 입원하였으므로 그 혼잡은 이루 말할 수 없고 송영 경기도지사는 고등경찰과 경부 삼육치(森六治) 씨를 따라 스스로 본정서에 가서 모든 일의 지휘를 하였고 제3고등과 강본(岡本) 경시와 연락을 하였는데 종로서장 신기 경시도 본정 경찰서에 모여 있었더라.

부상자의 병상(病狀)은 생명에는 관계없으나 한 명은 위중해

부상한 사람의 병세를 물어 보려고 총독부 의원에 간 즉 어제 오전까지에 15인이 입원하였는데 그중에 조선인이 8명이며 병세는 각각 같지 아니하지만 제일 위중한 사람은 〈대판조일신문〉 특파원 산구(山口) 씨라 하는데 그는 오른쪽 목덜미를 몹시 상하고 탄환이 폐장까지 뚫고 들어간 외에 신경은 끊어지고 오른쪽 팔을 쓰지 못하게 되었다 하며 그 외에는 모두 넓적다리나 종아리를 다쳤는데 이 사람들을 부상된 종류에 의지하여 구별할진대 넓적다리 다친 사람이 9인, 팔뚝을 다친 사람이 1인, 목을 다친 사람이 2인, 뼈가 부러진 사람이 1인이라 하여 이 부상자들의 전치(全治)되기까지는 제일 경상한 사람이 10여 일 걸릴 것이요, 산구(山口) 씨와 같은 이는 생명이 위독한 터인즉 한 달이 될지 두 달이 될지 확실히 말을 할 수 없다고 하더라. 그런데 입원 환자 중에 양창화는 사건 연루 혐의자로 붙잡은 자인데 종아리 뼈가 부러져서 자못 위중하다 하며 그 병원 안에 입원한 사람은 이 아래와 같더라.

박성팔(朴聖八), 지광연(池光淵), 권오용(權五鎔), 서경서(徐景西), 성대보(成大輔), 양창화(楊昌華), 황춘엽(黃春葉), 이춘원(李春元), 아부(阿部), 가등(加藤), 산내(山內), 서전(西田), 산구(山口), 임하(林下), 이관(伊關) 등 15인.

위난은 기(旣: 이미)히 각오한바
- 목숨을 다하야 조선을 영화롭게 하리라 하고 총독은 종용히 말해

총독 관저에 재등 총독을 찾아보고 그 조난된 일에 대해 위문의 인사를 한 기자에 대해서 "마차가 떠나고져 할 때 등 뒤에서 큰 음향이 일어난 줄로 생각하였는데 도착한 뒤 군복과 혁대에 작은 구멍이 있는 것을 발견하였소. 나는 군국을 위하여 총독의 중임을 가지고 조선에 부임한 후는 한번 죽기로써 나랏일에 진취할 것은 당초부터 생각한 바이라. 이와 같은 위해(危害)가 몇 번 있더라도 아는 조금도 두렵지 않소. 차라리 불령배(不逞輩)를 감화시키고 잘 인도하여서 지존하신 성지(聖旨)를 몸받아 더욱 더욱 덕스러운 정사를 베풀 따름이라." 또 부상자에 대하여는 상당히

위문의 방법을 강구할 생각이라고 종용히 말하는데 내심(內心)에는 깊이 결심한 것이 있는 듯한 태도가 있더라.

시(是)는 재난을 자초하는 것
- 참으로 어이없는 짓이라고 적지(赤池) 내무국장의 말

적지 내무국장은 혼잡을 이루는 경무국에서 말해 가로되 "실로 뜻밖의 변사이올시다. 총총히 부임하는 벽두에 이 같은 상서롭지 못한 일이 일어난 데 대하여는 우리는 크게 책임을 가진 터이요, 사회일반에 대하여서도 총독, 총감에 대해서도 무엇이라 할 말이 없는 터이올시다. 이 뒤의 조선통치 방침은 어디까지든지 덕스럼 정사로써 하고자 선언한 총독에 대하여 아직 그 사설의 어떠한 것을 보기도 전에 무법히 이와 같은 폭거를 한 자가 있음은 통탄함을 마지않는 바이라. 이번 조난 중에 미국 부인 등도 있은 즉 외국에 대하여도 부끄런 터이요, 조선인 중에 이 같은 불령배가 있는 것은 도리어 외국의 동정까지 잃어서 결코 조선의 이익은 아닌 즉 이 점에 대해 아무쪼록 조선인이 각각 고려 반성하기를 바라는 바이요."

천재(千載)의 불상사
흉한(兇漢)은 기어이 체포
하겠다는 향촌 검사정의 말

"어제 남대문역에서 일어난 일로 말하면 진실로 유감천만이외다. 신총독이 신임하는 날에 이러한 상서롭지 못한 일이 일어났음은 실로 철저히

한스런 일이나 이미 일어난 오늘에는 어찌할 수 없습니다. 내가 그 일이 일어난 장소에 가서 실지로 검사를 하여 보려고 하였으나 총독 각하에게 가서 뵈옵지 아니하면 아니 되겠기에 주정(酒井) 검사에게 이 말을 전하고 나는 날듯이 총독 관저에 가서 인사를 치르고 남대문역에 가서 보았는데 폭발탄이 터지던 곳은 이미 역 청소부들이 소제를 하였으므로 어찌할 수 없이 그대로 검사를 해 보았는데 그곳에는 비린내 나는 피와 고깃점이 있어서 보기에 매우 참혹하옵디다. 이러한 큰 일에는 일이 일어난 곳에서 증거물품을 발견하여 가지고 일을 시작하는 것이 제일인데 만일 증거물품을 얻지 못할 경우에는 범인을 잡는 것이 비상히 곤란합니다. 검사 두 명과 서기들을 본정 경찰서에 보내서 만반의 지휘를 시켰는데 경찰 방면에서는 이미 충분히 검거하기에 노력을 하는 중이며 그 범인 등에 대하여는 대강 짐작은 있으므로 장래에 어떻게 잡는다 함은 자세히 말할 수 없습니다. 그러나 이 사건의 범인 검거에 대하여는 극력으로 있는 힘을 다형 진정한 범인을 하루바삐 검거하여 민심을 가라앉게 하는 동시에 다시는 이러한 상서롭지 못한 일이 없도록 엄중한 법을 쓰겠습니다."

■〈매일신보〉 1919년 9월 7일 「原因은 思想問題乎爆 某彈閣僚談」.

■〈매일신보〉 1919년 9월 7일 「疑問의 人 全榮爵(上)」.

■〈매일신보〉 1919년 9월 8일 「疑問의 人 全榮爵(中)」.

■〈매일신보〉 1919년 9월 9일 「疑問의 人 全榮爵(下)」.

■〈매일신보〉1919년 9월 8일 「疑問의 人 全榮爵」.

■〈매일신보〉1919년 9월 8일 「爆彈事件과 輿論(一)」.

■〈매일신보〉1919년 9월 9일 「爆彈事件과 輿論(二)」.

■〈매일신보〉1919년 9월 9일 사설 「齋藤總督을 信賴ᄒ노라」.

■〈매일신보〉1919년 9월 10일 「諭告」.

■〈매일신보〉1919년 9월 11-12일 사설 「總督의 諭告를 讀홈」.

■〈매일신보〉1919년 9월 11일 「總督招宴」.

■〈매일신보〉1919년 9월 11일 「決코 朝鮮人 多數의 意思가 안임 具事務
官 談」.

■〈매일신보〉1919년 9월 11일 「총독의 신임피로연」 사진

■〈매일신보〉1919년 9월 12일 「聖旨에 奉副홀 朝鮮의 統治方針 닉션의
차별이 업시 됴션인을 문화덕으로 인도ᄒ겟다ᄒᄂ 슈야 정무총감의
말」.

■〈매일신보〉1919년 9월 13일 「總督披露 第三日 盛況」.

1919년 9월 11일 〈매일신보〉 총독의 신임 피로연

■〈매일신보〉 1919년 9월 15일 「즁츄원 직원을 초디ᄒᄂᆫ 연회」 사진

■〈매일신보〉 1919년 9월 24일 「時局講演會」.

■〈매일신보〉 1919년 9월 24일 「問題의 人 全榮爵」.

■〈매일신보〉 1919년 9월 25일 「時局講話會員 諸君에게 望흠」.

■〈매일신보〉 1919년 9월 28일 사설 「諸氏의 奮勵를 望흠」.

■〈매일신보〉 1919년 10월 7일 「投彈眞正凡人 姜宇奎逮捕 지나간 구월 십칠에 시닉 루하동에서 잡혀」.

지나간 구월 이일 됴션통치의 대명을 밧들고 시로 도임ᄒᆞᄂᆞᆫ 직등 총독을 암살ᄒᆞ랴고 폭발탄을 던진 범인 강우규(姜宇奎 六五)는 지나간 구월 십칠일에 시ᄂᆡ 루하동에셔 본뎡 경찰서 경찰관의 손에 잡히여서 그후 동셔에서 취됴 즁이더니 이번에 검사국으로 넘기엿더라.

犯人의 素性

본시 완강ᄒᆞᆫ 비일파요 됴션사정을 잘 모르ᄂᆞᆫ자

폭발탄을 던진 범인 강우규는 당년 륙십오세의 로인으로 평안남도 덕쳔(平安南道 德川)에서 츌싱ᄒᆞ야 어렷슬 ᄯᆡ에 글방에서 한문을 공부ᄒᆞᆫ 이외ᄂᆞᆫ 아모 학력이 업스며 즁년에 야소교장로교회에 입교ᄒᆞ야 지금ᄭᅡ지 그교를 밋ᄂᆞᆫ 즁이며 삼십여년젼에 홈경남도 홍원(咸鏡南道 洪原)군으로 이사ᄒᆞ야 그곳에서 거주ᄒᆞ다가 그후 즉 지금부터 십년젼에 북간도 도두구(道頭溝)로 이사ᄒᆞ얏다가 사년젼에 다시 길림성 요하(吉林省 僥河)로 이사ᄒᆞ야 사립학교를 설립ᄒᆞ고 청년자뎨를 교육ᄒᆞ며 한편으로는 야소교를 뎐도ᄒᆞ얏스며 희삼위 근방으로 도라단이며 오로지 일본을 비쳑ᄒᆞᄂᆞᆫ 사상을 고취ᄒᆞ기로 일을 삼엇스며 항샹과격ᄒᆞᆫ 됴션인과 셔로 교졔ᄒᆞ며 오ᄅᆡ동안 벽디에 잇셔셔 됴션사졍을 잘 알지 못ᄒᆞᄂᆞᆫ 자이라

犯罪의 動機

얼마 남지 안인 싱명을 던져셔 일휴을 드러ᄂᆡ

금년 봄 삼월에 손병희(孫秉熙) 등이 됴션독립을 션언하고 소요를 이리키쟈 이에 응ᄒᆞ야 사방에서 련ᄒᆞ야 이러나미 강우규의 거쥬되는 길림성 요하 부근에 잇는 됴션이 임의 독립된 줄로 밋엇다가 그일이 허사임을 알고 통분홈을 마지안히홀 ᄯᆡ에 당시 희삼위에서 거주ᄒᆞᄂᆞᆫ 완고로인들이 죠직한 소위 로인단에셔 리동휘(李東輝)의 부친되는 이발(李撥) 이하 칠명이 ᄃᆡ표쟈가 되야 됴션으로 건너왓스나 아모 일도 ᄒᆞ지 못ᄒᆞ고 다 경성 종로에서 저의 폭탄을 투하ᄒᆞᆫ 진정범인 = 강우규

■〈매일신보〉1919년 10월 8일「冷言熟語 爆彈犯人 逮捕」.

去九月 二日 南大門驛前에서 新著任호는 齋藤總督의게 爆彈을 投下
호야 內鮮人 三十餘名의 重輕傷者와 死亡者 一名及 生命危篤者 幾名을
出케호 犯人은 邇來 警務官憲에서 極力檢擧에 努力호던 中이더니 遂히
先般 市內某處에 潛伏中인 平南德川 出生의 姜宇奎爲名者를 逮捕호야
取調의 結果 眞正犯人으로 判明되야 旣히 檢事局에 送致호얏다는바 彼
犯人은 此不祥의 大罪를 犯호고 巧히 跡을 晦호야 逮捕치 못홈이 三旬에
及홈이 全市를 擧호야 不安의 巷으로 化케호며 當局의 無能을 非難호는
聲이 四起호더니 神出鬼沒의 彼도 畢竟 此密布호 網羅를 脫치 못호고 玆
에 擧世의 耳目을 驚膛케호든 爆彈事件도 愈愈一段落을 告홈에 至호얏
도다. 吾人은 彼警察當局이 非難攻擊의 焦點에 處호야 能히 不眠不休호
야 逮捕의 功을 遂호 것을 多호다호며 同時에 京城으로 호야곰 不安의
巷에서 免出케 호 것을 感謝코자호노라. 今에 犯人은 司直의 府에 移호
야 犯罪의 情狀을 取調호는 中인즉 其眞相이 判明되기신지는 下等論評
의 自由를 有치 못호나 元來 彼犯人은 數十年間을 異域에 放良호야 過
激思想에 浸染호얏스며 一種誇大妄想의 志士로 自許호야 遂히 罔赦의
罪淚에 罹호얏도다. 要컨되 彼는 基督敎의 信者로서 耶蘇의 宗旨에 對호
叛卒이 되고 愛國志士로 自處호면서 畢竟 同胞를 誤케호며 此를 悲境에
導호는 妄擧를 敢行호얏도다. 曾往에도 屢言호 바이려니와 時의 古今와
角의 東西를 不問호고 此種無智의 狂徒는 全無홈을 保가 難호 바인즉
此로써 朝鮮人全體를 危險視호야 疑俱와 警戒를 特加홀 理由가 無흔즉
此點은 賢明호 當局以下 內地人 官民의게 再三考慮를 要호는 바이며 同
時에 此不逞의 狂漢을 同胞中에서 出호 朝鮮人된 者는 此際尤히 勤愼戒
飭호야써 遺憾의 誠意를 表치 아니치 못홀지로다.

■ 〈매일신보〉 1919년 10월 8일 「犯人 姜宇奎의 豪氣잇는 自白 흉힝을 흔
  이후에는 눈을 감고 하늘을 향ᄒᆞ야 가만히 긔도히」.

  폭탄사건의 진정범인 평남 덕쳔(平南 德川) 출싱 강우규(姜宇奎)가 톄
포되얏다흠은 작일 임의 보도ᄒᆞ얏거니와 범인 강우규가 자빅흔바를 듯건
딕 흉힝ᄒᆞ던 당일에 총독의 마챠를 노리고 폭탄을 던진 뒤에는 고요히
눈을 감고 하날게 긔도ᄒᆞ며 경관이 잡을리라ᄒᆞ고 셧셧더니 굉굉흔 소리
가 나며 폭향이 발흠으로 눈을 번젹 써서 본즉 셥셥히 폭탄 마출 곳에
맛지 안이ᄒᆞ고 총독의 마챠는 자긔의 압흐로 지닉가는 지라 그만 실망ᄒᆞ
야 다시 눈을 감고 잡히어 가기를 고딕ᄒᆞ얏스나 아모도 잡는 사람은 업
고 자긔의 겻혜 셧던 사람들은 업고 다라나자! 다라나자! ᄒᆞ는 소리만 들
니엇스니 자긔는 별로 다라날 싱각도 업슴으로 슬금슬금 거러서 쥬인집
으로 도라왓다. 그런데 도즁에 누구가 쟈긔를 짜라오는 사람이 잇섯스나
얼마안이 ᄒᆞ야 다른 곳으로 감으로 그후에 바로 소염을 싹것스나 이는
결코 잡히지 안이ᄒᆞ랴고 그럿케 흔 것은 안이오 자긔는 국사요 지사인즉
결코 다라날 사람은 안이즉 결코 인상을 변ᄒᆞ랴고 홀 필요는 업다고 말
ᄒᆞ며 쏘 강우규는 종로경찰셔닉에서도 늘 국사의 틱도를 가지고 검사국
에서도 긔운 좃케 과격한 말을 ᄒᆞ야 관딕흔 힝동이 잇셧다고 ᄒᆞ더라.

■ 〈매일신보〉 1919년 10월 8일 「投彈 當時 犯人의 힝동을 목격흔 렬챠 쏜
  이의 말」.

  폭탄사건 발발 당일에 현장에서 범인을 목격ᄒᆞ고 곳 뒤를 발바 ?챠갓
다고 ᄒᆞ는 남만쥬텰도회샤 경성관리국 렬챠급샤 모(一 八) 범인이 톄포
ᄒᆞ얏다는 소문을 듯고 말ᄒᆞ야 가로딕 나는 당일에 비번인고로 신총독의
얼골과 풍치를 구경ᄒᆞ랴고 뎡각 전부터 씩다뎜 입구 부근에 싸허 노흔
벽돌우에 올나셔서 총독이 도착ᄒᆞ기를 기다리고 잇셧소 내 겻혜 약 이

십명의 구경군이 잇셧스나 그즁에 범인이 잇셧스리라고는 참 쯧밧게 일이올시다 범인은 폭탄을 던지고 나셔 얼마 동안을 우두커니 셔셔 결과를 보고 잇슴으로 나는 견듸다 못하야 쒸여 나려가셔 한 슌사를 보고『범인이 져기 잇소…』하고 일너주엇스나 그 슌사는『부댱에게 말하여라』하고 범인을 차즐 싱각도 안이함으로『잘못 잡아도 관게치 안으닛가 잡으시지요』하고 나는 다시 지쵹하얏쇼 그러나 슌사는 여젼히 머뭇머뭇할 쏜이엇소 범인은 얼골빗 하나도 곳치지 안이하고 쯧가지 결과를 보다가 그만 군즁의 속으로 몸을 감츄기로 나는 공연히 아모 쯧도 업시 범인을 싸라간즉 범인은 슬금슬금 남대문통으로 들어셔셔도 렬병이 셔잇는 뒤로 쳔쳔히 거러갈 젹에 군즁은 와소리를 치며 뒤범벅으로 소동이 이러남으로 셥셥히 범인을 이져바리고 말앗소 범인의 인상과 풍치는 나이 오륙십가량의 로인이고 흰슈염 푸른 얼골을 가진 됴션로인인디 흰두루막이를 입고 올흔 손에는 양산을 들고 왼손에는 손수건을 들엇셧소 나는 범인을 일어바린 후에도 덤덤 근쳐에 잇슬줄을 알고 남대문안으로 들어셔셔 이리져리 둘너보는 참에 남산공원에셔 나려오는 길로 나려오는 사람이 잇기로 본즉 과연 앗가 죵젹을 일흔 범인인디 엇더케 되얏는지 두루마기가 박박 찌어졋습듸다 나는 다시 가만가만히 그의 뒤를 싸라셔 됴션공론샤 압헤 와셔야 한 슌사를 맛나셔 이 스실을 말한즉『남대문에는 슌사 헌병이 만히잇다 만약 큰일이 발싱하얏스면 벌셔 잡히엇을 것이다』하며 들은 쳑도 아니합듸다』하더라.

■〈매일신보〉 1919년 10월 8일 「姜宇奎는 眞正犯人? 아직 증거가 업셔셔 정범이라고 말못히」.

폭탄스건의 범인에 관하야 발표가 잇셧던 터인디 스건은 지금 검스의 손에셔 취됴중으로 진정 범인이라는 결뎡은 아직 알슈업다 강우규가 검

ᄉ국에 오기는 구월 이십구일 오전 여섯시 삼십분인바 그뒤로 경검ᄉ(境
檢事)가 쥬댱이 되야 취됴ᄒᆞ는 즁인ᄃᆡ 범인은 흉힝을 ᄌᆞᆨ빅ᄒᆞ엿스나 무슨
증거가 한아도 업셔셔 진정범인이라고 단뎡ᄒᆞ기는 용이치 못ᄒᆞᆯ 것이라더
라.

■ 〈매일신보〉 1919년 10월 9일 「犯人의 爆彈은 精製品, 타원형의 금속
제」.
폭탄범인 강우규(姜宇奎)가 남대문 역두에서 사용ᄒᆞᆫ 폭탄은 당시에 여
러가지로 상샹도 ᄒᆞ고 파편과 폭발 현장의 모양 등에 의지ᄒᆞ야 여러 가
지로 연구도 ᄒᆞ야 보앗스나 이졔 탐지ᄒᆞ야본즉 봉텬에서 폭발된 폭탄과
는 전혀 다른 것이고 상당히 위력잇는 신식의 것이니 쟝이 약 이츈 오류
푼으로 타원형 금속제의 것이니 것헤는 바독판과갓치 줄이고 비늘과 갓
흔 쟝치를 ᄒᆞ얏고 한쪽에 화약쟝치구가 잇고 다른 한쪽에는 발화긔와
안전긔를 쟝치ᄒᆞ얏는ᄃᆡ 모다 나사로 ᄒᆞ야 던질 젹에는 량쪽에 잇는 나사
를 헐겁게 ᄒᆞ고 안에 잇는 류리관을 통ᄒᆞ야 약품을 ᄂᆞᆽ고 다시 탄알을 너
어셔 폭발이 되면 속에 너허던 탄알과 것헤 싼 비늘갓흔 쇠죠각이 사방
으로 헛허지게 민든 ᄆᆡ우 정교ᄒᆞᆫ 것이라더라.

■ 〈매일신보〉 1919년 10월 12일 「姜宇奎의 兇行을 目擊ᄒᆞᆫ 兩 證人의 出
廷, 지나간 십일일 오전 검사국에 거의 범인과 ᄃᆡ결이 된듯ᄒᆞ다, 형톄와
ᄐᆡ도가 꼭 그쟈라고」.
폭탄범안 강우규(姜宇奎 六五)는 십일일 오젼에 경셩디방법원 검ᄉ국
에셔 취됴를 당ᄒᆞ엿는ᄃᆡ 당일은 흉힝 당일에 흉힝흠을 목격ᄒᆞᆫ 남대문 역
원 대야차랑(大野次郎) 국분사법국댱(國分司法局長) 집에 잇는 학견이이
랑(鶴見愛二郎) 량인ᄉᆞ지 증인으로 불니엿슴으로 강이 진범인지 안인지

를 결뎡ᄒ게되엿다 범인은 구치감에셔 호송마차로 감사국에 와셔 류치
쟝에셔 기다리고 이고 대야ᄎ랑은 몬져 검ᄉᆞ뎡에셔 경검사(境檢事)에게
당일의 목격ᄒᆞᆫ 상황에 디ᄒᆞ야 취됴를 당ᄒ다가 거의 디결(對決)ᄒ게되얏
던지 강은 두명의 순사에게 인도되야 류치쟝에셔 검사뎡으로 드러가셔
디결을 ᄒᆞᆫ 모양이나 그ᄂᆡ용은 도모지 알 수가 업다 본샤의 사진반이 강
에게 『렌스』를 향ᄒᆞᆫ즉 강은 호긔수럽게 삭갓을 벗어졋키며 억기를 주춤
거리며 『렌스』를 향ᄒᆞ야셧다 증인 즁에 ᄒᆞᆫ 사람인 학견이이랑은 말ᄒᆞ되
『이졔 사진 박힌 사람은 곳 당일의 흉힝ᄒᆞᆫ 남자와 틀니지 안소 얼골이라
던지 톄격ᄭ지 쏙갓ᄒᆞ오 당일 씌다뎜 입구 부근에 군즁의 사이에셔 그
쟈이 손에 불붓ᄒ 무엇 『이졔 싱각ᄒᆞ면 폭탄이오』을 들고 죽느러노흔 인
력거 사이에셔 던지엇소. 그쟈는 바로 쳔쳔히 거러가고 그 씌에 맛침 꽝
공ᄒᆞᆫ 폭향이 들니며 사람은 사방으로 몰니고 흉한은 일허 바리엇소. 경
찰셔에셔 증거를 디일젹에도 오십여셰나 되야 보이는 시골로인이나 로동

폭탄 범인 강우규와 증인

쟈는 안이라고 되답ㅎ얏지만 확실히 그쟈이오』라고 쇄흥분된 틱도로 되답ㅎ얏다. 다시 되질은 맛친 되야씨는 우스면셔 본샤 사진반의 『렌스』를 향ㅎ야스면셔 검사뎡의 되결ㅎ던 모양을 말ㅎ되『그 늘근이를 되ㅎ고 잇슬 동안에는 미우 순후한 품이 범인으로는 싱각되지 안이합듸다. 그도 늘 빙글빙글 웃고 잇셧는되 셔로는 위일젹에 잠간 강의 눈을 바라보며 나는 나의 눈을 의심치 안이치 못ㅎ얏소. 흥힝 후에 강의 힝동에 되ㅎ야 늬가 한말과 강의 자빅과는 되기 갓흐나 도라오는 길에 강의 남되문 통으로 바로 왓다고ㅎ나 나는 어셩판(御成坂)에셔 보앗다 한말이 틀니엇소. 양산과 붉은줄진 수건은 가졋든 일은 쏙 드러마졋소. 늬가 강을 좃차 가든 것을 알고 「이것 낫분사람이 쏫차온다!」라고 싱지 말ㅎ얏소. 엇졋던지 강의 얼골은 본듯ㅎ오」ㅎ며 검사를 맛치고 오는 경검사에게 물은즉 「무엇! 아즉 설명홀 시긔가 안이오」하며 의심스러운 우슴을 씌울 쑨이엇다.

■ 〈매일신보〉 1919년 10월 12일 「爆彈에 傷ㅎ 權警部 漸快, 삼쥬간의 예뎡으로 쏘다시시 립원ㅎ얏다」.

지난번 남대문역에셔 폭탄에 부상흔 사람중에 본뎡경찰셔 경부 권오용(權五鎔)씨도 몹시 부상ㅎ고 이릭 치료중이던바 그 경과의 여하를 들은 즉 넙젹다리에 두속이나 폭탄으로 상흔 곳은 지금 겨우 합창이 되엿스나 남져지 폭발탄쟈 한기는 다시 의사의 수술로 쎄어닉이고 다시 약 삼쥬간 예뎡으로 치료키 위ㅎ야 지나간 칠일 총독부의원 동이호실에 직차 입원을 ㅎ엿는되 싱명에는 관계업시 나아갈 형편이라더라.

■ 〈매일신보〉 1919년 10월 24일 「姜宇奎는 死刑? 죄가 잇게 되면 영도 판스의 말」.

폭탄범인 강우규(姜宇奎)는 아죠 경성디방법원의 예심에 붓치엇는디 이 사건을 맛흔 영도 예심판사(永島豫審判事)는 우스면 말흐되 「사건을 밧앗슬샌이고 아즉 피고에게 디흐야 취됴를 흐야 보지 안이흐엿스나 유 죄로 결뎡만 되면 사람이 한아 죽엇슨 즉 당연히 사형에 처흘 것이다. 이 긋흔 새건은 올이 쓸고보면 빅셩의 마음에 죷치 못흔 영향을 밋치게 흘샌 안이라 취됴흐기에도 고난흐야 못쓰는 것이다. 그런디 이사건의 증인의 말은 전혀 들어볼만흔 말이 업는 모양이고 무슨 사건이던지 증인의 말은 여러 가지로 틀니는 것이 보통인디 이번과갓치 곡부함읍은 그 증인을 그 디로 들어서 사건을 쳐리할 슈는 업는 일이다. 그러나 본건은 되도록 속 히 췌됴흐야 긋을 맛치랴고 숭각흐오」흐더라.

- ■ 〈매일신보〉 1919년 11월 5일 「姜宇奎는 眞犯人 예심을 맛친바 더욱 밍 빅흐다」.

  남대문역두의 폭탄범인 강우규의 련루쟈로 임의 검거흔 몃명은 벌셔 증거가 츙분흐야 엇더케흘 수 업셔셔 지난번 검스국으로부터 경성디방법 원 예심에 보내여 목하취됴중인디 본건의 정범인이 강우규임은 더욱 명 요흐게 되엿더라.

- ■ 〈매일신보〉 1919년 11월 21일 「姜宇奎는 眞犯으로 거의 결뎡된 듯」.

- ■ 〈매일신보〉 1919년 12월 15일 「姜宇奎의 豫審 금년닉에는 못되여」.

  폭탄범인 강우규(姜宇奎)외 수명에 디흔 경성디방법원은 심리중인 예 심은 착착진힝중 정범자됨을 아랏는디 폭탄의 감뎡에 디흐야는 동경전문 가가 맛허서 그일이 조금 날자를 쓰을 터임으로 금년즁에는 예심이 긋나 지 안이흐리라더라.

■ 〈매일신보〉 1919년 12월 15일 「姜宇奎는 死刑으로 결뎡된다」.

■ 〈매일신보〉 1920년 1월 13일 「姜宇奎의 近狀 미우 회기ᄒ고 잇셔」.

지나간 쵸가을에 신총독과 밋 정무총감이 입성ᄒᆞᆯ졔 남대문역두에셔 폭탄을 한번 던져 죽은자가 두사람이요 즁경상자가 수십명을 늬이고 일시 됴야를 놀늬게 ᄒᆞᆫ 폭탄범인 강우규(姜宇奎)ᄂᆞᆫ 목하 셔대문감옥 종로구치감에 잇셔 영도판사의 숀에셔 예심즁인ᄃᆡ 지금 옥즁에 뒤한 강우규의 상황을 들은즉 아은 야소교신자인 썸문에 ᄌᆞ못 엇더케 ᄒᆞᆯ 수 업ᄂᆞᆫ 틱도로 근신ᄒᆞᄂᆞᆫ 모양을 보히ᄂᆞᆫᄃᆡ 그 완고ᄒᆞᆫ 강우규도 슈십일의 오린동안 감옥속에서 링졍히 싱각한 결과인지 깁히 회기ᄒᆞᄂᆞᆫ 모양이 잇는 듯ᄒᆞ며 륙십오셰의 늙은 몸이지만은 신톄ᄂᆞᆫ 지극히 건강ᄒᆞ야 식ᄉᆞ갓흔 것도 보통과갓치 먹으며 친졀ᄒᆞᆫ 대야 간슈당이 주션ᄒᆞ야 주ᄂᆞᆫ 것을 비상히 깃거히 던비동 간슈장이 수일젼에 류힝셩 감모로 결근ᄒᆞᆯ 졔ᄂᆞᆫ 상심이 된듯ᄒᆞ게 불안히 지늬더니 동간슈장은 병이 나은 뒤로 츌근을 홈을 보고ᄂᆞᆫ 미우 깃거ᄒᆞᆫ다더라.

■ 〈매일신보〉 1920년 1월 14일 「姜宇奎의 豫審決定發表? 이십일경에」.

폭탄범인 강우규의 예심은 ᄉᆞ실로ᄂᆞᆫ 작년말에 거의 결뎡이 되엿ᄂᆞᆫᄃᆡ 오직 부상자 삼십여명의 경과를 알수가 업셔셔 아직 발표를 보지 못ᄒᆞᄂᆞᆫᄃᆡ 영도 예심판ᄉᆞᄂᆞᆫ 근리 열심히 각 부상자를 차져보고 그 경과를 취됴ᄒᆞᄂᆞᆫᄃᆡ 긔자에 뒤ᄒᆞ야 말ᄒᆞ기를 엇더튼지 다슈의 부샹자가 잇고 ᄯᅩ 일일이 여러 사람에게 츌텽ᄒᆞ기를 바라기도 안안ᄒᆞᆫᄃᆡ 이에 한아가 잇기 썸문에 그발표가 지쳬됨이 참 갑갑ᄒᆞ오 아모리 그러투리도 대부분 진힝되ᄂᆞᆫ 모양임으로 지쳬가 되드리도 오ᄂᆞᆫ 이십일ᄭᅡ지에ᄂᆞᆫ 발표가 된다고 ᄒᆞᄂᆞᆫᄃᆡ 폭탄을 ᄉᆞ드린 방법과 그자의 결힝 전후의 힝동 드은 그 발표를 ᄯᅡ라 ᄌᆞ

세히 알수가 잇다더라.

■〈매일신보〉 1920년 1월 23일 「姜宇奎의 豫審終結 스오일즁에 예심발
표」.

폭탄범인 강우규(姜宇奎)외 셰명에 디한 스건은 영도예심판스(永島豫
審判事)의 손에서 예심을 진힝즁이더니 요스히 예심을 아죠 맛치고 일간
셔류는 경검스(境檢事)에게 돌녀보닉여 검스의 의견을 구ᄒ엿ᄂ디 스오일
즁에 예심결뎡의 발표가 잇스리라더라.

■〈매일신보〉 1920년 1월 30일 「爆彈投擲犯人 姜宇奎의 豫審決定 범인의
ᄌ빅ᄒ 것을 보아도 더 말홀 것업ᄂ 츙분ᄒ 증거 경셩디방법원 공판 붓
침=대담 부젹ᄒ 범인의 두려운 범힝」.

咸鏡南道 洪原郡 龍源面 靈德里 六十八番地 在籍
支那 吉林省 饒河縣 新興洞 居住 農 姜宇奎(六六)
咸鏡南道 元山府 上洞 百八十三番地 在籍
同府 廣石洞 一番地 雜貨商 崔子男(三三)
平安南道 安州郡 安州面 建仁里 三百十三番地 被雇人 許炯(二七)
咸鏡南道 定平郡 府內面 文峰里 二百六十一番地 在籍
京城府 安國洞 九十六番地 金鍾護方
居住 京城醫學專門學校 吳泰泳(二五)
우 스인은 폭발물취톄규벌칙위반 피고스건에 디ᄒ야 다음과ᄌ치 예심
을 종결ᄒ얏더라.
『主文』
피고 가우규, 최남ᄌ(최자남), 허형, 오틱영 등 사인을 당디방법원 공판

에 붓침.

『理由』

피고 강우규는 평안남도 덕쳔군 무릉면 졔남리(平安南道 德川郡 武陵面 濟南里)에서 츌싱ᄒ야 삼십셰 가량이나 되야셔 함경남도 홍원군 룡원면 령덕리(咸鏡南道 洪原郡 龍源面 靈德里)에 이쥬ᄒ고 수십년 젼부터 야소교 장로파에 신앙이 두터웟셧는디 등디에서 사립학교를 경영ᄒ야 주뎨들의 교육에 종ᄉᄒ던바 명치ᄉ십삼년에 일한합병ᄒ 것을 크게 분기ᄒ야 됴션안에셔는 사러갈 주미가 업다ᄒ야 그 이듬히 명치사십ᄉ년 봄에 지나 북간도 두도구에 이쥬ᄒ얏고 그 뒤에는 지나 길림셩과밋 동부 셔빅리 연히주 흑룡쥬 등 각디로 도라단이다가 대졍륙년 즁에 현주소인 지나 길림셩 요하현 신흥동(饒河縣 新興洞)의 됴션인 촌락에 사립광동학교(私立光東學校)를 셜립ᄒ고 됴션인 주뎨의 교육에 종ᄉᄒ면셔 항상 됴션의 독립을 바라고 쳥년주뎨들에게 딕ᄒ야 그갓흔 사상의 고취ᄒ기에 힘쓰던바 대졍팔년 삼월 일일에 됴션경셩에셔 손병희 일파가 됴션독립의 션언셔를 발표ᄒ고 됴션 각디는 물론ᄒ고 지나급 로령 각디에 흣터져잇는 됴션인들 즁에 됴션독립을 목뎍ᄒ 소요를 일으키는 일에 빈빈ᄒ게 되민 로령 포렴사덕 부근의 됴션인 로인들이 로인단이라는 것을 죠직ᄒ고 피고 강우규도 ᄯᅩᄒ 그에 가입ᄒ야 포렴사덕 부근과밋 지나 북간도 디방 각디방에도 그의 지부를 두고 됴션독립을 ᄒ기 위ᄒ야 활동ᄒ자고 밍약ᄒ야 피고 강우규는 거주디인 신흥동에셔 쟈긔가 발긔자가 되야 됴션독립의 시위운동을 힝ᄒ고 그 뒤에는 됴션닉의 졍황을 알고쟈 동년 오월 말경에 포렴사덕 신흔촌에 가셔 동디에셔 장곡쳔 됴션총독이 머지 안이ᄒ야 사직ᄒ고 도라가고 싀로히 엇더ᄒ 사람이 그뒤를 이어 총독으로 온다는 소문을 듯고 장곡쳔 총독은 오릭동안 됴션에 직임ᄒ야 됴션의 사정을 자셰히 알고 일션동화졍칙을 베푸러 통치ᄒ엿슴도 거리 가지 안이

ᄒ고 이번에 됴션인들의 렬렬ᄒᆫ 독립운동을 이르키ᄂᆫ 것을 보고 됴션통치의 불가능ᄒᆫ 것을 인증ᄒ고 단연히 사직ᄒ고 됴션을 ᄯᅥ나고쟈 ᄒᄂᆫᄃᆡ 도리혀 신총독은 엇더ᄒᆫ 사람이기에 엇더ᄒᆫ 예산이 잇셔셔 릐임ᄒᆯ가. 신총독의 릐임은 실로 셰계의 듸셰인 민족쟈결쥬의에 버셔나고 텬의를 빅반ᄒ고 인도를 무시ᄒ야 됴션인 이쳔만 동포를 궁ᄃᆡ에 ᄯᅥ러터리고쟈 ᄒᄂᆫᄃᆡ 젹인 고로 자긔 한 목숨을 희싱ᄒ야 신총독을 살ᄒᆡᄒ야셔 ᄂᆡ외의 동졍을 밧어셔써 됴션독립의 승인을 엇고ᄌᆞ ᄒ야 집에 도라가셔 슈월젼에 동부셔비리 「우스리―」텰도의 엇더ᄒᆫ 역에셔 엇더ᄒᆫ 로국사람에게 사용법을 빅화가지고 사두엇던 쥬셕으로 만든 례화슈류폭탄(曳 火手榴爆彈, 그형상과 구죠로부터 미국졔 영국식의 례류화 슈류탄이라고 츄뎡ᄒᄂᆫ 것) 일기를 가지고 그것으로써 총독을 살ᄒᆡᄒᆯ 목뎍을 달ᄒ고쟈 다시 포렴사덕에 가셔 그 폭발탄을 느겁죠각에 싸셔 허리에 ᄎᆞ고 교묘히 슘어셔 동년 륙월 십일일 동ᄃᆡ를 츌항ᄒᄂᆫ 긔션 월호환을 타고 동월 십ᄉᆞ일 아참에 됴션 원산부에 상륙ᄒ야 동부 본뎡 오뎡목 ᄉᆞ십이번ᄃᆡ 원일려관에 투슉ᄒ고 그 잇흔날 십오일에ᄂᆫ 동부 강셕동의 가로에셔 젼에 로령 셔빅리에셔 친구이던 피고 최ᄌᆞ남과 셔로 만나셔 동일부터ᄂᆫ 동상동 빅팔십삼번ᄃᆡ의 최ᄌᆞ남의 집에 붓처잇스며 가졋던 폭탄은 그집 마루 쳔졍 속에 감츄어 두고 동부 광셕동의 장로교회에 출입ᄒ며 ᄯᅩᄂᆫ 신문지를 읽고 신총독이 엇더ᄒᆫ 사람이요 어느 ᄯᆡ에 릐임ᄒᆯ 것을 알고ᄌᆞ ᄒ던바 동칠월 이십팔일경에 피고 최ᄌᆞ남은 동 광셕동 일번ᄃᆡ에 이젼ᄒ야 피고 강우규도 ᄯᅩᄒᆫ 갓치 ᄯᅥ나 동가에 거쥬ᄒ야 동년 팔월 초슌경 어느날 밤에 피고 최ᄌᆞ남에게 ᄃᆡᄒ야 그의 긔도ᄒᄂᆫ ᄯᅳᆺ을 말ᄒ고 가지고온 폭탄을 좀 감츄어 달나고 의뢰ᄒ얏던바 피고 최ᄌᆞ남은 이것을 승낙ᄒ고 그 폭탄 한기를 바더셔 그 폭탄의 위력과 상용법을 들흔 즉시 쟈긔집 건너방 다락에 감츄어 두고 피고 강우규(姜宇奎)ᄂᆫ 원산부에셔 친흔 피고 허형(許炯) 한은

텰(韓殷哲)과 더부러 동월 사일 원산부를 떠나 도즁에 셕왕사 영월려관
(釋王寺 映月旅館)에서 ㅎ로밤 ㅈ고 잇흔날 오일에 경셩에 와셔 허형의 소
기로 동부 안국동 구십일번디 김죵호(金鍾護)의 집에서 유련ㅎ면셔 형편
을 삷힐시 동년 칠월 오일에 발셔 장곡쳔 총독은 경셩을 츌발ㅎ야 동상
ㅎ야 팔월 쵸슌에 사표를 뎨츌ㅎ고 후임총독은 지등(齋藤) 히군듸쟝이란
소문이 졈졈 신문에 나타남을 보고 신총독의 착임흠을 기다리여 예뎡의
계획을 실힝ㅎ랴ㅎ야 동월 십일일 원산에 도라가 피고 죄자남(崔子南)에
게 맛기여 두엇던 폭탄 한기를 챠쟈가지고 다시 경셩에 도라와 김죵호의
집에서 유련ㅎ던 터인듸 동월 이십일부로 지등총독의 임명이 발표되며
슈히 부임흔다는 소식과 동총독의 사진이 신문에 나타남이 동총독 살히
를 필셩코쟈 ㅎ야 동월 십칠팔일경에 원산부에 늬려가엇던 사람이 폭탄
두기를 감츄어 둔 것을 알고 동부 신쵼동 오십일번디 흔흥근(同府 新村
洞 五十一 番地 韓興根)을 챠쟈가 폭탄 한기를 엇어달나고 부탁ㅎ고 동월
이십일일에 쏘다시 경셩부 안국동 김죵호에게 올나와 유련ㅎ다가 지등
총독 확실히 구월 이일에 경셩에 챡임흔다는 신문의 긔사를 보고 안국
동 쟈긔 려관은 남듸문뎡거장이 멀어셔 일ㅎ기에 불편흠으로 팔월 이십
팔일 남듸문뎡거장 근쳐 남듸문통 오뎡목 륙십번디 려인슉 박영셰(南大
門通 五 丁目 六十番地 旅人宿 朴泳洗)의 집에 사관을 옴기고 날마다 남대
문뎡거장 부근을 비회ㅎ면셔 신총독의 릭챡긔를 탐지ㅎ다가 동월 삼십
일일 아참에 안국동 김죵호의 집에 가셔 강우규의 변명 강녕일(姜寧一)
에게 최자남이 암호로 흔 뎐보를 보고 흔흥근이가 쥬션흔 폭탄을 가진
사람이 원산에 도라왓스니 급히 차지러오라는 뜻임을 알고 피고 허형을
길가에 불너늬여 원산 가셔 피고 최ㅈ남을 챠자보고 그 사람으로 더부
러 한흥근에게 가셔 폭탄을 밧아가지고 오라고 부탁흠이 피고 허형은 바
로 허락ㅎ고 동일 원산에 가셔 피고 최ㅈ남을 챠ㅈ보고 온 말을 흠이 한

홍근은 발셔 그젼날 포렴사뎍에 갓다홈이 잇흔날 구월 일일에 가셔 서울로 도라와 피고 강우규를 박영셰의 집 근쳐 지나료리뎜에셔 맛나 원산의 결과를 말ᄒᄆᆡ 피고 강우규는 달니 폭탄이 한긔 잇스닛가 그것으로 신총독을 살ᄒᆡᄒ겟다ᄒ고 잇흔날 구월 이일 오전에 피고 강우규는 바지허리에 명쥬슈건을 한가온ᄃᆡ를 ᄶᆞ여미달고 그 속에 폭탄을 ᄶᆞ 싸어늣코 수건의 량 ᄭᅳᆺ을 허리뒤에 돌니어 ᄶᆞᆨᄆᆡ고 그위에 져고리와 두루마기를 입고 손만 너으면 곳 폭타늘 ᄂᆡ게ᄒ고 양산과 손슈건을 손에 들고 려관을 나와 남대문뎡거쟝 압헤 가셔 예뎡셔갓치 지등총독에게 폭탄을 던지여 살ᄒᆡ의 목뎍을 달흔후 그곳에셔 ᄌᆞ긔가 지은 시(詩)를 소ᄅᆡ 질너 을푸며 춤츄은 후에 ᄐᆡ연쾌활ᄒ게 포박되랴고 결심ᄒ고 시간을 기다릴 ᄉᆡ 오후 네시 쯤ᄒ야 총독을 환영ᄒ랴고 거마가 나옴을 보고 총독이 확실히 착임홈을 알고 총독이 탈 마차를 챠쟈 폭탄 던질 위치를 가린후 동역 귀빈실을 지ᄂᆡ여 동실 압 츌입구로부터 나온 총독은 부인급 이등비셔관(夫人及 伊藤秘書官)과 셔로 압뒤셔셔 마차에 올을 ᄯᅢ에 피고 강우규는 젼에 신문에 게지된 사진을 보고 얼골을 알은 지등총독에 틀님이 업슴을 인뎡흔 후 곳 오른손으로 폭탄을 ᄭᅳᆻ집어ᄂᆡ여 쟝치흔 안젼젼(安全栓)을 ᄲᆡ여들고 총독을 목격ᄒ야 폭탄을 던졋ᄂᆞᄃᆡ 그 폭탄은 총독이 탈 마차 압 약칠보(七步)의 거리 되는 곳에셔 큰소ᄅᆡ를 ᄂᆡ이며 폭발되고 폭탄의 죠각이 사방으로 비산ᄒ야 그즁 두어긔의 폭탄죠각은 총독의 탑승흔 마챠에 맛고 한긔는 마챠 ᄶᆡ인 혁ᄃᆡ를 손샹케 핬슬 ᄲᅮᆫ임으로 총독은 다힝히 무사ᄒ엿스나 사면으로 헤여지는 탄환조각으로 그쥬위에 잇던 ᄃᆡ판됴일신문 경성특파원 귤향귤(橘 香 橘)과 ᄃᆡ판ᄆᆡ일신문 경성특파원 산구간남(山口諫男) 본뎡경찰셔 쇼모던십ᄐᆡ랑(小牟田十太郎) 동셔 경부 권오용(權五鎔) 순사 박뎡화(朴貞和) 종로경찰셔 순사 안무졍일(安武政一) 동박완식(朴完植) 됴션신문긔자 쳔원쳥ᄐᆡ랑(川原淸太郎) 구도ᄒᆡᆼᄐᆡ랑(久度幸

太郎) 뎔도관리국쟝 구보요쟝(久保要藏) 륙국쇼쟝 촌뎐신닉(村田信乃) 경
셩일보거자 무졍연틔랑(武井延太郎) 뎔도관리국 운슈과쟝 안등우삼랑
(安藤又三郎) 동촉탁 야진요틔랑(野津要太郎) 미국인「써불유ー피ー하리
손」부인 고양경찰셔 슌사 박셩팔(朴聖八) 차무 셩듸호(成大鎬) 근동구길
(近藤龜吉) 암미무(岩尾茂) 박홍식(朴弘植) 엄관서(嚴寬瑞) 박직인(朴在仁)
황춘엽(黃春燁) 리방록(李?錄) 리쟝룡(李長龍) 총독부 쇽졍관즁준(井關重
俊) 기셩군 남면 호션리 양창화(楊昌華) 슌샤 디광연(池光淵) 빅은긔(白殷
基) 경부 김틔석(金泰錫) 총독부 마졍 가등슌일랑(加藤順一郎) 리왕직 사
무관 리원승(李源升) 츙독부 고원 셔뎐국길(西田國吉) 삼하용(森下勇) 산
닉호웅(山內虎雄) 경긔도 슌사 말홍우이랑(末弘又二郎) 경셩감옥수 업수
야방을삼랑(野方乙三郎) 등 삼십칠명에게 즁경상을 당케흔바 그즁에 쥴
향쥴은 목부로 들어간 탄편으로 인ᄒᆞ야 쟝관을 손상ᄒᆞ고 복막염밋 폐염
을 일으켜 동년 십일월 일일 오젼구시에 사망ᄒᆞ고 말홍우이랑은 좌면 듸
퇴부를 쑤른 탄편으로 인ᄒᆞ야 픠혈증을 야긔ᄒᆞ야 동년 구월 십일일 오
후 이시 이십분에 사망홈에 일으럿ᄂᆞᆫ바 피고 강우규ᄂᆞᆫ 흉힝ᄒᆞ던 현상에
셔 아모도 즈긔를 잡ᄂᆞᆫ 사람이 업슴으로 유유히 현쟝을 써나 일됴 박영
션(朴泳先) 방에 그몸을 슙겻던바 피고 허형(許炯)은 젼긔와갓치 강우규
의 부탁의 의지ᄒᆞ야 원산까지 폭탄슈취ᄒᆞᄂᆞᆫ 사자가 되엿고 쏘 동인이 신
총독을 사격ᄒᆞ기 위ᄒᆞ야 폭탄 일긔를 가진 것을 들엇ᄂᆞᆫ듸 남대문뎡거쟝
에셔 폭탄을 던지 쟈ᄂᆞᆫ 반드시 강우규라고 밋고 오히려 동월 륙일 김종
소(金鍾護) 방으로 강우규를 방문ᄒᆞ얏슬 ᄶᅢ에 비밀히 동인으로부터 구
월 이일 남듸문역 압헤셔 폭탄을 던진 쟈ᄂᆞᆫ 즈긔인즉 결코 다른 사람에
게 말을 닉지 말나ᄂᆞᆫ 경계를 밧고 그범인은 젼혀 피고 강우규됨을 알고
도 이것을 경찰관에게 고발치 안엇고 쏘 피고 오틔영(吳泰泳)도 쏘흔 강
우규가 흉힝흔 후 동인과 흠ᄭᅴ 슉박ᄒᆞ며 동인의 년령과 인샹이 신문샹에

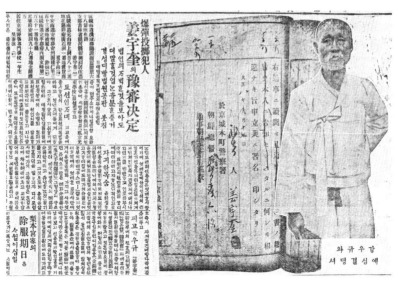

1920년 1월 30일 〈매일신보〉 강우규와 예심결정서 기사

계지흔바 폭탄범인과 인상과 흑사ᄒ고 또 동인의 터ㅏ도와 언어 기타 사정으로부터 그 폭탄범인은 전혀 피고 강우규됨을 알고도 역시 이것을 경괄관리에게 고지ᄒ지 안엇슬 쑨만아니라 피고 강우규의 간청에 의지ᄒ야 동인이 관헌에게 잡히지 안토록 동월 칠일 동인을 경성 가회동 팔십이번디 장익규(張翊奎) 방에 던슉을 식히며 동인을 은피케ᄒ엿더라.

이샹의 사실을 인뎡홀만흔 증거가 츙분흔즉 피고 강우규의 쇼위는 폭발물취태규측 뎨일됴급 형법 뎨일빅구십구됴 동뎨오십스됴 뎨일항 피고 최ᄌ남(崔子南)의 쇼위는 폭발물취톄벌측 뎨오됴 피고 허형의 쇼위는 벌측 뎨팔됴 피고 오틱영의 쇼위는 동측 뎨팔됴 뎨구됴를 뎍용ᄒ야 쳐단흔 범죄됨에 의지ᄒ야 형스쇼송범 뎨빅륙십칠됴 뎨일항에 의지ᄒ야 쥬문과 갓치 결뎡함

디졍구년 일월 이십팔일

경성디방법원

豫審掛 朝鮮總督府 判事 永島雄藏

■〈매일신보〉 1920년 1월 30일 「百日만에 豫審決定 영도 예심판스의 말」.
  강우규의 예심결뎡에 관흔 이야기를 듯고져 긔자는 예심판스 영도웅
  쟝(永島雄藏)씨를 방문ᄒ얏다. 씨는 말ᄒ 가로되 「이 사건이 긔소되기는
  작년 십월 입십일이엿소 ᄯ 빅일이 걸니엿는디 범인은 일일이 자빅ᄒ엿스
  며 ᄯ 그 ᄌ빅ᄒ는 것디로 됴스히본즉 죠금도 틀니는 뎜이 업셧소. 가량
  피고의 ᄌ빅ᄒ는디로 원산갓흔 ᄃ도 가셔 됴스히 보앗스나 조곰도 오착
  나는 뎜이 업셧는고로 별도 이갓치 오릭 걸닐 리유가 업는 것인디 폭탄의
  감뎡을 동경에 부탁ᄒ얏셧는고로 그 감뎡이 더듸여셔 이졔야 된 것이오」
  라고 말ᄒ더라.

■〈매일신보〉 1920년 1월 30일 「姜宇奎의 謹愼한 態度 극히 근신흔 틱도
  이며 아직 예심결뎡은 몰나 대야 =간슈쟝의 말」.
  강우규의 동정을 듯고자 경성 종로류치감옥에 대야간수쟝(大 野看守
  長)을 방문흔바 「강우규는 쳐음 드러올 씨에는 혹 큰소리도 ᄒ는 일이 잇
  더니 근일에 와셔는 아죠 근신흔 틱도로 잇스며 몸은 미우 건강ᄒ오. 그
  리고 예심의 종결된 것을 당쟈는 아직 아지 못ᄒ지오 만은 쟝차 예심결
  뎡셔가 올 것갓흐면 알게 되겟지오」라고 말ᄒ더라.

■〈매일신보〉 1920년 2월 7일 「爆彈公判은 此中旬, 아마 방쳥은 금지할」.

■〈매일신보〉 1920년 2월 8일 「拘置監에셔 對面된 姜宇奎 父子 멀니 滿
  洲에셔 온 其子 姜重健 오릭 간만에 맛나는 부ᄌ의 눈에는 눈물이 밋치

여『작년 농ㅅ는 엇더냐고』」.

작년 구월 이일 지등총독(齋藤總督)이 경셩에 부임ㅎ쟈 남대문뎡거쟝
에셔 폭발탄으로 션물을 ㅎ야 왼셰샹의 이목을 놀늬계흔 폭탄범인 강우
규는 목하 종로구치감옥에셔 긔거ㅎ는바 가의 아들되는 지나 길림셩 요
하현 즁흥동(吉林省 饒河縣 中興洞)에 사는 강즁건(姜重建) 마흔 셰살된
사람은 그 부친을 맛나보랴고 멀니멀니 됴션으로 와셔 목하 경셩부 교
남동 오십구번디 강봉영(橋南洞 五九 姜鳳永)의 집에 톄지ㅎ면셔 부친의
면회를 쳥ㅎ야 지나간 스일 오후에 허가되여 그길로 종로구침옥졉견소
(鍾路拘置監接見所)에셔 오리도안 못보던 부즈가 반갑게 듸면ㅎ엿는듸 강
우규는 그 아달을 보고 집안에 별고업셧느냐고 무른 후에 작년농ㅅ가 엇
지 되엿느냐고 무른즉 아들은『작년농ㅅ는 아죠 대단흔 풍작』이라고 듸
답ㅎ미 강은 풍작되엿다는 말에 대단히 깃버ㅎ는 안싴으로「그러나 엇더
케 비용을 차려가지고 왓느냐』고 무르미 아들은「돈 이빅원을 챠용ㅎ야
가지고 온 터인듸 아버님을 위ㅎ야 변호사를 듸여 들이고 십다』고 말을
ㅎ엿다. 강은 그아들의 말을 듯고 결코 그런 싱각은 ㅎ지말나 변호사가
무삼 필요가 잇느냐. 변호사 업슬지라도 만ㅅ가 모다 나의 가슴 가운듸
에 잇는 터이닛가 변호사갓흔 것은 죠곰도 필요가 업스니 아모 걱정말고
만약 돈의 여유가 잇거던 식ㅅ차입소에 밥갑이 잇스니 그것이나 갑고 쌜
니 집으로 돌라가라고 ㅎ엿다 ㅎ며『쏘는 늬몸도 너보듯키 이와굿치 건
강ㅎ게 잇슬뿐안이라 감옥에셔도 듸우가 극히 친졀흔 터인즉 죠곰도 심
려말고 츙쳥남도에 잇는 친쳑이나 차자보고 집으로 가라』고 ㅎ엿는듸 그
아들은 어듸ㅅ지던지 더 잇다가 공판 시작을 보고야 갈터이라는듸 강우
규; 공판은 불원간에 립쳔부쟝(立川部長)의 아릭에셔 기뎡되리라더라.

■〈매일신보〉 1920년 2월 9일 「國境橫斷旅行(九0) 特派員 伊藤韓堂, 中江

鎭에셔」.

■〈매일신보〉 1920년 2월 13일「爆彈事件 公判은 十四日姜 데이회는 십
  륙일에 흔다」.

  폭발탄 진범인 강우규(姜宇奎) 외 삼명의 디흔 폭발물취톄규측위반스
건은 지느번 경성디방법원 예심계에셔 예심종결후고 동법원직판쟝 립쳔
판사(立川判事)의 손에셔 취됴즁이던바 오는 십스일에 데일회 공판을 열
고 계속후야 십륙일에 데이회 공판을 열터이라더라.

■〈매일신보〉 1920년 2월 14일「姜宇奎의 爆彈事件 데일회 공판은 금십
  스일=오젼 열시부터」.

  폭탄범인 강우규 외 셰명에 디흔 폭발물취톄규칙위반스건 데일회 공
판은 아조 금십스일 오젼 십시부터 경성디방법원 데칠호 법뎡에셔 기뎡
되는디 계원은 립쳔부쟝(立川部長)이 직판쟝이 되고 경검사(境檢事) 디지
송본(大宰松本) 비셕판스와 원부셔기(園部書記) 등이요 당일은 방텽쟈의
혼잡을 막기 위후야 특히 방텽권을 발힝흔다는디 근릭에 큰스건인 본공
판을 후게된 경검스는 말후되『변호스도 업고 공판은 아죠 간단후겟소.
검스의 론고도 예심종결셔에 죄젹이 판명되야 징빙이 츙분후닛가 론고
도 업슬 것이오」라고 말후더라.

■〈매일신보〉 1920년 2월 15일「第一回 開廷된 爆彈犯人公判 姜宇奎의
  大膽흔 太刀 심사일 경성디방법원 데칠호 법뎡에셔 열니엿다. 직판쟝
  의 뭇는 말에 것침업시 디답흔 범죄의 동긔 開廳以來 未曾有公判」.

  임의 보도흔 바와갓치 폭발탄으로써 남대문역에셔 션물흔 범인 강우
규 외 삼명에 디흔 공판은 십스일 경성디방법원 데칠호 법뎡에셔 오젼

십시에 기덩되앗섯다. 이번 공판으로 말ᄒᆞ면 온 셰샹에 써드는 일이며 법덩이 싱긴후에 이와ᄀᆞᆺᄒᆞᆫ 공판은 처음잇는 공판이라. 방청셕에는 약빅여명의 방청자가 참셕ᄒᆞᆫ 가운디에 니디인도 혹간 잇스며 외국인으로는 셔양부인이 됴션녀ᄌᆞ 한명과 동반을 하고 참셕ᄒᆞ앗고 특별히 그중에는 피고 강우규(姜宇奎)의 아달되는 강즁건(姜重建)은 질소ᄒᆞᆫ 양복으로 츌덩ᄒᆞ야 ᄌᆞ긔부친의 공판을 기다리더라. 발셔 시간 젼부터 피고중에 최ᄌᆞ남(崔子男) 허형(許炯) 오틱영(吳泰泳) 삼명이 먼저 츌덩ᄒᆞ야 세간을 긔다리는디 조곰 잇다가 피고 강우규는 회식무명쥬의에 빅슈를 쓰다듬으면셔 활발ᄒᆞᆫ 긔상으로 대야 간슈쟝(大野看守長)의 인도로 드러왓다. 피고는 법덩에 드러스며 위션 방청과 긔쟈셕을 한번 자셰히 들녀본 후에 간슈쟝을 향ᄒᆞ야『오날ᄀᆞᆺ치 푹운ᄒᆞᆫ 날에 란로를 무삼 일로 만히 피엿느냐? 더워셔 안되엿다』고 말을 ᄒᆞ더니 ᄯᅩ다시 말ᄒᆞ기를『늙은 사람이 허리가 압허 못견디갯스니 허리를 기디고 안즐만ᄒᆞᆫ 특별 의ᄌᆞ를 니여노라고』ᄒᆞ여 친절ᄒᆞᆫ 간슈쟝은 편ᄒᆞ도록 인도ᄒᆞ여 주엇다. 얼마 안이ᄒᆞ야 립쳔부쟝(立川部長) 이하 틱재(太宰) 송본(松本)의 빅셕판ᄉᆞ와 경검ᄉᆞ(境檢事) 원부셔긔(園部) 졔씨가 차례로 착셕ᄒᆞ야 피고의 례를 바든 후에 즉시 강우규로부터 최ᄌᆞ남과 허형과 오틱영 네명을 차례로 불너 립쳔지판쟝은 거주와 셩명 직업을 무른후에 경검ᄉᆞ로부터 폭발물취톄위반ᄉᆞ건으로 예심에서 유죄로 판명되엿기 지금 공판으로 옴긴다는 선고가 잇슨후에 다시 강우규의 심문이 시작되엿다.지판쟝은 위션 강우규를 디ᄒᆞ야 전일에 한국정부로부터 훈쟝 갓흔 것 바든 것이 업느냐? ᄯᅩ는 징역바든 일이 업느냐 무른후에 「너는 시낫된 지가 몃히이며 세례는 어티셔 밧덧스며 엇던 파의 종교를 신앙ᄒᆞ느냐?』고 머르미 「닉가 예슈를 밋기는 십오년 이상이나 되얏고 세례는 함흥에서 밧덧스며 밋기는 장로교를 밋노라」고 디답을 ᄒᆞ엿다. 「함경도 홍원(洪原郡)에서 거주ᄒᆞ기는 몃히나 되엿느냐?」「아마 한 삼십년 젼부터 살엇다 ᄒ며 ᄯ는 그곳에셔 쳥년자제를 교육키 위ᄒ야 ᄉ립영명학교(私立靈明學校)를 셜립ᄒ야 가지고 교육에 열심ᄒ얏다고 답변ᄒ얏다. 직판쟝은 말ᄒ기를 「그러면 그ᄯᅢ에 자뎨를 가르칠 ᄯᅢ에 엇더ᄒᆫ 사상을 담어쥬엇느냐」고 무럿다. 「그것은 무러볼 것도 업시 너의들은 아모됴록 열심히 공부ᄒ야 어셔 일어바린 국권을 회복ᄒᆫ 큰일군이 되라고 항상 가라쳐주엇다」고 답변이 잇셧다. 그러면 홍원셔 오릭 거주치 안코 무삼 리유로 지나 길림셩 요하현(吉林省 饒河縣)으로 이사를 ᄒ엿느냐고 무른즉 피고ᄂ 「명치ᄉ십삼년 일한합병이 실힝된 뒤로ᄂ 눈압헤 보이며 접촉되ᄂ 것은 모다 반갑지 안은 일본사람 밧게 업스니 그 무슴 ᄌ미로 사러가겟소. 그러닛가 그만 사랑ᄒᄂ 됴국을 바리고 멀니 갓셧든 것이요. 일한합병이 무엇이 그다지 실을 것이 무엇이며 ᄌ미업슬 것이 무엇이뇨?」.

「그리유로 말ᄒ면 무러볼 것도 업시 금슈강산 삼쳔리가 그만 일본이 되얏스며 ᄯ는 거기 ᄯ라 모든 지비도 일본의 지비를 밧게 되얏스니 무슴 됴흔 일이 잇스며 무삼 ᄌ미가 잇스리요」

그러면 그뒤 연희쥬(沿海州)갓흔 곳과 기타 각디로 도라단이면셔 뎐도에 종사를 ᄒ얏느냐?

「그리ᄒ야소」.

그ᄯᅢ에 단슌ᄒ 뎐도쑌이드냐?

「교인에게ᄂ 물론 텬당을 말ᄒ야 뎐도ᄒ얏고 학싱과ᄀ튼 쳥년에게ᄂ 아모됴록 일후에 우리 됴국을 회복ᄒᄂ 늘의 큰일군을들이 되리라고 졍신덕 교훈을 쥬엇소」.

그러면 요하현에셔ᄂ 무엇무엇을 경영ᄒ엿느냐?

광동학교(光東學校)를 경영ᄒ며 한편으로ᄂ 뎐도에 뎐력ᄒ엿소」.

그러면 그곳에셔도 국권회복홀 것을 션동ᄒ얏느냐?

「그것이야 물론이지요. 나ᄂ ᄌ나 씩이나 졍신이 국권회복에 밧게ᄂ

업는 스롭인즉 물론 그목덕으로 교육식힐 것은 뎡흔 리치가 아니겟쇼』
흐며 쾌쾌흔 틱도로 듸답을 흐엿다.

그러면 독립운동은 어느 찍부터 시작흐엿느냐?

「독립운동을 힘쓰기는 오날식지 십여년 즉 일한합병되든 그날부터 오
날식지 쥬야 이십수시간에 한시도 이져발닌 찍는 업시 오는 터이라」고
듸답흐엿다.

그러면 요하현 신흥동에서 만셰 불은 일이 어느 찍부터 잇셧스며 또는
네가 괴수로

션동한 것이 아니냐?

「나의 수는 신흥동에는 우리 됴션인이 약 쳔여호가 거쥬흐는 터인듸
만셰르르 불으기는 작년 수월부터 잇셧고 그찍 션동도 물론 닉의 쥬쟝으
로 일어는 것이외다」

또 독립운동을 흐랴고 비밀결사(秘密結社)한 것이 잇지?

별도히 결샤는 업소.

그러면 로령에 잇는 로인단(老人團)이란 단톄 잇는 것은 아느냐?

그것은 잇다줄 아는 바이며 단톄는 그뿐 아니라 즁년단(中年團) 청년
단(靑年團) 등의 삼단톄가 잇는 바이요.

그러면 그단톄는 어느 찍에 죠직된 것이냐?

로인단은 작년 음력 정월부터 죠직된 것이요.

각 지방에 지부식지 설치흐엿다지?

우리 됴션로인 십명 이상 잇는 곳에는 반다시 지부를 두엇소.

그러면 너는 어느 찍에 입회를 흐엿노?

작년 음력 이월에 입회하엿소.

그 로인단의 힝동은 무엇을 쥬쟝으로 흐나뇨?

지금 셰계 큰젼란이 종식되고 셰계가 기죠되는 이 찍에 우리는 국권회

복흘만흔 시긔이니 이시긔를 놋치말자는 것으로 주쟝이요.

작년 삼월 쵸일일 손병희일파(孫秉熙一派) 삼십삼명의 독립션언과 시위운동은 어느 쩌부터 알엇느뇨.

음력 삼월 십일에 일고 그 길로 신흥동 잇는 동포를 션동흐야 독립시위운동을 흐엿소.

그뒤 오월 금음쯰즘흐야 희삼위로 갓셧지?

그리쇼이다.

무엇하러 갓던가!

우리됴션 독립에 샹황이 엇던흔지 분명히 알기 위흐야 희삼위로 간 것이요.

긋듸는 신한촌에셔 오류일동안 톄지흐엿지!

네 그리흐엿소.

그쩍 됴션독립이라는 것을 알어본즉 엇더흐드뇨!

만국평화회와 일본 텬황폐하쯰셔도 됴션독립을 승인흐셧다는 말을 들엇더니 그말은 헛말이 되고 쯧밧게 쟝곡쳔총독이 갈니고 싀로 총독이 나온다는 말을 드럿소.

그러면 무삼 리유로 싀총독을 살히흐랴흐엿던가!

그것은 쟝곡쳔 총독이 우리 됴션을 통치흘 쩍에 우리 됴션인종들은 모다 죽은 인종들로만 알엇던 것인딕 그 뒤에 본즉 됴션사람의 정신은 아죠 살어잇는 인종이라. 암만흐여도 동화를 식힐 슈업슨즉 일즉이 됴션총독의 자리를 사직흐고 가겟다는 정신을 간것인즉 그는 셰계와 여론을 밝히씌다른 사람이지만 싀로 나오는 총독이란 사람은 무삼 능력으로 우리 됴션을 동화식히며 올치할 수 잇스리요. 그는 곳 흐나님게 명즁에

이웃을 사랑흐라는 게명을 범흔 쟈이며 쏘는 남의 것을 탐너지 말나는 게명을 범흔 자이며 쏘는 만국공법을 규란식히는 쟈이며 민족자결쥬의

를 멸시 위비하는 자며 세게여론을 경멸히 하는 자이라. 엇지 그런 자를 용셔홀 수는 업는 것인고로 살히할 뜻을 둔 것이외다.

그러면 총독을 죽일이고 히삼위로부터 됴션에 왓든가?

그야 물론이요.

그러면 구월 이일 남문역에서 폭탄을 던진 후에 아모도 잡는 사람이 업슴으로 숨어 잇다가 구월 십일밤 쑴에 샹뎨로부터 너의 목뎍을 텬하에 알니고 종용히 잡히라는 신의 명령을 바든 쑴이 잇셧다지?

그런 일이 잇쇼.

그러면 형사뎡에서 자긔의 사실은 모다 자빅하나 다른 피고의 사실은 감츄는 것은 불가한 일이 아닌가? 네가 진졍한 익국지사 갓흐면 흔가지도 숨기지 말어야홀 것이 아니냐?

나는 결단코 일호라도 은익하는 것은 업고 모다 사실뿐이요.

히삼위에서 폭발탄을 누구에게 엇덧나뇨?

신흥동 근쳐 하라루쓰케 근쳐 청룡(靑龍)이란 곳에서

아라사사람에게 빅환 달나는 것을 오십환 쥬고 사바더넛나이다.

그것은 무슴 목뎍으로 삿느냐?

나다려 무러볼 것도 업시 국가를 위하야 흔번 피스갑이나 하고 말냐는 목뎍으로 산 것이요.

그것을 살 찌에는 그것을 던지면 사람이 죽는 것인쥴은 알고 삿던고?

그 아라사 사람에게 되강 이야기는 들어서 알엇고 그 외에는 몰낫소.

그러면 그것을 던지면 다슈한 인명 이상 하는 것인쥴은 알엇는고?

아니요. 여러 사람의 사샹이 싱기는 것이 아니라 다만 나의 목뎍하는 원수 흔 사람 밧게는 더 죽지 아는 물건으로 알엇소. 쏘는 그 폭탄을 본 즉 쏙지에 죠그마흔 구명이 잇는고로 그구녕으로 탄약이 나와셔 사람을 맛치는 것으로 아럿쇼.

그러나 그 폭탄을 최쟈남에게 맛길 찍에 최자남에게 말ᄒ기ᄅᆯ 그 폭탄에 줄이 잇ᄂᆞᆫ디 그 줄을 쏜부면셔 곳 던지면 그만 폭발되ᄂᆞᆫ 것이며 ᄯᅩ 그 위력은 륙혈포 이십오륙병의 위력은 넉넉히 가진 것이라고 일일이 셜명싀지 ᄒᆞ엿지?

아니 그런 일은 업소.

그러면 처음 살 찍에는 그 효력이 얼마나 잇ᄂᆞᆫ 것인지 알고 삿겟지?

별로 알지 못ᄒᆞ엿소. 원악 비밀ᄒᆞᆫ 물건을 ᄉᆞᄂᆞᆫ 것이 되여 별로 자셰ᄒᆞᆫ 말도 못들엇고 다만 폭탄의 위력잇ᄂᆞᆫ 것은 신문지샹에 본즉 독일로부터 비힝긔에다 독만콤싀ᄒᆞᆫ 폭탄을 나려 던지면 큰아큰 집과 다슈ᄒᆞᆫ 인중이 참혹히 죽는다ᄂᆞᆫ 말을 보앗슬쑨이며 이번에 닉가 사용ᄒᆞᆫ 젹은 폭탄 갓ᄒᆞᆫ 것은 다만 표쥰ᄒᆞᆫ 사름 ᄒᆞᆫ명만 죽이ᄂᆞᆫ 것으로 알엇나이다.

그찍에 직찬쟝은 폭탄사진을 닉여 보이며 이것이 너의 사용ᄒᆞᆫ 폭탄이며 크기도 이와 갓흐냐?

피고ᄂᆞᆫ 유심히 들고보다가 「그와 비스름ᄒᆞ며 타기ᄂᆞᆫ 그보다 죠금 젹은 것이요」.

그찍에 사가지고 너의 집에 감쵸어 두엇ᄂᆞ뇨?

그리ᄒᆞ엿소.

너의 집으로 왓다가 다시 희삼위로 오기ᄂᆞᆫ 언제인가?

아마 날즈ᄂᆞᆫ 긔억ᄒᆞᆯ 슈 업스나 륙월 쵸경인 듯ᄒᆞ오.

그찍에 최즈남의 집에서 류숙ᄒᆞ얏지?

그리ᄒᆞ얏소.

그뒤 륙월 십일일 희삼위에셔 월후환(越後丸)을 타고 원산으로 도라왓지?

그리ᄒᆞ얏소.

이찍 직판장은 ᄯᅩ다시 션표를 보이면셔 그찍에 션표ᄂᆞᆫ 강셔방(姜 書房)

이라 쓴 표를 가지고 왓지?

네 그것인 듯ᄒ오.

그러면 어느날 어느 씌에 원산에 도착ᄒ얏느냐?

륙월 십ᄉ일 아참으로 긔억ᄒ오.

그러면 원산에 상륙홀 씌에 셰관에서 신톄검사를 밧엇슬 터인듸 폭탄을 엇더케 가지고 상륙ᄒ얏든고?

그것은 셰관에 발각되지 안케 ᄒ느라고 폭탄을 슈건에 싸셔 긔집챠듯이 아리에 챠고 상륙ᄒ고로 셰관관리들은 폭탄을 감춘 것인줄은 모르고 필경은 나의 불알이 그와갓치 큰줄만 알은 듯ᄒ오.

이씌에 피고 답변을 듯는 법뎡은 만쟝이 우슴을 억졔치 못ᄒ얏다. 이씌 피고는 목이 갈ᄒ야 차를 쳥ᄒ얏다.

지판쟝은 다시 계쇽ᄒ야 원산에 상륙ᄒ야 그날은 원일려관(元 一旅館)에서 자고 그 익일 길리셔 최자남을 만나서 반갑게 최자남의 집으로 쥬인을 옴겻지?

그리ᄒ얏소.

그날 밤즁에 최자남을 씌여 안치고 너의 목뎍을 말ᄒ고 참가ᄒ라고 권ᄒ즉 최의 말이 「나는 칠십 로부모 잇는 사람인고로 그런 일이는 참가치 못ᄒ겟다고 ᄒ즉 너의 말은 「나는 구십 로인을 집에 두고도 몸을 늬여 놋는 것인듸 그것이 모슨 쇼리냐고 강쳥흔 일이 잇지.

당쵸에 그런 일은 업소. 최자남으로 말ᄒ면 집신이나 삼어 팔며 포목이나 팔어 돈 몃 원식이나 남기여 먹는 것을 텬직으로 아는 쟈격이닛가. 그런 자에게 그와 갓흔 말을 ᄒ얏스리가 잇겟스릿가. 피고는 이 말응 맛치고 의쟈를 쥬고 죠금만 안게 ᄒ기를 쳥ᄒ얏다. 지판쟝은 그 말을 듯고 「네가 국가를 위ᄒ야 몸을 밧치고 나슨 사람이 되어 가지고 법뎡에서 잠시동안 셧는 것 쯤을 고통으로 알 수가 잇느냐」고 말을 ᄒ얏다. 피고는

「칠십이나 된 늙은 사람이 허리가 압허서 오릭동안 셔셔 빅일슈가 업스닛가 그리ᄒᄂᆫ 것인딕 편안히 눕게 안즌 직판쟝의 편ᄒᆫ 것만 싱각을 ᄒ오? 몸을 닉여 밧친다는 것이 무엇인지 구별을 못ᄒᄂᆫ 모양이구려. 남자가 국가를 위ᄒ야 목을 밀여 놀 ᄯᅢ에 셧듯 목을 닉여 밀고 언른 찍어달나고 ᄒᄂᆫ 것이 곳 몸을 밧치는 것이 안닌가요」ᄒ며 격렬히 답변ᄒ얏다.

직판쟝도 할수업시 편ᄒᆫ 의쟈를 닉여주어 얼마동안 쉬게ᄒ엿다. 직판쟝은 계속ᄒ야 최쟈남을 안지는 멋히인고?

삼년 전부터 알엇소.

그러면 폭탄을 스가지고 최쟈남의 집에 잇슬 ᄯᅢ에 최쟈남의 안히 병을 치료ᄒ야 쥬기도 ᄒ며 뎐방도 보아쥬며 물건도 팔어쥬며 이기월 동안이나 잇셧지?

그리ᄒ얏소.

그러면 나라를 위ᄒ랴는 지사의 목뎍에 위빈되는 일이 안인가?

목뎍에 위빈될 것이 무엇이요.

식총독이 경성에 오는 날ᄭᅡ지 그 긔회를 기다린 것이 안이온잇가.

그러면 음력 륙월 이십일경에 최쟈남의 신츅ᄒᆫ 집으로 이스홀 ᄯᅢ에 한가지 옴기엿든가?

그리ᄒ엿소.

그ᄯᅢ 폭탄을 엇더케 가지고 갓든고?

소믹속에 넛코 갓소.

그ᄯᅢ에 폭탄을 어딕다가 은익ᄒ야 두엇던고?

민쳐음 집에셔는 텬졍속에 두엇고 식로 지은 집으로 옴긴 후에는 최쟈남의 집부억 속에 벽쟝 뒤가 닉여 밀닌 곳에 그 쏙딕기에 감츄어 두엇솟.

그 ᄯᅢ에 너는 최쟈남에게 이번에 힉삼위에 온 목젹은 독립운동에 자금모집을 말흔 후에 폭탄을 맛기엿지?

결단코 최자남갓흔 위인에게 그런 말을 입에 닉일 리치가 잇스릿가.

그러나 최쟈남이 원산경찰서에서 자빅흔 것을 보면 그럿치 안은디 너는 꼭 최쟈남의 사실을 숨기는 것은 불가흔 일이 안인가?

아마 그 자빅은 물론 혹독흔 형벌에 못익이여 그런 말을 ᄒ엿는지 ᄯᆫ는 자긔가 일홈을 어드랴고 그런 말을 한 것인지는 몰으나 결코 나는 최에게 그런 말을 흔 일이 업다고 답변ᄒ엿다.

그러나 최쟈남이가 너의 말을 듯지 안는 것을 보고 최다려 네가 닉말을 안들으면 너도 죽이고 나도 죽겟다고 ᄒ엿지?

이 ᄯᅥ에 피고는 허허 우스면셔 「그것은 직판장이 싱각을 ᄒᆞ야 보시오. 닉가 최쟈남갓흔 사람 ᄒᆞ나를 죽이고 이세상을 보닉랴면 당쵸에 이와 갓흔 일을 힁홀 싱각 못ᄒᆞ엿슬 것이 아니릿가」.

너는 작년 팔월 ᄉᆞ일 원산을 ᄯᅥ기 경성으로 오는 도중에 셕왕사 영일려관(釋王寺 映日旅館)에서 슉박ᄒᆞ엿지?

그리ᄒᆞ엿소.

네가 폭탄을 숨겨두엇다가 경성으로 샹황을 엿보러올 ᄯᅥ에야 최쟈남에게 폭탄을 맛기엿다ᄒᆞ나 그 ᄯᅥ에 최쟈남이는 희삼위에 잇다가 팔월 삼십일에 월후환을 타고 팔월 사일 경성으로 올나오는 사람이 폭탄을 최쟈남에게 샹경시에야 맛젓다는 것은 전연 모슌되는 말이 안닌가?

그러나 늙은 사람인고로 그날쟈는 긔억홀 수 업스나 최쟈남에게 맛긴 것은 분명흔 일이요.

그러면 샹경ᄒᆞ기 훨신 전에 맛긴 것이로구나?

엇셧든지 최쟈남에게 분명히 맛기엿소. 고 날쟈모슌으로 여러 번 반목문답이 잇슨 후에 샹오 열두반에 잠시 휴게를 션언ᄒᆞ고 폐뎡ᄒᆞ엿다(십사일 오젼 십이시반ᄭᆞ지 긔록흔 것)

좌샹 방텽셕에 잇는 범인의 아들 강즁건

샹 폭탄의 감뎡셔를 밧어는 강우규

피고 우로부터 강우규 최ᄌ남 허형 오퇴영

■〈매일신보〉1920년 2월 16일「第一回 開廷된 爆彈犯人公判 大膽不敵의 姜宇奎, 십ᄉ일 경셩디방법원 뎨칠호 법뎡에셔 열니엇다. 직판쟝의 뭇는 말에 것침업시 듸답흔 범죄ᄉ건=十」四日 午後二時 以後記, 裁判長 訊問에 氣高萬丈으로 大笑한 姜宇奎, 경성엣셔 원산 간 것이 아조 의문 이야」.

■〈매일신보〉1920년 2월 16일「獨逸製造의 爆彈藥? 虎列刺藥? 쟈나 씌나 목덕을 달코겨 심복이 되어 활동흔『허영』」.

■〈매일신보〉1920년 2월 16일「南大門驛頭 爆彈投擲ᄒ던 光景을 這這陳述 총독의 마차가 쑥쩌나니『하나님이여…하나님의 쓰듸로 일우어 주옵소셔』ᄒ던= 강우규의 긔도가 잇셧다」.

■〈매일신보〉1920년 2월 16일「姜宇奎의 詠歌 南山의 松栢은 積雪에 견듸여 중텬의 명월은 흑운을 박츠고 밝어 잇다고」.

그ᄯᅦ에 만약 총독이 마져 죽기만 ᄒᆞ얏드면 그 당쟝에셔 나는 늬가 만든 노리를 부르면셔 쮜놀터이엇고 쏘는 깃붐의 츔을 츄면셔 만셰를 부를 결심이엇지마는 고만 실슈가 되어 쓰흔바를 일우지 못ᄒᆞ얏슴니다. 늬가 그ᄯᅦ 얼마간 가만히 셔셔 잡어가기를 기다렷슴니다. 그러ᄒᆞ지마는 나를 잡고져ᄒᆞ는 사름이란 한아도 업셧슴니다. 슌사며 어느 졂은 쇼년이 나를 쥬목ᄒᆞ야 보앗셧지마는 나를 잡지는 안이ᄒᆞ얏슴니다.

나는 이사름들이 됴션인인 줄로만 아럿슴니다. 나는 이와갓치 단념ᄒᆞ

얏슴니다. 곳 하나님이 총독을 산닌 것이고 쏘는 나싯지 더 살나흔 것으로 아럿슴니다. 「그런데 폭탄을 엇더케 던젓더냐」 네! 폭탄을 바른손으로 잡어 가진 후 총독이 마챠에 타쟈 곳 가슴을 향ᄒᆞ야 던졋슴니다. 「그런데 그 폭탄이 맛지 안이ᄒᆞ고 어듸로 써러진 쥴을 아느냐」. 네!어듸러 써러졋는지 몰낫슴니다. 그런데 그 폭탄의 조각이 총독의 혁듸로 드려가서 구녕이 쑤려지고 쏘 그 외에 신문긔쟈인 닷지바나란 사람 이외의 삼십륙 인이 중상도 ᄒᆞ고 경상도 흔것을 알엇더냐. 네! 중경상자가 낫는지는 모릅니다. 네가 한참동안 셔셔 잇고도 모른다는 말이냐. 네! 한참동안 셔셔 잇셧기는 잇셧지만은 나의 압헤 사람이 겹겹으로 셔셔 잇셧기 씬문에 모르는 것이올시다. 네가 폭탄을 여러 군중이 모혀 셔셔 잇는 곳에 던지면 엇더케 되겟다는 예측이 업셧더냐. 네! 져는 오직 총독에게만 향ᄒᆞ야 던짐으로써 그 외의 일은 싱각도 안이ᄒᆞ얏고 쏘는 영향이 밋칠 것도 싱각지 안이ᄒᆞ얏슴니다. 네가 던진 싯닭에 다른 사람이 마져 쥭엇슨즉 너도 이에 듸ᄒᆞ야셔는 싱각이 잇겟지. 네! 나는 이에 듸ᄒᆞ야셔는 칙임을 지지 안겟슴니다. 늬가 총독에게 슐을 증뎡ᄒᆞ얏다 홉시다. 그슐을 총독이 다른 사람들에게 나누어 쥬어 먹인 싯닭에 그 사람들이 취ᄒᆞ얏다 합시다. 그러면 그 사름들은 총독의 술동ᄀᆡ의 슐을 먹고 취흔 것은 연인 것곳치 나는 총독에게 던진 것임으로 총독 씬문에 다른 사람들이 상흔 것이 올시다. 너의 비교ᄒᆞ는 말은 안될 말이다. 폭탄이 도즁에서 사람을 살상흔 것인즉 그 비유는 되지 안엇다. 도즁에서 마져 두사람이 쥭엇슨즉 엇지홀 터이냐. 네! 이에 듸흔 칙임은 늬가 지지 안겟슴니다. ᄒᆞ고 소리를 놉히면셔 듸답ᄒᆞ엿다. 그러흔데 늬가 총독을 쥭엿드면 엇더흔 노릭를 읇흘 작뎡이엇느냐. 네! 이러흔 노릭라 ᄒᆞ고 붓을 들고 써보이엿다. 그 요덤만드러 씀진된 남산의 솔빅은 격셜을 견듸여 셔잇고 즁텬의 명월은 흑운을 박차고 밝어 잇다. 십년의 풍파시험

나의 밋친 일편단심 간특흔 …즁약천츄에 일홈을 뎐ㅎ고 세계의 이목을 경동케ㅎ셰. 이쳔만 동포야 나를 비워…

■ 〈매일신보〉 1920년 2월 16일 「『總督을 爆擊ㅎ면 朝鮮獨立이 될 줄 알엇더냐』 모스는 지인ㅎ고 셩사는 지텬이라 ㅎ엿스니 =오직 하나님 명령만 쫏칠쓴이라고 姜宇奎의 豪語」.

■ 〈매일신보〉 1920년 2월 16일 「姜宇奎의 暴言 지판장에게 질문을 한다」. 오후 다섯시 십분경에 강우규에 디흔 신문이 긋자 강우규는 지판장에게 향ㅎ야 질문흘 것이 잇스니 드러달나고 청흔즉 지판장은 잠시간 말ㅎ라ㅎ고 허락ㅎ쟈 강은 「민몬저 뭇는 말이 이 지판을 텬황폐하씌셔 식히는 것이냐 그럿치 안이ㅎ면 총독이 식히는 것이냐」 무르미 지판장은 법률은 텬황의 지가를 밧을 쑨이고 지판은 지판소 독립으로 흔다ㅎ얏다. 그러ㅎ면 나만 엇지ㅎ야셔 신문ㅎ며 쏘는 구치안케꾸느냐 져죄의 덩어리인 총독은 왜 잡어다가 뭇지 안이ㅎ느냐」ㅎ고 소리를 벽력굿치 지르며 눈을 굴넛다. 지판장은 하도 어이 업셔 말디답을 ㅎ지 안이ㅎ여 교의를 격구러 트리는 등 미우 부르지지면셔 날 쒸엿다」. (십스일 옹루 이후의 필긔)

■ 〈매일신보〉 1920년 2월 17일 「姜宇奎의 第二回 公判 오는 십팔일 아침 열시에」.

■ 〈매일신보〉 1920년 2월 19일 「十八日 第七號 法廷에 開廷된 爆彈犯人 第二回公判 이번은 강우규의 공범자를 신문ㅎ기에 일으럿다 지판장은 먼져 강우규에게 다만 안져셔 듯고 참견 말나고 주위 식히엿다」.

■ 〈매일신보〉 1920년 2월 19일 「南大門驛에셔 萬歲高唱者 직시 잡엇다」.
인천 윤기현 만세-강우규의 영향

■ 〈매일신보〉 1920년 2월 20일 「十八日 第七號 法廷에 開廷된 爆彈犯人
第二回公判 차례차례로 강우규의 공범자를 신문을 다흔 후는 이 공판
은 결심을 흐고 슷을 맛치엿다」.

■ 〈매일신보〉 1920년 2월 21일 「爆彈事件 第二回公判(續) 姜宇奎는 死刑
최즈남 이하는 징역으로 준엄흔 검수의 론고가 잇셧다 대담흔 범인도
긔가 막혀셔」.

■ 〈매일신보〉 1920년 2월 26일 「姜宇奎는 死刑 二十五日의 言渡」.

1920년 2월 27일 〈매일신보〉 사형언도 사진

■〈매일신보〉 1920년 2월 27일 「사형 언도를 밧고 셧는 강우규」.

■〈매일신보〉 1920년 3월 9일 「姜宇奎의 控訴記錄 오일 경성복심법원에 보닛다」.

■〈매일신보〉 1920년 4월 6일 「姜宇奎의 控訴判決延期, 변호사의 관계로」.
데일심 곳 디방법원에서 사형으로 판결되여 이를 불복ᄒ고 젼일에 공쇼흔 강우규의 데이심 공판이 쟉오일에 잇셧스나 변호사의 관계로 림시 즁지되엿는바 아직 그 긔일은 모르겟더라.

■〈매일신보〉 1920년 4월 7일 「姜宇奎의 公判은 十四日일듯」.
경성 복심법원은 공소를 신립흔 폭탄범인 강우규에 디ᄒ야 동법원에셔 지는 오일에 공판을 열고자 ᄒ엿던바 변호사편의 형편과 밋 엇더흔 형편으로 인ᄒ야 연긔가 되얏는디 오는 십ᄉ일일 듯ᄒ나 아직 확실히 결뎡은 안이ᄒ엿다더라.

■〈매일신보〉 1920년 4월 9일 「姜宇奎의 控訴公判은 十四日로 確定」.
폭탄범인 강우규외 두명에 디흔 공소지판은 비로소 오는 십사일 오젼부터 경성복심법원에셔 긔뎡홀 터이나 법뎡은 역시 칠호 칠호법뎡일 쯧흔 피고 강우규는 호긔 만심ᄒ야 변호사에 의뢰ᄒ지 안켓다고ᄒ나 최자남을 위ᄒ야 변호사 숑본졍관(松本正寬)씨가 츌뎡홀 터이라더라.

■〈매일신보〉 1920년 4월 14일 「姜宇奎의 公判日은 今日 신문만ᄒ고 긋친다」.

폭탄범인 강우규(姜宇奎)는 경성디방법원에서 사형에 판결언도가 되엿던바 불복ㅎ고 동복심법원에 공소를 신립ㅎ얏는디 동법원에셔 그동안에 디흔 긔록을 됴사ㅎ야 가지고 금십ㅿ일에 동법원 데칠호 법뎡에셔 공판을 열터인디 그날은 달은 샤건이 셰시나 잇스며 ᅩ는 판결언도 등도 잇는 고로 당일은 심문만ㅎ고 씀치리라더라.

■〈매일신보〉1920년 4월 15일「別다른 沈黙裡에서 開廷된 姜宇奎 公判, 복심법원 칠호 법뎡에셔 작십ㅿ일 오후 령시에 午後二時에 記錄」.

폭탄범인 강우규외 일명에 디흔 공소공판은 십ㅿ일 오후 령시 오십오분부터 경성복심법원 데칠호 법뎡에셔 총원지판쟝(塚原裁判長) 샹뎐 신졍(箱田 新井) 량 비셕판사와 사뎐(寺田)검사의 텰셕하에 긔뎡되엿는디 텬하를 요동케흔 사건인 씨문에 이날에도 방뎡쟈가 비상히 만어 오전십일시에 임의 립츄의 디가 업시 되엿다 경측의 경계도 엄격ㅎ엿젓고 아참부터 순ㅿ의 경비도 슈얼치 안엇다 ㅿ십셰쯤된 산ㅇ희가 법뎡으로 쐬여 드러『나는 폭탄에 마져 무릅을 샹ㅎ얏다고 나슨 사름은 후등(後藤)이란 사람으로 은힝에서 휴가를 밧어가지고 공판을 드르러온 사람이오』ㅎ고 흠부로 쐬여드러와 방뎡셕으로 가 안젓다

오후 령시 오십분에 죄인마차가 칠호 법뎡에 오자 피고 강우규는 여젼히 회ᄉ두무마기에 슈갑을 지르고 립뎡흔후 조곰 잇다가 최자남도 드러왓다 법뎡의 공긔는 엇쳔지 차지어 무셔운 침으로 화ㅎ며 강우규는 드러오자마자 허리가 압흐다ㅎ미 총원부쟝은『무엇?』ㅎ면셔 걸상에 안치엿다 오후일시 총원부쟝이 큰소리로『강우규』ㅎ고 부른후 피고 량명에 디흔 질문이 시작되자 강의 씨명 년녕 쥬소 등을 순차로 신미ㅎ미 강은 젹은 소리로 일일이 디답흔 후 됴션의 국권회복 이런 심문에 이르러셔는 강의 말쇼리가 얼마간 놉하지엿셧는디 총원지판쟝의 소리는 령닝한 만강과

別다른 沈獄裡에쇠◇◇◇

開廷된 姜宇奎公判

복심법원 철호법뎡에셔

작십소일 오후령시에

……午後二時記錄

◇복심뎡에 나슨 강우규

1920년 4월 15일 〈매일신보〉 복심재판정에 나선 강우규

더부러 은근히 강의 고막을 두다렷다 강의 아달 강즁건(姜重建)은 당일
에도 의젼렬에 안져 강의 직판 여하를 근심스럽게 보고 잇섯다.

〈복심뎡에 나슨 강우규 사진〉

■〈매일신보〉 1920년 4월 25일 「監獄에 三春은 到來(上) 지공무사혼 봄의

샤쟈는 감옥에도 오기는 왓지만…슈인에게야 무슴 소용?…」.

■ 〈매일신보〉 1920년 4월 29일 「監獄에 三春은 到來(下) 지공무사흔 봄의
샤쟈는 감옥에도 오기는 왓지만…슈인에게야 무슴 소용?…」.

■ 〈매일신보〉 1920년 4월 27일 「姜宇奎의 控訴公判은 如前히 死刑으로
言渡, 최자남의 공쇼는 기각 말흘것업시 삼년징역」.

쟝곡천충독의 뒤를 니워 됴선충독의 즁임을 가지고 부임흔 충독 직등
실(齋藤實)씨가 남딕문역에 도착ᄒᆞᄌᆞ 쳥텬벽력ᄀᆞ흔 폭발탄 한기를 션물ᄒᆞ
야 동양은 물론ᄒᆞ고 왼셰상의 이목을 경동식힌 폭탄범인 강우규(姜宇奎)
는 데일심 판결의 사형을 불복ᄒᆞ고 복심법원에 공쇼ᄒᆞ야 지난 십ᄉᆞ일에
공판이 잇섯든바 어제 이십륙일 오젼 열시에 경성복심법원 데칠호 법뎡
에셔 판결언도가 잇섯는딕 이날은 강우규의 운명을 결단ᄒᆞ는 날이라 뎡
각 젼부터 일반 방쳥인들은 입츄의 틈이 업시 착셕ᄒᆞ엿는딕 그 가운딕에
는 강우규의 맛아들 강즁건(姜重建)과 최자남(崔子南)의 ᄯᆞᆯ되는 여자 흔
사람이 참셕ᄒᆞ야 각각 자기 부친의 운명이 엇지나 되어가는 지를 쥬목ᄒᆞ
며 안저잇셧다 충원직판쟝(塚原) 이하 더류(諸留)비셕판사 신졍(新井)비
셕판사 사뎐(寺田)검사의 렬셕흔 아뢰에 피고 가우규와 최자남의 두 사
람은 침묵흔 틱도로 안저잇는즁 엄슉ᄒᆞ게 공판은 기시되여 피고에 딕한
판결문을 닐거들 난후에 강우규는 판결과 갓치 역시 사형을 언도ᄒᆞ엿고
최자남의 공쇼흔 것은 기각ᄒᆞ야 역시 삼년즁역에 언도ᄒᆞ고 충원직판쟝
은 『만약 고등법원에 상고ᄒᆞ고 십흐면 사흘안에 상고를 ᄒᆞ라』는 말을 ᄒᆞ
고 동 십일시 이십사분에 폐뎡ᄒᆞ엿는딕 최자남은 직판쟝을 향ᄒᆞ야 그런
딕 이사람은 역시 증역삼년이냐』고 무러보미 직판쟝은 너의 공소흔 부
분은 기각되엿스닛가 데일심 판결과갓치 물론 증역삼년이라고 딕답ᄒᆞ미

강우규는 일어나셔 지판쟝을 향ᄒ야『지판쟝ᄭᅴ 한마듸할 것이 잇소 이 사람이 목슘죽는 것을 터럭만치라도 앗기여셔 공쇼를 ᄒᆞᆫ것이 아니며 죽기는 물론 죽을줄 아는 바이오만은 당신네가 ᄒᆞᆫ가지 싱각홀 것이 잇소』이ᄶᅢ에 지판쟝은 싱각이고 무엇이고 모다 쓸듸업는 말이며 ᄯᅩ는 여긔셔 홀말도 아닌즉 이다음 고등법원 지판정에 가셔 말을 ᄒᆞ라고 거절을 ᄒᆞ며 어셔 퇴뎡식ᄒᆞ라고 간슈을 명ᄒᆞ엿다

姜宇奎의 豪語 동양을 싱각ᄒᆞ라고

그러나 강우규는 여젼히 호긔가 만면ᄒᆞᆫ 얼골에 힘잇는 목소레로『여보시오』네가 죽은 뒤라도 동양의 평화를 위ᄒᆞ야 싱각 좀 깁히 ᄒᆞ긔를 바라오 동양―동양― 곳 일본 지나 됴션 숏발갓치 듸립ᄒᆞᆫ 동양 말이요― 만약에 그것을 싱각지안코 여젼히 당신네 ᄒᆞ고 십은듸로만 ᄒᆞ랴면 필경 강우규가 죽은 뒤로는 어느날이던지 크게 후회홀 날이 잇스리라』ᄒᆞ면셔 ᄯᅩ ᄒᆞ고 십흔 말을 뒤를 니우랴 ᄒᆞ매 지판쟝은 모다 듯기실타ᄒᆞ면셔 어셔 퇴뎡식ᄒᆞ랴 ᄒᆞ야 ᄒᆞ고십흔 말을 맛치지 못ᄒᆞ고 법뎡문밧게ᄭᅵ지 나어가면셔 사자와갓치 기다리고 셧는 흉측ᄒᆞᆫ 검뎡 마차속 의사이 되어 텬연ᄒᆞᆫ 안싁으로 유유히 법원듸 나어가더라.

■〈매일신보〉 1920년 4월 29일 「賀禮와 恩赦令發布 감형도 되고 듸사도 된다 이십팔일에 나리신 칭명」.

■〈매일신보〉 1920년 4월 30일 「孫姜에게는 恩赦가 밋치지 못ᄒᆡ」.

금번 왕세자뎐하 가례에 은사령이 발포되엿슴은 세상이 다 임의 쥬지ᄒᆞ는 바어니와 이번 은사령은 정치범으로 검고(禁錮) 이상의 죄수에게만 뎍용되는 바 텬고교쥬 손병희(天道敎主 孫秉熙)와 폭탄범인 강우규(爆彈犯人 姜宇奎)는 미결 혹은 공쇼 상고기간쥼에 잇슴으로 금번 은사령에는

아모 관계가 업다더라.

■〈매일신보〉 1920년 5월 10일 「姜宇奎의 公判期, 오는 이십일에」.
경성복심법원에서 사형의 판결을 바든 폭탄범인 강우규는 불복ᄒ고 다시 고등법원에 상고ᄒ얏다흠은 임의 직시 보도ᄒ 바와갓거니와 동법원에셔는 오는 이십일에 다시 공판에 부치리라 ᄒ더라.

■〈매일신보〉 1920년 5월 15일 「獨立萬歲부른 海蔘威老人團 이번 은샤로 출옥되야 그의 감상이 앗더홀가」.
작년 소요 씨 돌연히 경성 종로에서 엇던 다섯사름이 구한국 국긔를 들고 독립만셰를 호창ᄒ고 인이 가졋던 적은 칼로 목을 찔은 소동이 잇셔셔 미우 야단이 잇눈딕 이 일힝은 희삼위로인단(老人團)의 리발(李發) 안슌틱(安純泰)외 셰 로인인바 직시 잡어 치료훈 결과 그상쳐는 다만 가죽만 한치쯤 짜져져셔 곳나앗고 그즁 리발의 한 사름의 로인은 당국에셔 주는 려비를 주어 희삼위로 도러가고 기타 셰 사름은 보안법위반으로 감옥에 잇셔 달과 날을 헛되이 보닉고 잇던 일은 우리일반히 엿틱것 긔억이 싀로울 것이다 그런딕 이번 특사로 인ᄒ야 출옥ᄒ엿스나 도려갈 려비가 업셔 엇절줄 몰으는 것을 경성 유지가 김규영(金圭永)씨가 극히 동정ᄒ고 돈 삼십원을 주어 도라가게 ᄒ엿눈딕 그 로인들의 오날날 늣겨운 싱각이 과연 흉즁에 엇더홀눈지?

■〈매일신보〉 1920년 5월 21일 「姜宇奎의 上告公判 이십일 고등법원에셔 판도언도긔일은 몰나」.
폭탄범인 강우규(姜宇奎)는 복심법원의 판결을 쏘다시 불복ᄒ고 경성고등법원에 상고ᄒ얏다흠은 임의 보도한 바이거니와 동법원에셔는 작 이십일 오전 아홉시부터 공판이 열니엿섯는디 도변고등법원장(渡邊高等法院長)이 직판장이 되고 남, 횡뎐, 슈야, 원(南橫田 水野 原) 빅셕판사가 립셕흔 후 초쟝검사(草場檢事)가 샹고췌의 셔에 듸흔 의견을 진슐흔 후에 맛치엿는디 판결 긔일은 아직 결뎡치 못ᄒᆞ얏더라.

■〈매일신보〉 1920년 5월 23일「姜宇奎 上告의 判決言渡期 이십칠일 오전 구시」.

경셩고등법원(高等法院)이 샹고흔 강우규(姜宇奎)의 공판판결언도(判決言渡)는 오는 이십칠일 오젼구시라더라.

■〈매일신보〉 1920년 5월 28일「姜宇奎의 上告棄却 이십칠일의 긔각판결로 호쇼홀 곳 다시압게 되야 死刑으로! 死刑으로!」.

됴션총독에게 폭탄을 던진 범인 강우규(姜宇奎)에 듸흔 상고공판은 이십칠일 오젼구시반에 고등법원에셔 도변직판쟝(渡邊) 남(南)판사 횡뎐(橫田)판사 수야(水野)판사 원(原)판사 등이 립셕ᄒᆞ야 피고의 상고를 긔각ᄒᆞ는 판결이 잇셧는디 이날 공판으로 말ᄒᆞ면 강우규의 운명이 아죠 판단이 나는 날임으로 아참부터 와셔 어셔 공판이 긔시되기만 고듸ᄒᆞ던 스십여 명의 방청인들은 상고긔각의 판결을 듯고 모다 결연흔 안싴으로 퇴뎡ᄒᆞ엿스며 그줍에도 그 부친의 운명이 엇지 될가ᄒᆞ야 여러 가지로 하날을 우러러 하소연을 ᄒᆞ던 강즁건은 치묵흔 튀도에 원한에 밋친 안싴으로 그 법뎡을 물러나오는 모양 실로 아모 긔운이 업셔보이며 그 부친을 위ᄒᆞ야 졍셩을 들이든 것도 오날은 그만 고등법원ᄭᅵ지 와셔 허사가 되엿더라.

■〈매일신보〉 1920년 5월 29일「姜宇奎의 子 姜重建 拘引됨 강의 사형 긔각을 분ᄒᆞ게 싱각타가」.

이십칠일에 고등법원으로부터 상고기각을 바든 폭탄범인 강우규의 아들 강중건(姜重建)은 자긔부친의 상곡기각이 됨에 대후야 분개훈 마음을 머금고 당일 오후?시경에 종로 종각모통이에셔 팔을 쏩니고 공중에 디후야 우 부친은 우리 민족과 우리 됴션을 위후야 그몸을 죽기에 일으럿 슨즉 일반동포는 어디서지든지 우리 부친의 (정)신을 본바더셔 죽은 령혼이라도 위로후쟈는 등의 눈이 뒤집 피가 슬 말을 니여 써들다가 곳 경관에게 잡히여 종료경찰셔에 다려다가 검속후여 두엇다더라.

■〈매일신보〉 1920년 5월 29일 「독자구락부」.

■〈매일신보〉 1920년 5월 29일 「四面八方」.

■〈매일신보〉 1920년 5월 30일 지방통신판 「李道知事訓示 警察署長 會議 席上에셔(全州支局通信)」.

全羅北道廳에셔는 去二十六日부터 三日間 全北公會堂에셔 管下 各警察署長의 會議를 開催후얏는디 第一日 同會席上에셔 試훈 李知事의 訓示가 如左후더라.

警察制度更改後 玆에 第二回의 會議를 開후야 各位와 相見후고 所思를 披瀝홈을 得홈은 本官의 特히 欣幸후는 바이라. 回顧컨디 客年 九月 新制施行이 未幾에 南大門驛頭에셔

爆彈事件이 發生후얏슴으로 不隱훈 民心은 一層險惡후게되야 不逞計劃이 隨處簇生후고 加之虎列刺病이 侵襲후야 各位의 警察事故가 擧후야 一時에 殺到훈 觀이 有후얏는지라. 然面時에 適히 改制後에 生훈 職員의 動搖가 아즉 全히 安全홈에 至치 못후고 日로 退職者 續出후야 漸次 內地에 歸還후는 者— 多후며 且新募의 警察官으로써 其缺陷을 補充

ᄒᆞ얏다ᄒᆞᄂ 多數ᄂᆞ 鮮地의 事情에 不通ᄒᆞᆫ 所以로 執行이 動輒適切을 缺ᄒᆞᆫ 嫌이 有ᄒᆞ야 實로 混亂ᄒᆞᆫ 狀態를 呈ᄒᆞ고 前途憂慮에 不堪ᄒᆞᆫ 者 有하얏스나 邇來 各位ᄂᆞ 奮勵努力ᄒᆞ야 不逞者 檢擧에 又ᄂᆞ 着着相當ᄒᆞᆫ 成果를 收ᄒᆞ고 諸事改善의 途에 就ᄒᆞ야 曩日의 憂慮ᄂᆞ 一掃되야 一片의 相憂로 化ᄒᆞ얏스니 實로 欣快의 情을 禁키 不能ᄒᆞᆫ 者이라. 是ᄂᆞ 畢竟 各位의 至誠奉公의 齎ᄒᆞᆫ 結果로셔 心勞의 尋常치 안이ᄒᆞᆫ 事有ᄒᆞᆷ을 察ᄒᆞ고 厚히 各位에 對ᄒᆞ야 感謝ᄒᆞᄂᆞ 바이라. 惟컨디 今에 上司當局은 異常ᄒᆞᆫ 決心努力으로써 警務機關의 第二次 擴張을 斷行ᄒᆞ야 一面一駐在所制를 布ᄒᆞᆫ 故로 警備上 小毫도 遺憾이 無ᄒᆞᆷ에 至ᄒᆞᆫ지라. 然이나 飜ᄒᆞ야 朝鮮現下의 情勢及 警察의 實情에 想到ᄒᆞ면 吾人의 職責이 重且大ᄒᆞ야 尙幾多의 創造改善을 要ᄒᆞᆯ 者 有ᄒᆞ니 就中 上下의 一致團結을 圖 ᄒᆞ야 各員의 能率을 增進ᄒᆞᆷ으로써 最히 急務라 ᄒᆞᆯ지라. 朝鮮現下의 警察官은 實로 多種多樣으로써 若各自異ᄒᆞᆷ에 執着ᄒᆞ야 內에 ?ᄒᆞᆷ과 如ᄒᆞᆫ 事有ᄒᆞ면 充分ᄒᆞᆫ 統一的活動은 可히 望치 못ᄒᆞᆯ 事인즉 各位ᄂᆞ 須히 互相其境遇에 同情ᄒᆞ고 衷心融合ᄒᆞ야 大同團結의 實을 擧치 안이ᄒᆞᆷ이 不可ᄒᆞᆫ지라. 警察署의 能力向上은 其員數의 增大ᄒᆞᆷ보다도 更 히 根本的問題이라. 近時 內鮮을 不問ᄒᆞ고 巡査의 素質能率이 一般低下ᄒᆞᆫ 傾向이 有ᄒᆞᆷ은 實로 不堪ᄒᆞᄂᆞ 바이라, 然而這回의 警務機關의 擴張은 急速補充을 主로 ᄒᆞᆫ 故로 其勢自然充分ᄒᆞᆫ 敎養을 施ᄒᆞᆯ 餘裕가 無ᄒᆞᆫ 結果 運用執行이 所望의 域에 達치 못ᄒᆞᆷ은 ᄯᅩᄒᆞᆫ 實로 不得已ᄒᆞᆫ 바이라. 是以로 更히 此를 敎養ᄒᆞ야 其能率의 增進을 計ᄒᆞᆷ은 實로 警務機關 第三次의 擴張이라고도 稱ᄒᆞ겟고 當面 賢急의 要務이라. 各位ᄂᆞ 玆에 留意ᄒᆞ야 部下의 敎養上 充分劃策經營ᄒᆞᆯ 바 無치 못ᄒᆞᆯ지니 如斯히 ᄒᆞ야 內로 渾然ᄒᆞ야 一心同體가 되야 能히 修養?鑽ᄒᆞ야 人格의 向上과 能率의 增進을 圖ᄒᆞᆷ은 本道警察의 面目을 新히 ᄒᆞᆯᄲᅮᆫ만안이라 延ᄒᆞ야 新政의 光彩를 益益發揚ᄒᆞ야 得ᄒᆞᆷ을 信之不疑

호는 바이라. 各位는 邦家를 爲호야 益히 自重奮勵호기를 望호노라.

■〈매일신보〉1920년 6월 1일 「平心舒氣의 姜宇奎」.

■〈매일신보〉1920년 6월 2일 「독자구락부」.

■〈매일신보〉1920년 6월 15일 「姜宇奎 死刑執行은 언제될는지 몰은다
종작업는 세간의 랑셜들 西大門監獄 井典獄談」.

셰간에서 풍문이 돌기는 폭탄범인 강우규(姜宇奎)는 사형선고를 밧은
지가 임의 오뤼 되얏스나 사형을 집힝호얏다는 말은 업스니 이것은 아마
당국에서 사형집힝이 지나고도 은익호는 것이라고 쇼문이 자자호며 쏘
엇더호 사름들은 사형선고를 밧은지 오일만에 쏙 사형집힝을 호는 것인
딕 지우금 사형집힝을 안이호엿다 호는 것은 어대로 보던지 의심스럽다
고 호는 셰상 풍셜이 미우 즈즈한데 대호야 작십사일 셔대문감옥에 가셔
삼정(三井) 뎐옥을 방문호고 이우에 말혼 바와 갓치 셰간에서는 그러혼

1920년 6월 1일〈매일신보〉강우규 기사

쇼문이 잇스니 대관절 엇지된 신닭을 무러보앗다 삼정던옥은 허허 우스면셔 ᄒᄂᆞᆫ 말이 『ᄉᆞ형션고를 언도ᄒᆞᆫ 이후 오일ᄂᆡ로 쏙 ᄉᆞ형집힝을 ᄒᆞᆫ다ᄒᆞᄂᆞᆫ 것은 전혀 업ᄂᆞᆫ 말이니 가령 닷시만에 쏙 사형집힝을 ᄒᆞᆫ다고 ᄒᆞ면 그 사형집힝ᄒᆞᄂᆞᆫ 당일이 ᄃᆡ졔일(大祭日)에나 당홀 것 갓흐면 엇지 홀터이며 또 사형집힝을 맛츄고도 일반셰간에 공포치 안이ᄒᆞ고 은익ᄒᆞᆫ다ᄒᆞ면 민적(民籍)에 강우규는 언졔ᄉᆡᆨ지던지 죽지안은 것으로 되어 잇슬터이니 그것은 도모지 횡셜즁에도 종작 업ᄂᆞᆫ 말이며 또 사형집힝을 ᄒᆞ기젼에 슈형자의 유언이 잇는 ᄯᅢ에는 이번 강우규로 말ᄒᆞ면 강즁건(姜重建)을 불을터이오 또 유언이 업스면 사형을 집힝ᄒᆞ앗던지 혹은 사망을 ᄒᆞ얏던지 셩명만 업셔지면 공명졍ᄃᆡ히 관보(官報)로 발표ᄒᆞᄂᆞᆫ 것이니 은익ᄒᆞ다는 것은 아쥬 종작 업ᄂᆞᆫ 말이오 사형집힝을 언졔ᄒᆞᄂᆞᆫ가홈에 ᄃᆡᄒᆞᆞ야 나도 알수 업슬ᄲᆞᆫ만안이라 지판쇼에셔도 그 당시가 안이면 알수업고 요지음 강우규의 ᄐᆡ도로 말ᄒᆞ면 년만ᄒᆞᆫ 로인이지마는 원긔가 ᄃᆡ단히 왕셩ᄒᆞ다고 말ᄒᆞ더라.

■〈매일신보〉 1920년 6월 25일 「姜宇奎의 葬式 경셩에셔 셩대히 거힝코저 계획히 강즁건이가」.
　폭탄범인 강우규는 사형션고를 밧고 종로구치감옥에서 근신ᄒᆞᆫ 틔도로 잇ᄂᆞᆫ바 사형집힝긔는 알슈업스나 부모를 사랑ᄒᆞᄂᆞᆫ 자식의 마음으로 강즁건(姜重建)은 고향인 경상남도 진쥬(慶尙南道 晉州) 부근에서 친척지긔에게 긔부를 어더가지고 사형을 집힝ᄒᆞᆫ 후에는 셩대ᄒᆞᆫ 장례식을 경셩에셔 거힝할 터인ᄃᆡ 강즁건은 이십이일 오후 여섯시에 원산으로부터 입셩ᄒᆞ얏더라.
■〈매일신보〉 1920년 7월 8일 「新舊約全書를 耽讀ᄒᆞ고 잇ᄂᆞᆫ 姜宇奎의 近狀 鐘路拘置監 에셔 조곰도 심란함이 업시 화평ᄒᆞ게 지ᄂᆡ인다」.

지등총독 부임 당시에 턴디가 진동ᄒᆞᆫ는 폭탄덩어리를 던지던 강우규(姜宇奎)는 임의 보도ᄒᆞᆫ 바와갓치 사형선고를 밧은후 어느날이나 사형집ᄒᆡᆼ이 될는지 알슈 업스나 지금ᄭᅡ지 종로구치감ᄂᆡ에 잇ᄂᆞᆫ디 동감의 감원을 방문ᄒᆞ고 강의 근상을 물은즉『보통사람 갓흐면 아쥬 근심ᄒᆞ고 ᄋᆡ를 쎠셔 침식도 달지 아니ᄒᆞ고 형용이 수쳑ᄒᆞ여지깃지만은 강은 언제든지 심긔가 화평ᄒᆞ게 지ᄂᆡ며 차입 음식도 구치감에 드러온 후로부터 지금ᄭᅡ지 계속ᄒᆞ야 차입ᄒᆞ도록 그 아달 강즁건(姜重建)이가 다 마련ᄒᆞ야 로혼 모양인디 음식도 미우 잘찰려 드려오면 강즁건은 지금 여긔 잇지 아니ᄒᆞ여 강즁건의 아들과 밋 그죵믜가 올나와셔 셔ᄃᆡ문박 현뎌동에 와 잇는디 각금 면회도 ᄒᆞᄂᆞᆫ 모양이요 강우규는 죵시 튁연부동 ᄒᆞᄂᆞᆫ 튁도로 미일 신약젼셔와 구약젼셔만 열심히 보아 이 쟝쟝 날을 소견ᄒᆞ고 잇스며 직판뎡에나 나아가야 자긔 마암ᄃᆡ로 써들고 당당ᄒᆞᆫ 국사의 풍긔를 뵈이지만은 구치감 ᄂᆡ에셔는 극히 죠용ᄒᆞ고 규칙을 잘 직히고 잇ᄂᆞᆫ 즁이라』 ᄒᆞ더라.

- ■〈매일신보〉 1920년 7월 17일 「鍾路拘置監에셔 死刑執行만 기다리는 姜宇奎의 生活」.

- ■〈매일신보〉 1920년 7월 18일 「鐘路拘置監에셔 死刑執行ᄆᆞᆫ 기다리는 姜宇奎의 生活 늙은이가 기력됴키 뎨일 미일 목욕과 운동을 한다」.

남ᄃᆡ문역두에셔 한덩어리 폭발탄을 던져 턴디를 진동케ᄒᆞ던 범인 강우규(姜宇奎)는 사형의 션고를 밧은 후 그 사형의 집행은 과연 어ᄂᆞ늘이나 될는지 그의 친족은 말ᄒᆞᆯ것도 업고 일반 셰상사람이 다 알고ᄌᆞ ᄒᆞᄂᆞᆫ 바임으로 혹 먼 시골에 잇는 사람즁에는 그동안에 발셔 죽지는 아니ᄒᆞᄋᆞᆺᄂᆞᆫ가ᄒᆞ고 사람들도 잇는 터인디 일긔는 날마다 갈스록 더워지ᄂᆞᆫ즁

종로구치감 안에서 사형집힝될 늘을 기다리고 잇는 강우규의 근일은 엇지나 자너나 그 모양을 듯고자 ᄒ야 종로구치감 듸야(大野) 근슈쟝을 방문ᄒ즉 동씨는 말ᄒ야 굴ᄒ야 갈오듸 강의 사형집힝은 언제될는지 아지 못ᄒᄂᆫ 바이오 강의 근상으로 말ᄒ면 신톄가 극히 강건ᄒ며 챠입음식도 믹일 남기지 아니ᄒ고 다 먹으며 의복도 각금 식로 가라 입도록 그의 아달 강즁건(姜重建)이가 가지고 오며 아침저녁으로 긔도을 열심히 ᄒ고 셩경을 전심치지ᄒ여 보고 요사니는 일와갓치 더어서 각금각금 닝슈에 몸을 시원ᄒ게 씻고 늘마다 멋번식 운동쟝에 나와셔 슬슬 그닐며 다니ᄂᆫ듸 늙근이의 긔품이 엇지 그와갓치 죠흐며 언제던지 심신이 유쾌ᄒ게 지니ᄂᆫ 그 모양은 참 아무라도 탄복ᄒ깃스며 감니의 규칙도 미우 잘 직히고 요전의 자긔 아달이 드러와서 면회ᄒ고 나아갈 ᄯᅢ에도『츌립홀 ᄯᅢ이든지 김원과 졉홀 ᄯᅢ에는 친절히 인사를 ᄒ라』고 시키며 쏘 나와는 어언근 미우 친절ᄒ여져셔 무슨 말이든 지나ᄒ고는 못홀 말이 업시ᄒ며 늬가 각금 나아가면 그 친절히 도라다님을 사례ᄒ며 일전에는 우스면셔 져는 근일에 일본말을 ᄒᄂᆫ 빗홧다고『오—노상 오—노상』듸야간슈쟝의 셩ᄒ고 셔로 자미잇게 우슨 일도 잇지만은 아무럿튼지『쾌활남자 남자』라고 ᄒ면셔 무흔히 칭찬ᄒ더라.

■〈매일신보〉 1920년 8월 11일 「姜宇奎 死刑與否 이러케 미루어올 ᄯᅢ에ᄂᆫ 무슨 은ᄉ가 잇슬 ᄯᅳᆺᄒ가」.

폭탄범인 강우규(姜宇奎)가 사형션고를 바든이릭 셰상사람들은 별별 류언을 셔로 던파ᄒ야 쓸듸업는 입부리로 당국을 괴롭게도 ᄒᄂᆫ 일이 업지 안은 모양이지만은 강우규가 사형을 바든지 날이 가고 달이 가도 무삼 쇼식을 확실히 알수가 업슴으로 밧게 잇는 일반의 의심도 잇슴이 무리는 아니라 홀지라도 모범률가(某法律家)의 말을 들으면 엇더흔 사형슈

(死刑囚)이든지 사형선고를 바더서 다시는 상고홀 수도 업게되여 꼭 죽게 만된 경우일지라도 국법상에 은사령(恩賜令)이란 것이 잇는디 그 은사령 속에는 대사(大赦) 특사(特赦) 감형(減刑) 공권회복(公權恢復) 등 네가지 가 잇는 것이라 아모리 사형을 밧게된 죄수라도 경우에 짜러 은사령의 환발이 잇는 찍는 다시 그 목숨을 구홀 수도 잇는 것인즉 가량 강우규로 말홀지라도 혹시 무슨 경우에 빗쵸여 엇더흔 관디한 처분을 바더 죽는 짜에서 다시 회복할 사람이 될는지 그누가 알수가 잇느냐고 말흐는디 대 톄상 슈형션고밧은 뒤 한달이나 두달간 긔흔이 잇다는 것은 당치 안을 심외라 또흔 슈형을 집힝케되면 반드시 총독의 결지를 엇어야 되는 것인 즉 장츠 엇더케나 될던지는 몰으나 아마 슈형은 안될줄로 싱각흔다고 운 운.

■ 〈매일신보〉 1920년 8월 29일 「검거된 육혈포단」.

■ 〈매일신보〉 1920년 9월 8일 「爆彈의 一年間 지등총독폭격 이리로 朝鮮 에는 爆彈의 大流行 자미잇는 리약이도 만타」.

대졍팔년 구월 이일 남대문역두에 지등총독 폭발탄으로 폭격흔 이리 로 벌서 만일년의 세월을 지닉엿는디 이 동안에 폭탄형식을 짜라 멧번이 나 사람의 심당을 서늘케흔 것이 됴션전도에 거위 수십건이 넘엇다. 져번 날 단성샤에서 상쟝흔 활동사진 셰계이 마암(世界心) 즁에 독일 전션에 셔 독일인이 장츠 폭탄 던지고져 흔 순간에 쟝츙의 폭탄이 크게 영스막 에 빗치일 찍에 언른 싱각이 낫다. 작년 강우규가 이 영스흐는 막에 낫하 난 폭탄과 맛찬가지의 것을 던진 일을 상상홀 수 잇다. 됴션의 폭탄암살 의 력스는 극히 싀로워졔져서 대원군시디에 방바닥밋헤 환약을 두고 폭 파케흔 스건이 몬져 잇섯고 그뒤는 리완용비암살 계획에도 폭탄이 잇섯눈딕 폭탄이 일반음살계획에 쓴 것은 최근에셔 힝스케되야 대정팔년 강우규시딕로 부터이다. 강우규의 사용한 폭탄은 독일식 미국제조의 최신식으로 안정장치가 잇고 쏘 그 위력도 막대흔 것이 되야 넉넉히 오븍인을 살륙홀 수가 잇다. 이는 독일식으로 구주대젼에셔 독일 작구 사용흔 것이라. 강우규의 폭탄은 이것을 방흔 미국제조로 희삼위 부근에서 손에 드러온 듯ᄒ다. 그후 됴션독립 쏘는 폭탄암살이 대류힝이 되야 각디에서 발견된바 독립운동자는 상히가정부의 명령으로 상히 부근의 엇더 셔음에셔 폭탄의 강습회를 긔최ᄒ고 폭탄의 제조법 사용법을 련습ᄒ야 그 기술이 슉련흔 자를 결사되도 ᄒ야 지는 변리로 됴션 ᄂ디에 잠입케ᄒ야 국경방면 기타에서 연출흔 터로 미국의원의 입경홀 졔에 검거된 광복단도 이 일파이다. 쏘 국경방면의 비일파는 폭탄을 엇을 길이 업셔셔 격낭의 황을 취ᄒ야 부력(腐力)에 너허 뢰관을 만드는 모양인딕 동지의 됴션인과 학싱이 일본인즁 학싱 폭탄을 제조흔 사건의 증거품 등도 이우의 양식인 듯ᄒ며 엇더튼지 일부 됴션인은 폭탄을 살인의 리긔(利器)로 비상히 존슝ᄒ는 것은 폭탄의 민즁화(民衆化)라고 ᄒ겟다. 폭탄사건의 강본 등 과쟝은 오날날ᄭ지 수십번 폭탄을 압슈흔 터인딕 광복단의 폭탄 즁의 한긔는 즈못 위험ᄒ여셔 직시 즈연히 폭파ᄒ는 터로 젼률홀 그것을 압슈홀졔 가삼에 안고 즈동챠를 타고 달녀엿는딕 그스름은 아지 못ᄒ고 평긔로 잇셧다. 검거ᄒ야 피고에 보흰즉 피고가 『예예 그것은 큰일이올시다…』라고 놀나와 ᄒ는 모양 그뒤에 룡산의 병긔지챵에 보관을 의뢰흔즉 그에 폭탄의 위력을 듯고는 이제 다시 젼율흠을 금치 못ᄒ엿다. 최근이 폭탄의 쳐치에 딕ᄒ야는 당국은 곤난히 역이다 모다 직판이 맛쳐셔 증거품의 필요가 업게 되면 깁흔 산에셔 폭파라도 ᄒ겟지. 동경의 포병공챵 보ᄂ게 되면 죠흘 모양이라는딕 이 폭탄 흔긔를 보ᄂ랴면 화챠흔쳐를 온통 엇어가지고 영령히 보ᄂ여셔 이 비용에 싸드리도 오븍원이라는 것은 놀날 수밧게 업다. 일시는 폭탄이라 ᄒ면 누구던지 놀나는듸 요지음 갓ᄒ서는 여긔져긔의 경찰과 이편져편의 군령에 폭탄 투척이 루루히 잇셔셔 인졔는 스름들도 폭탄에 듸ᄒ 감각도 둔ᄒ게 되야 평긔가 되는 모양이더라.

■〈매일신보〉 1920년 9월 27일 「鍾路拘置監에서 姜宇奎 父子對面 일빅칠십일호라는 번호를 붓치고 다만 죽을날만 긔다리고 잇스면 성경만 닑는다 부자가 오릭간만에 대면히」.

사형 션고후의 폭탄범인 강우규(姜宇奎)는 종로구치감(鍾路拘置監)에셔 얼마되지 못ᄒ는 여명(餘命)을 이어 사형듸(死刑臺) 우에 오르기만 긔다리고 잇다고ᄒ나 그 항상 긔거흠을 드른즉 구치감의 독방에 일빅칠십일호는 번호를 옷깃에 붓치고 지극히 평졍ᄒ게 단지 성경(聖經)만 자미잇게 보고잇다고 ᄒ다 각금 감방으로 슌회ᄒ는 구치감의 대야(大野) 간슈장을 보면 젹젹ᄒ 얼골에 우슴을 ᄶᆔ이면서 ᄶᆔ만 긔듸리고 잇다고ᄒ는듸 실상 륙십륙셰나 되는 로인이지마는 폭탄을 던질 당시에는 텬하지사이던 그 원긔가 지금은 쵸연ᄒ 몸으로 침침ᄒ 방속에 누어서 ᄶᆔ만 긔듸리고 잇다 그런듸 강즁건(姜重建)은 자긔부친의 신상을 싱각ᄒ고 멀니 만쥬로부터 입경ᄒ야 잇던 것은 독자가 긔억ᄒ는 바이나 그후에 흔동안은 원산(元山) 방면으로 가서 쇼식이 아죠 업셔셔 여러 가지 횡셜이 잇더바더니 이십ᄉ일에 강즁건의 외로운 그림자가 경셩에 낫타나셔 이십오일 아참에는 종로구치감에 출두ᄒ야 부친되는 강우규를 면회코자 허가를 맛허셔 오후에는 종로구치감 졉견쇼 가셔 부자가 쳐량ᄒ 마음으로 셔로 듸면ᄒ얏는듸 어버이를 사랑ᄒ는 자식의 마음으로 일긔가 졈졈 치워가는대로 졍셩을 다ᄒ 겹두루막이를 드려보닉엇다 ᄒ는듸 면회올 ᄶᆡ에 현장에 립회ᄒ얏던 간수도 엇쳘수업시 쓰거운 눈물을 흘니엇다ᄒ더라.

■〈매일신보〉1920년 9월 28일「각종의 폭탄과 총기, 참고하기 위하여 도 제삼부에서 박아셔 한 장씩」.

■〈매일신보〉1920년 10월 16일「爆彈犯人 姜宇奎의 令息 姜重健의 逮 捕…과격흔 문셔를 박여셔…몰늬 각쳐에 돌나다가」.

폭탄범인 강우규는 향자 수형의 판결을 밧고 종로구치감에 수감흐야 잇는 치로 최후의 심판흔 날만 다만 기다리고 잇슬 짜름인듸 본월 쵸슌 경에 감방안에셔 손가락을 쯧혀 가지고 넉쟝이나 넘어되는 쟉문의 옥즁 감상(獄中感想)이라고 데목을 쓴 션동뎍 문짜를 흐르는 붉은 피로 써셔 그 감옥의 됴션인 근수를 몰늬 식혀 그 글을 그 아달 강즁건에게 교부케 흐엿슴으로 강즁건은 이것을 엇던 지방에셔 인쇄흐야 가지고 엇던 디방 에 비부코져흐는 것을 맛참늬 경찰의 손의 발각 톄포되야 목하 관계당국 은 비밀 즁에 대활동을 계속흔다는 말을 듯고 셔대문감옥으로 삼졍뎐옥 (三井典獄)을 차져가셔 물어본즉 뎐옥은 말흐되 늬디신문에 낫는듸 사실 은 전혀 무근이올시다」다시 종로구차감의 대야근수쟝(大野看守長)은 말 흐되『강우규를 취됴흐야 보앗는대 수실이 무근이올시다 이갓흔 거즛말 을 흔 것은 심히 괴상한 일이야요』경셩복심법원의 강본검수(岡本檢事) 도 경셩디방법원 경검사정(境檢事正)도 사실을 부인흐는터로 지금 감방 안의 강우규의 손가락에는 흔적도 업다고 한다 경긔도 뎨삼부의 등본 고등과댱(藤本高等課長)은 말흐되『경무국에셔도 죠회가 잇섯는듸 전혀 무근이 올시다』라고 셩명흐엿다 그런듸 칙문흔 바에 의흐면 강우규의 아달 강즁건(姜重建)은 지는번에 비밀히 불온흔 글을 인쇄비포코져 흐엿 스나 뎨삼부에셔 탐지흐고 일을 흐기젼에 톄포흐야 목하 엄즁히 취됴중 이라흔즉 혹은 이 수건으로부터 와젼이 싱겻는도 몰으겟다고…

■〈매일신보〉1920년 10월 18일 「刺客」.

■〈매일신보〉1920년 10월 19일 「姜重健放還 십륙일 방면」.

■〈매일신보〉1920년 11월 7일 「폭탄범인 강우규 사형집행기 하시」.

■〈매일신보〉1920년 11월 19일 「最後審判日이 不遠乎. 강즁건의 누의 동싱의 急」혼 電報는 何.? 참 알수 업는 급혼 뎐보 姜宇奎의 運命」.

　사형선고를 밧은 후에는 셔뒤문감옥 죵로구치감에서 얼마 되지 안이ᄒᆞ는 나마지 목슘을 이어가지고 과연 어느날이나 목슘을 씃어쥬랴는가 ᄒᆞ면셔 그날 그날 지뇌가는 남뒤문역두에서 직등총독에게 무슨 혐의가 잇셧던지 싀로히 부임ᄒᆞ는 첫길의 첫인사로 폭발탄을 던진 강우규(姜宇奎)는 어느날 사형의 집힝이 되야 교슈뒤상의 넘어질는지 강우규 자신도 아지 못ᄒᆞ더니 왼셰상 사람들도 너머 긔근이 길어진 ᄭᆞᆰ에 이상ᄒᆞ게 역이며 혹은 어리셕은 싱각으로 혹시 그대로 엇더케 휘지부지 되랴는가? ᄒᆞ는 싱각을 혼 스름들도 잇셧스며 한편으로 그아달되는 강즁건(姜重建)은 자긔 아버지의 ᄉᆞ형션고된 것을 말ᄒᆞ고 됴션젼도로 도라단이며 돈도 모집ᄒᆞ고 혹은 인긔를 엇언자 ᄒᆞ는듯혼 여러 가지 힝위를 ᄒᆞ야 경찰당국도 미우 괴로움을 밧는 터이다. 과연 강우규는 어느 ᄯᆡ에 ᄉᆞ형이 집힝되랴는지 참으로 헤ᄋᆞ릴 수 업는 터이다. 그런데 강즁건은 요사이 평안남북도 방면에 가셔 잇는대 지난 십륙일에 갑작히 경셩에 잇는 강즁건의 누의 동싱이 평북 엇던 곳에 잇는 강즁건에 대ᄒᆞ야 「곳 도라오시오」라는 급한 뎐보가 잇셔셔 강즁건은 곳 도라오는 모양이요. 뎐보를 노흔 후에 동싱이라고 ᄒᆞ는 녀ᄌᆞ는 항자에 자긔고향으로부터 경셩에 와 잇셔 가지고 그 아버지의 됴셕식사의 차입과 밋 기타 의심 바람을 ᄒᆞ고 잇다는대 그 누의 동싱의 급흔 뎐보는 무슨 의미인지? 알 수 업는 사형집힝에 대흐야 알수 업는 금흔 뎐보…? 강우규가 교수딕상의 놀난 혼이 될 죄후의 심판될 날이 머지 안이흔 것나 안인가? 소활 경성복심법원과밋 구치감에셔도 우지못흔다고 흐니 과연 어느날인가?

■〈매일신보〉 1920년 11월 20일 「姜宇奎父子 面會」.

■〈매일신보〉 1920년 11월 23일 「李埈公殿下擁立事件(4)」.

■〈매일신보〉 1920년 11월 28일 「監中에 贖罪生活」.

■〈매일신보〉 1920년 12월 1일 「姜宇奎死刑執行, 십삼분만에 절명 마지막으로 유언이 잇셧다」.

금년 오월 이십칠일에 상고기각(上告棄却)이 되야 재작 이십구일신지 일빅팔십여일동안을 종로구치감 차고찬 쳘장아릭에서 여름이 겨을에에 푸르도록 륙십류의 로령이나마 슬푼 긔풍은 죠곰도 씌이지 안이흐고 화긔가 만면흐야 일상긔거가 여일흐게 셩경만 탐독흐던 폭탄범인 강우규(姜宇奎)는 일젼에 형사자(刑死者)에 대흔 부령이 시힝되믹 일반은 모다 강우규의 운명이 머지 안이하다흐야 두련두련흐야오던바 필경은 이십구일 오젼열시 삼십분 셔대문감옥으로 삼졍(三 井)뎐옥을 츠져보고 강우규 사형집힝에 대흔 젼후 형편을 무러본즉 숨졍뎐옥은 말흐되 직작일 아츰에 갑작히 본부의 협찬을 지나셔 경성복심법원 검스로부터 강우규에 대한 싸형집힝 명령이 나리엿는대 실상은 몟칠동안 유예흐려고 흐엿스나 거쳐를 또 싀로히 뎡흐기도 어렵고 명령잇는 바임으로 필경은 오젼 아홉시 삼시분에 죵로류치감으로브터 본감으로 옴겨다가 열시 삼시분에 본

감녀 ᄉ형뒤에서 강본(岡本)검사가 립회흔 후 필경은 사형을 집힝ᄒᆞ얏ᄂᆞ 뒤 챠입흔 두루막을 입엇던 강우규ᄂᆞ 십삼분만에 절명ᄒᆞ엿스며 시로 한 시에 그아달 강중건을 불너셔 시톄를 닉여줄가? 흔즉 역시 닉여달나고 ᄒᆞ기에 인도슈속을 맛츄고 셰시 이십오분에 사형이 맛츄어스며 다셧시 에 고양군 신사리(高陽郡新寺里)에 잇는 본감옥의 전속공동묘디에 갓다 가 미쟝ᄒᆞ얏ᄂᆞ뒤 사형을 집힝ᄒᆞ기 전에 유언이 잇거던 말ᄒᆞ라고 흔즉 자 긔의 본릭 시골이 평안남도 덕천군 군무면 재남리(德川郡 郡武面 濟南里) 인뒤 자긔자손들은 그와 갓흔 편벽흔 곳에 살지 말고 될 수 잇ᄂᆞ뒤로 도 회디에 나와셔 살가를 바란다고.

■〈매일신보〉 1920년 12월 4일 「姜宇奎家族 入城」.

■〈매일신보〉 1920년 12월 12일 「함흥에 기괴한 風說, 강우규 사형집행 에 대하여 함흥」.

■〈매일신보〉 1921년 1월 1일 「大正九年의 小史」.

■〈매일신보〉 1921년 1월 21일 「死刑執行된 父親의 墓를 近侍 자긔싱젼 엔 묘를 써나지 안케다고 姜宇奎의 長女」.

지는 십이월에 사형집힝바든 강우규(姜宇奎)의 장녀 강덕영(姜德榮, 三八)은 수년견에 과부가 되야 평안남도 덕천군(德川郡)에서 거쥬ᄒᆞ고 잇 던바 ᄌᆞ긔부친이 옥에 드러가게 되얏ᄂᆞ 말을 듯고 작년 오월에 상경ᄒᆞ 야 ᄌᆞ긔 오라버니 중건(重健)과 함ᄭᅴ 싱활이 곤난흔 즁에 여러 가지 신산 을 맛보면서 자긔부친을 위ᄒᆞ야 의복과 음식을 드려보ᄂᆞ느라고 곤난흠을 격던즁 자긔부친이 사형집힝을 당흔 후ᄂᆞ 단독히 부친의 묘디 부근에 거쥬흥면셔 시묘(侍墓)를 정셩겻 힝흐여 오는 바 자긔가 이 세상을 써나기 전에는 그묘디를 모시어셔 써나지 안이혼다고 말흐더라.

■〈매일신보〉1921년 4월 21일 「爆彈犯 韓興根」.

■〈매일신보〉1921년 4월 29일 「韓興根의 自白」.

■〈매일신보〉1921년 4월 29일 「歸鄕한 姜重建」.

■〈매일신보〉1921년 5월 23일 「姜宇奎共犯者」.

■〈매일신보〉1921년 5월 31일 「天道敎堂 뒤 山中에셔 爆彈四個 發掘」.

■〈매일신보〉1921년 6월 2일 「某警視가 元山에 急遽出張, 폭탄사건을 자셰히 됴스키 위하야」.

지난 오월 이십륙일 식벽에 원산경찰셔에셔는 급거히 활동을 긔시하야 원산텬도교 뒤ㅅ산에 폭발탄 네기를 발굴하얏슴은 임의 본지에 보도혼 바이지마는 이에 대하야 강우규와 관련된 즈로 히삼위에셔 톄포되야 넘어온 한홍근의 진슐즁에셔 젼긔 폭탄 네기를 원산 셩동안 돈후에게 닉여 주엇다하야 다시 안돈후를 히삼위로부터 톄포하다가 됴스혼 결과 이번 스실이 다시 발싱된 일인대 이에 대혼 련루즈가 또 다슈홀 듯하야 원산경찰셔에셔도 대활동즁이나 젼긔 련루자 즁에셔 사실을 잘 진슐치 안이하는 폐가 잇슴으로 당시 남대문뎡거뎡 압헤셔 사건이 이러나자 범인 강우규를 톄포혼 경긔도 경찰부 모경시가 츌장하야 뎐말을 즈셰히 됴스하기로 되야 금명간으로 곳 원산으로 츌장혼다더라.

중요자료 2.
상고 취지서[37]

　피고의 행위 목적은 조선 민족 2,000만 동포를 대신해 목숨을 걸고 국권의 회복과 독립을 전취하려는 데 있다. 신임 총독 재등실을 살해하려한 것은 전 총독 장곡천은 조선에 재임함이 다년에 이르러 조선 사정에 정통하고, 선일동화정책(鮮一同化政策)을 실시하여, 통치하려고 힘써 왔다. 작년 3월 내외지(內外地)에 산재하는 조선 2,000만 인민이 일심동의(一心同意) 독립운동이 치열하게 일어나 도륙(屠戮)당하는 자 몇 천, 몇 만에 이르렀으나 사방(四方)에서 일어나는 독립운동이 끊임없이 계속되어 사그라지지 않음은 그 국민성의 됨됨과 그 열성(熱誠)의 도(度)가 그로 하여

---

37) 강우규의 상고취지서로 《독립기념관 자료집》 11, 독립운동사편찬위원회, 공훈 전자사료관. : 박환, 《잊혀진 의열투쟁의 전설-강우규의사 평전》, 선인, 2010, 204~213쪽을 옮겨 보았다. 강우규는 당시 연약한 노구의 몸으로 재등실 총독에게 폭탄을 투여하여 살인죄로 체포되었고 결국 사형선고를 받게 되었다. 2심 재판이 끝난 1920년 4월 28일 3심에 상고하며 변호사 선임도 거부하고 그 누구의 손을 빌리지 않고 자신의 손으로 직접 작성한 '상고취지서'는 현재 우리가 일제 강점기 역사를 이해하고 독립 운동가들의 처한 상황을 실감하는 데 도움이 될 것이다. 또한 한 평범한 노인이 개인의 사욕이 아닌, 나라 잃은 시대 상황에 입각한 자신의 애국충절과 기독교와 동양평화에 기초한 사고를 바탕으로 얼마나 간절하게 독립을 소망했는지도 이 글을 통해 느낄 수 있다. 이러한 강우규의 참된 사상을 엿보는 데 '상고취지서'는 새로운 감동을 선사해 줄 것이다. 그런 의도에서 긴 글이지만 강우규의 '상고취지서'를 그대로 옮겨 보았다.

금 도저히 조선 민족의 통치는 불가능함을 깨닫게 하여 단연 사직(辭職)코 귀국했던 것이다.

그런데 신임(新任) 총독 재등실은 도대체 어떤 자이며, 무슨 성산(成算)으로 내임(來任)한 것인가? 이 신임총독 재등실의 내임은 실로, 천의(天意)를 배반하고 세계의 일반 대세(大勢)인 민족자결주의(民族自決主義)와 인도(人道)정리로써 성립된 평화회의(平和會義)를 교란시키고, 하느님이 이웃을 사랑하라는 계명(誡命)을 범하여 조선인 2,000만을 궁지에 몰아넣어 그들의 어육(魚肉)으로 삼으려 할 뿐만 아니라, 이른바 대일본제국의 천황폐하(天皇陛下)는 성덕(聖德)에 몸을 담고 있기 때문에 천의(天意)에 순종하고 세계 대세인 평화회의에 동의하여 신임총독 재등실에게 칙명을 내려, 그 명령 중에 동양의 대세(大勢)를 영원히 보호하라는 성지를 볼 것 같으면, 동양 대세의 보호는 평화에 있고 분쟁을 하지 않는 데 있는 것으로 인정되며, 동양3국의 평화 성립을 교유(敎諭)하였다.

아아, 그럼에도 불구하고 신임총독 재등실은 비기(肥己)의 욕망을 품고 총독의 직명(職名)에 눈이 어두워 성지(聖旨)를 위배하여 분쟁을 유일의 능사(能事)로 삼아, 동양평화의 대세를 영원히 보호해야 할 평화의 서광(曙光)을 발휘치 못했다. 그 죄의 중대함을 무엇에 비길까! 그야말로 칙천(則天)과 세계에 대해서는 죄인이요, 자국(自國)에 대해서는 역신(逆臣)임은 물론, 조선에 대해서는 간적(奸賊)이요 동양의 악마이다. 그러므로 이와 같은 악마를 잡아 죽여 온 세계에 내돌려 동양의 흉적(凶賊)의 증거로 삼고, 엄격한 대일본국에 이 같은 인류마종이 다시는 생육치 못하게 하며, 또 그와 같은 명의를 띤 자가 태평양을 넘어오지 못하게 해야 한다.

폭탄물을 어느 러시아인으로부터 몰래 매매할 때, 언어가 통하지 않아, 그가 손가락으로 가르쳐 주는 것을 보고 사용법을 알았다. 다만 개인을 목표로 했을 뿐, 폭탄물이란 것을 전연 모르고 사들였으며, 러시아 국경에서 경성까지 들어오는 도중, 어느 누구에게 보이거나 서로 문답(問答)한 적이 없음은 심증(心證)의 사실로서 조금의 허위도 없다.

각 법원에서 조사할 때, 그대는 다년간 러시아에 있었는데, 왜 폭탄의 명칭과 그 위력을 몰랐느냐고 물었으나, 이 물품은 시장에서 방매하는 것이 아니므로 그 가격을 알 수 없고, 또 군인이 아닌 본인이 어떻게 군물의 형태니 위력을 알 수 있겠는가? 오직 유럽 전쟁 때 어떤 신문지상에서 보자니, 독일 국민이 비행기에 폭탄을 싣고 날아가 적국의 도시 각처에 투하하여 도륙(屠戮)하였으므로, 영국 런던에서는 고층건물의 상대를 파괴하는가 하면 밤에는 전등을 꺼 버린다는 기사를 본 적이 있다. 그래서 본인의 생각에 폭탄이란 것은 도기로 만든 수분(水盆)이나 아주 큰 호박과 같은 것이라 상상하고 있었기 때문에, 이와 같은 어린이 주먹만한 것으로서 사람 한 사람을 살해하는 것으로만 여겨 왔다. 그리하여 폭탄의 위력을 생각해 본 적도 없고, 이 물품이 폭탄이라는 것도 남대문역 사건 후의 며칠자 신문지상에서 읽고 비로소 안 것이다. 그러므로 남대문역에서 총독에게 폭탄을 던지기까지도 개인을 목적으로 투척한 것이 사실이며 거짓이 아니다.

함경남도 원산부 광석동 1번지 최자남의 집에 묵으면서 한밤중에 주인 최자남을 일으켜, 본인의 이번 거사는 독립운동을 위해서 뿐만 아니라 신임 총독을 살해하기 위해 폭탄 1개를 가져왔다고 말하고, 그 폭탄을 최자남에게 보인 뒤 그 폭탄에 관해 자세히 설명해 주었다. 그리하여 독립운동은 물론 본인이 하는 범사(凡事)를 동모(同謀)할 것을 당부하고 전기 폭탄을 그에게 맡겼다는 것은 근거 없는 말이다. 본인 자신의 동품의 명칭도 위력도 모르는 주제에 어떻게 남에게 설명할 수 있겠는가?

최자남은 원래 무학무직자로서 잡화, 짚신 등을 파는 장사치임은 이미 아는 바로서 이와 같은 모험 비밀에 관한 대사를 어떻게 경솔하게 말할 수 있겠는가? 이와 같은 일에 대해서는 누구나 생각 있는 자 같으면 하지 않을 것임이 분명한 사실이다. 사실은 본인 손수 그 집의 은닉처에 숨겨 놓고, 그 집을 떠날 때는 의복 속에 깊이 감추어 누더기로 꽁꽁 묶어 풀지 못하게 주의시키고는 주인 최자남에게 맡겼다. 본 피고는 상경하여 신임 총독 내임의 일자를 소상히 알은 후 다시 돌아가, 최자남에게 맡겨 놓은 누더기 보를 찾아 다시 상경한 사실은 틀림없다. 그러나 동범인 최자남은 형장을 이겨내지 못해 횡설수설 허황한 거짓말을 늘어놓고 1심과 2심 법정에서 자백을 했다. 그가 말하기를 잠시 동안이나마 보명(保命)을 꾀하려고 무고를 했을 뿐으로 실은 강우규의 독립운동의 설 또는 폭탄물에 대해서도 전혀 목적한 일이 없고, 오직 의복에 싼 보를 맡겼을 뿐, 강우규가 경성에서 돌아왔을 때 내준 것뿐이다. 이외에 그에게 조석(朝夕)을 제공한 것뿐으로 그 밖에 아무런 죄도 없다. 따라서 소인의 죄도 용서될 것이 분명한 바, 재판장께서는 관대한 처분이 있기를 바란다고 변명함을 들었다.

그리고 최자남이 피고로부터 폭탄물을 맡을 때, 신임 총독 재등실이 착임(着任)하는 당일, 본 피고인이 폭탄을 투척한 것은 실로 신임 총독 재등실을 살해하려는 것으로 그 밖의 사람을 죽이려는 것이 아니었다. 그렇다면 곁 사람들의 살상(殺傷)은 이것을 비유한다면 총독 재등실의 연회 때, 본인으로부터 호주(好酒) 한 병을 선사받았으나 내 자신이 마시지 않고 참석한 사람에게 주어 그가 취한 뒤, 누구의 술을 마셨느냐고 사람이 물으면 이 자는 총독의 술을 마셨다고 대답하리라. 이와 같이 곁 사람들의 살상(殺傷)이 본인 피고에게 무슨 관계가 있겠는가?

그것뿐만 아니라, 본건에 대해 재등실과 동 부인, 그리고 남대문역에서 살상된 많은 사람들은 우리를 위해 그와 같이 된 것이라고 말했다. 이에 따라 해결은 분명한 것으로 신문지상에 게재된 그대로라 하겠다.

옛말에도 있듯이 피고인은 일구이언(一口二言)을 한 적이 없고, 사사건건(事事件件)에 한결 같은 변명을 하고 있다. 각 법원에서는 조서(調書) 중의 사실을 고찰치 않고, 황언무고임이 분명한 최자남의 가언을 증거로 하여 논고하였을 뿐만 아니라, 율법에 관해서도 죄명은 하나이나 형은 여러 가지로 나누어 각종이 있는 법이다. 범죄의 경중에 있어서도 물론이지만 본 피고인이 목적하는 죄 많은 신임 총독 재등실은 현재 살아 있는데도 이일저일 제쳐놓고 본 피고를 사형에 처하는 것은 이를 어찌 공의(公議)라 할 수 있겠는가? 이 얼마나 억울한 일인가! 본인이 여기에 신립한 것은 사실 죽어야 한다면 사형도 불사(不辭)하나 공의(公議)에 따른 심판을 보자는 것이 그 이유라는 것이다.

그리하다 원심(原審)은 원판결문 게재한 바의 각 증거에 의해 피고자 조선총독 재등실을 살해할 것을 계획하고 원판결과 같이 폭탄의 안전편을 뽑고 폭탄을 파열시킴으로써 재등실이 타고 있는 마차 주변에 있는 사람들을 살상할 결과를 가져올 것을 예견하는 동시 그 주변에 사람들이 밀집해 있는 것을 알면서 30척 내외의 거리에서 마차 위에 타고 있는 총독의 가슴을 겨냥하는 폭탄을 던졌던 것이다. 폭탄은 마차 앞쪽 약 7보쯤에 낙하하여 큰 폭음과 더불어 폭탄은 과열하여 탄편이 사방으로 날아 그중 몇 개의 탄편은 마차에 부딪치고 그중 한 개가 마차 뒤쪽을 관통하여 총독이 허리에 찬 검대를 손상시켰을 뿐, 그 몸에는 아무런 상처를 입히지 못했다. 그러나 비산한 탄편으로 말미암아 그 근처에 있던 귤향균과 말홍우리랑이 중상을 입은 후 사망하기에 이르고 그 밖에 판시와 같이 각 피고인은 중경상을 입었으나 죽지는 않은 사실을 인정한 것으로서, 이 사실에 따르면, 피고의 소위는 원심 적용의 법조(法條)에 해당하는 범죄를 구성하고 있음이 분명하므로 원심이 이 법조를 적용하여 피고를 사형에 처한 것은 상당(相當)한 것이라 할 수 있다.

그러므로 논지(論旨) 중, 피고가 전임 총독 장곡천호도는 조선 통치의 불가능함을 인정하고 사직 귀국하였는데도 불구하고, 신임 총독 재등실이 내임한 것은 세계의 대세인 민족자결주의와 인도 정리를 요지로 하는 평화회의 기도를 교환시켜 조선인 2,000만을 궁지에 몰아넣어, 동양의 대세에 배치하고 평화의 서광을 억제하려는 자이므로 조선 2,000만 민족을 대신하여 신명을 걸고 국권회복과 독립을 위해 총독에게 폭탄을 투하한 것이라고 진변하고 있다. 이 점은 피고가 자기의 사실을 말하고 자기의 의견에 따라 자기의 행위가 정당하다고 주장하는 데 불과하므로 그 이유는 없고, 피고가 자기가 사용한 폭탄이 다만 한 사람을 살해하는 데 족할 뿐, 많은 사람을 살해할 수 있는 것이라고는 몰랐고, 이것을 투척한 것은 다만 총독 재등실을 죽이려고 한 목적이었다. 피고가 그 사정을 밝히고 폭탄을 최자남에게 맡겼다는 본인의 공술은 허황한 언설이다.

그럼에도 원심은 본인의 공술을 채택하여 판시(判示) 사실을 인정한 것을 부당하다고 주장하는 점은, 자기의 사실을 진술하고 원심의 직권에 속하는 증거의 취사(取捨)와 사실 인정을 비의(非議)하는 것으로 이유가 없다.

피고가 총독 외에 사람을 죽일 의사가 없었다는 취지의 변명하는 점은, 비록 피고가 그것을 원치 않았다고 하더라도 원 판사와 같이 피고가, 폭탄의 파열로 총독이 타고 있던 마차의 주변에 있던 사람들에 대해서도 살해의 결과를 초래할 것을 예견하고, 또 그 변두리에 많은 인파가 밀접하고 있는 것을 알면서 차 위에 있는 총독을 겨냥하여 폭탄을 투척고자, 그 파열로 인해 타인을 살상시킨 이상, 그 결과에 대해 판시와 같이 죄책을 져야 함은 당연하며, 그 결과의 발생을 희망치 않았다고 하는 이유로 죄책을 회피할 수 없음은 물론이므로 논지는 이유가 없다.

그리고 재등 총독이 아직 생존해 있는데 사형에 처한 것은 실상이라고 논한 점은, 비록 총독의 생존이 사실이라 하더라도 피고 판시와 같이 피고가 사람의 인체 생명을 해치려는 목적을 가지고 폭발물을 가지고 폭발물을 사용하여 살인기수 미수의 소위가 있는 이상 원판시 법조를 적용, 사형에 처한 것은 부당하다 할 수 없으므로 논지는 원심의 직권(職權)에 속하는 형(刑)의 양정(量定)을 비의(非議)하는 것으로서 그 이유가 없다.

상고 추가(追加) 취의(趣意)는 본 피고인의 거듭 말하고자 하는 것으로 앞서 문견(聞見)한 바를 여기서 앙고(仰告)하려는 것이다. 즉 제1심 법원에 있어서 조사가 끝난 뒤 법원장에게 이 법원은 조선 총독부의 명령에 따라 설립한 것인가? 또한 대일본제국 천황폐하의 칙령에 따른 것인가를 물었던 바, 재판장은 조선 총독도 관계없고, 천황폐하도 상관치 않는다고 대답했다. 본인은 그러면 하늘이 명령하는 법률에 따라 이루어진 것인가 하고 묻자, 재판장은 하늘도 우리에게는 관계없고, 우리의 법률은 독립하여 성립된 것이라는 대답이었다. 그렇기 때문에 총독이나 황족이라 하더라도 죄가 있으면 물론 치죄(治罪)한다는 것이었다. 그래서 총독 재등실을 호출해 줄 것을 요구하자, 재판장은 그것을 검사국의 고소가 없이는 어렵다고 하므로 본인은 검사에게 구두(口頭)로 고소하고, 조서(調書)에 기록까지 하여 열석(列席)한 검사에게 신립(申立)하였던바, 재판장이 총독에게 무슨 범죄가 있었느냐고 묻기에, 본인은 그러면 총독의 죄상을 여러 가지 매거(枚擧)해 주리라 답하자, 그들은 법관으로 피고의 신립에 대한 시비를 분명히 판단해 줘야 할 것임에도 불구하고, 아무 대답도 없이 폐정(閉廷)

퇴석(退席)함은 이것을 법관의 예라 할 수 있겠는가? 이것은 실로 억울한 처사이다.

그리고 재판장으로부터 천황폐하와 총독에게 관계가 없기 때문에 황족 또는 총독에게 죄가 있을 때는 물론 치죄한다고 하면서 본인의 호출의 요구에 대해서는 이렇듯 묵살함은 언사부동이 아닌가. 이것뿐만 아니라 또 재판장은 하늘과 천황폐하는 우리 법률에 대해서는 도시 관계가 없으며, 법률은 이것이 독립적으로 형성된 것이라고 하나 우로(雨露)의 아래, 성덕의 아래에 있는 국민에게 어찌하여 이런 차별을 할 수 있는가? 이것이야말로 도덕이라 할 수 없고, 의리라 할 수 없는 것이다. 실로 억울한 일이라 할 수밖에 없다.

본 피고인에 대한 복심법원의 취조(取調)를 끝내고 논고까지 행한 후, 재판장으로부터 우리나라는 어떤 나라인가? 이미 망한 나라를 나라라 하지 말고, 일본의 인민이 된 이상 일본국에 충성을 다하라는 설이었으나, 이것이야말로 어린애에게 할 말이지, 어른에 대해서 어찌 말을 지껄일 수 있겠는가? 무릇 그 조국을 위해 거사하는 자 자고로 어찌 본인뿐이겠는가? 예를 들어, 서양 제국에서는 워싱턴, 나폴레옹, 비스마르크와 같은 자들이 있고, 동양 제국에서는 와신상담하는 자 없지 않다. 이등박문과 같은 자도 있어, 그 소국을 위해 고신경영하고 있는데도, 재판장 말과 같이 전기 몇 분이 만일 자기 나라를 위해 거사를 하지 않고, 적국에 복종하고 말았다면 그 나라의 인민은 적의 노예됨을 어떻게 모면할 수 있었으며, 그 국가들이 오늘과 같은 세계 1등 국가가 될 수가 있었겠는가?

그렇기 때문에 우리의 전감(前鑑)이 된 것이다. 이것뿐만 아니라, 국가의 흥망과 시세의 변천은 고금의 상사이다. 아아, 저 복심법원 원장은 일시 목전만을 생각하고 전사후사와 제나라를 위해 고심하고 경영한 이등박문의 일도 생각지 않고 있다. 자기 나라를 위해 전력하려는 본인에 대해 이와 같이 멸시 천사로써 책망함은 그것을 도덕의리라고 할 수 있겠는가!

본인은 이 말을 듣자 실로 슬픔 감이 우러나는 한편 단, 무서운 생각마저 들었다. 참으로 억울한 일이라 하겠다.

위대한 동양이여! 사랑스러운 동양이여! 그 대세의 영원한 보호를 만인 중에서 집권할 자, 혹은 인민인 자, 어떻게 이를 사랑하지 않을 것이며, 또 주의의 눈길을 게을리할 수 있겠는가? 그러면 동양의 대세의 영원한 보호가 어디 있느냐 하면, 비록 말을 갓 배우는 젖먹이 아이라 하더라도 분쟁에 있지 않고 평화에 있다고 할 것이다.

과연 그렇다면 동양의 평화를 어찌 급선무라 하지 않겠는가. 한번 눈을 크게 뜨고 그들 백인의 처사를 주시하라. 세계 최대의 대전을 중지하고 평화회의를 성립시킨 후 대국이니, 5대국이니 하는 것은 그 어느 것이나가 모두 소멸하고, 모모 3국은 동맹을 맺고 안연한 것을 보면 그 속뜻은 반드시 지방 관념과 인종 관념에 있다고 보아야 할 것이다.

그렇기 때문에 대일본제국 천황폐하는 이것저것을 깨달은 뒤 동양의 대세를 영원히 보호해야 한다는 어지(御旨) 중 동양의 평화도 포함할 것을 훈시하고 있는데도 불구하고, 저 무도덕, 무의리(無義理), 무륜(無倫), 무애(無愛)한 악마 재등실은 천의(天意)에 위배하고 성지(聖旨)에 배신하여 태평양을 건너와 여전히 분쟁의 기틀을 마련하여 이른바, 경찰 법률로 조선 인민에게 그물을 치고 그 강산은 인민의 감옥으로 화했으니 이 강산에 사는 자 어떻게 악감정을 품지 않겠는가?

그렇기 때문에 애국열과 배일(排日)열은 날로 높아가고, 어느 만큼 극도의 상태에 이르는가를 한 여인의 말을 들어도 알 수 있다. 즉 그 여인의 말인즉 일본놈의 말소리만 들어도 뱃속에 들어 있는 태아가 요동을 한다고. 이 말이야말로 인민 중에 절담(絶談)이라 할 수밖에 없을 뿐만 아니라, 원래 당당한 4,000년의 역사국으로 예의를 지켜 내려온 2,000만의 민족이 악마와 같은 그들 무리에 휩싸여 그들의 동류(同類)가 될 수 있을 것인가? 결코 우리 동포 2,000만은 한 사람이 마지막 남을 때까지 싸우더라도 국권회복과 자유 독립을 전취할 때까지 혈심(血心)동맹(同盟)할 때 본인도 투표원이 될 것이다.

또 동양의 원국인 저 중국에 대해 말하더라도 각 신문지상에서 항시 보는 바와 같이 배자 밑에는 일자가 붙는다. 따라서 배척은 어찌 심상한 일이 아니라도 할 수 있겠는가! 무릇 동양 3국을 말하자면 무이(無異)의 국가로서 같은 한 집의 형제이다. 만일 한 국가에 분쟁이 생기면 그 나라가 어떻게 일어날 것이며, 한 집안에 분쟁이 생기면 그 집안이 어떻게 설수 있겠는가? 어떤 자는 예수 성인의 말로써 혹은 형제가 우애가 없어 화목치 못하면 반드시 외모를 받는다는 말은 중국 성인의 말이다. 그러한데 어찌 오늘날 동양평화에 주의를 기울이지 않고 배기겠는가?

다 알다시피, 동양 3국 중 대일본은 세계의 대국으로서 1등 국이다. 동양의 신문명 선진국가로서 그 지위는 어떠한가? 원컨대 고등법원장이여! 고등법원장이여! 동양 대세의 장래와 장래의 이해를 심사하고, 저 우매한 신총독 재등실에게 충고하노니, 이미 획득한 그대의 영광에 만족하여 부족이 없으니 구도봉전(久島逢箭)에게 고한다. 신속히 고국으로 돌아가서 성지를 받들어 정부 당국자들로 하여금 동양 분쟁의 기틀을 거두고, 평화회의를 성립시켜 동양 3국을 정족형(鼎足形)을 이루고, 견고하게 버텨서서 완전한 정책과 완전한 사업을 일으킨다면 그 누가 감히 이를 얕보며, 그 누가 감히 이것을 막아 낼 수 있겠는가? 만일 이와 같이 된다면, 대일본은 3국 중에 패국이라 할 수 있으리라. 그때 그 영광은 어떤 것이며, 그 지위는 어떻겠는가! 일본인의 언설(言說)은 버리지 않겠다. 동양 대세의 장래에 있어 후회됨이 없도록 본인은 자국과 동포를 위해 자기의 신명을 희생하고, 영혼으로 하여금 국권회복과 자유 독립과 동양평화를 위해 노력하는 데 있다는 것이다.

소론(所論)과 같이 제1심 재판소가 총독 호출(呼出)의 신립을 허용치 않고, 또 원심재판장이 소론같이 유고(諭告)를 했다고 하더라도 본건 판결수속에 하등의 위법을 야기치 않았다. 원판결의 당부(當否)에 하등의 영향을 미치는 것이 아니므로 이를 운위(云謂)할 이유가 없다. 그 밖의 논지(論旨) 중에는 누차 진변(陳辯)을 거듭한 바 있으나 이것은 정치와 도덕에 관한 논의(論議)로서 추호도 상고(上告)적법의 이유가 될 만한 것이 없다.

〈연보〉 - 강우규가 걸어온 인생

1855년 평안남도 덕천군 무릉면에서 탄생.

　가난한 빈농의 4남매 중 막내로 출생해 성장.

　(출생에 관련해서 유족과 진주 강씨 문중 기록에는 1859년이지만, 각
종 관련 문서와 〈독립신문〉에는 1855년으로 기록되어 있음)

1885년 함경남도 홍원으로 이주하여 한의사와 상인으로 활동.

　(강우규는 30대 초반에 함경남도 홍원군 용원면 영덕리 68번지로 이
주)

1908년 1월 이동휘가 서북학회 총회를 주도.

　8월 서북학회가 함경도 지역의 교육 진흥을 위해 함경도 모금위원으
로 이동휘를 파견.

　강우규는 이 시기에 이동휘와 만남.

1909년 1909년 9월 이후부터 이동휘는 함경도 지역의 기독교 전도 활동.

1910년 8월 29일 한일합방.

　매국노들에게 귀족 지위와 은사금 하사.

　9월 10일 황현이 망국에 자결로 항거.

　김석구도 일제의 서작을 거부하고 자결.

　조정구 자결 미수.

　송도순, 이재윤, 홍범식, 이범진, 김도현 등도 순국 자결.

　강우규는 큰 아들 중건 부부와 그들의 자녀 3명을 먼저 러시아 연해
주로 이주시킴.

1911년 105인 사건(일본이 조선의 민족운동을 탄압하기 위해 일어난 사건)일
어남.

　강우규는 한일강제병합으로 인해 간도 두도구(頭道溝)로 이주.

1917년 길림성 요하현에 정착하여 신흥촌을 건설하고 광동(光東)학교를 설립.

기독교 장로교로 활동.

광동학교 교장 및 선교 사업 활동.

1919년 3월 1일 역사적인 3·1운동이 일어남.

3월 26일 블라디보스토크에서 노인동맹단 결성

박은식(朴殷植), 김치보(金致寶) 등과 상의하여 조국으로 돌아가 거사할 것을 결심.

폭탄을 구입해 경성에 잠입.

9월 2일 제3대 재등실 총독 부임, 남대문역에서 폭탄 투척.

9월 17일 김태석에 의해 체포.

10월 2일 기소.

1920년 1월 28일 예심 종결.

2월 18일 2차 공판에서 사형 선고받음.

2월 25일 1심 재판부서 사형 선고.

3월 경성 지방법원 1회 공판 당시 최자남, 허형, 오태영 등이 공범으로 피소.

4월 26일 2심 재판부서 사형 선고.

4월 28일 상고취지서 제출.

5월 27일 3심 재판부서 상고를 기각하고 사형 확정.

11월 29일 서대문 형무소에서 순국함.

1954년 3월 30일 서울 우이동으로 이장 계획.

1956년 10월 18일 수유리 산 109번지로 묘지 이장과 육당 최남선의 묘비 제막식.

1962년 3월 건국훈장 복장(건국훈장 대한민국장 추서).

1967년 6월 26일 국립 현충원으로 이장.

2006년 강우규 의사 기념 사업회 출범.

2009년 강우규 의사 의거 90주년 기념 학술세미나 개최.

〈저자후기〉

강우규의 민족정신과 일제하 독립투사들에게
감사함을 전하며

올해는 대한민국이 광복 70주년이 되는 뜻 깊은 해이다. 70년 전 우리
는 해방의 기쁨을 채 누리기도 전에 일제 식민지배만큼이나 가슴 아픈
같은 핏줄끼리 심장에 총을 쏘는 6·25의 아픔을 겪어야 했고, 여전한 강
대국의 이권 다툼의 희생양이 되어 그들의 입맛에 맞춘 절반으로 나뉜
국가의 형태를 갖게 되었다.

식민지배와 전쟁의 상처, 지저분한 권력 다툼과 깔끔하게 정리하지 못
한 과거사 안에 던져진 왜곡된 역사와 위선에 찬 인물들의 포장된 실체,
그 더러움을 정화하려 투쟁한 순수한 영혼들의 죽음. 이 모든 것이 지독
하게 가난했고, 미치도록 나약했고, 뼈아프게 처절했던 지난 우리 역사의
흔적이다. 이 고통을 거쳐 간 흔적 안에 남겨진 후유증은 폭력과 감금,
협박과 회유 속에 증발되었던 역사들과 함께 더 이상의 침묵을 견디지
못하고 하나 둘씩 되살아나 우리에게 손짓을 하기 시작한다.

권력을 지키기 위해 자신의 나라를 아꼈던 이들을 얇은 종이배로 만
들어 넓은 바닷속에 던져 버리고, 나라와 민족을 착취하던 흡혈귀들의
양 팔과 양 다리에는 튼튼한 날개를 달아 주어 더욱 활기를 치게 해 주
었던 엉망이 된 과거사. 이제는 다 녹아 버려 사라진 가련한 종이배를 찾
아보자.

동양척식주식회사에 폭탄을 투척했던 나석주, 임산부의 몸을 이끌고
평양 경찰서에 폭탄을 던진 안경신, 종로 경찰서에 폭탄을 투척한 김상옥,

그리고 노구의 몸으로 재등실을 향해 폭탄을 던진 강우규. 그 외에도 알려지지 않은 독립운동가들. 세계 유례를 보기 힘든 친일파를 끌어안은 우리 역사는 이들을 방치하고 버려 둔 것도 모자라 은폐하고 있었다.

"내가 죽어서 청년들의 가슴에 조그마한 충격이라도 줄 수 있다면 그것은 내가 소원하는 일이다."

그렇다. 숨겨져 있던 의열투쟁가 강우규는 이렇게 마지막 한마디를 던지고 고결한 죽음을 택했다. 자신이 죽는다고 독립이 이루어질 것도 아니고, 그저 편안하게 자연사한다고 역사가 바뀔 것도 아니지만, 그는 당시 이 땅의 젊은 꽃들에게 정신적인 자극을 선물하고 싶었을 뿐이다.

다시 70년 전으로 되돌릴 수 없지만, 대한민국은 반민족 행위자들에게 너무나 친절했다.

반대로 그 옛날 북만주 벌판에서 말달리던 독립군의 후손들은 어떠한가? 지금은 중국의 어느 동북 지방에서, 옛 소련의 어느 시골 지방에서, 한국의 초라한 빈민 마을에서 자신의 신세를 한탄하며 그저 떨어지는 낙엽처럼 밟히고 있을 뿐이다.

당신의 할아버지가, 또는 아버지가 바로 그 조상들이 피 흘려 만든 대한민국 안에 정작 생색내며 거만하게 소리칠 독립운동가 후손들은 죄인이 되었던 세상. 이제 광복 70주년이 되었다. 새삼 지난 과거를 왜 토로하고 있느냐는 질문은 그 누구도 해서는 안 되는 모순된 자유이다. 아베 총리가 위안부 문제를, 강제 징용 사실을 회피한 채, 지난 과거사를 사죄하지 않는 것과 이 땅의 친일파들 후손들이 독립운동 후손들에게 사죄하지 않고 보상해 주지 않겠다는 일이 과연 무엇이 다르다는 말인가?

유난히 무더웠던 올해 여름도 이제 쓸쓸하지만 아름다운 9월을 기다려야 한다. 1919년 9월에 평범했던 한 노인이 독립을 위해, 이 땅의 젊은이를 위해 묵묵히 목숨을 던지며 사라졌다. 문득 그날이 다가오는 길목에서 비단 강우규 의사뿐만 아닌, 잊혀진 독립운동가들이 떠올랐다. 지금이라도 알려지지 않은 독립운동가의 후손들을 찾아내 그 조상들의 공덕을 그들에게 돌려줘야 되지 않을까?

처절하게 암울했던 역사 안에 죽는 순간까지 이 땅의 젊은이들을 위해 오직 자신을 던졌던 강우규. 그리고 서울역 의거 이후 결연히 일제와의 의열투쟁에 몸을 던져 순국했던 많은 독립투사들에게 감사함을 표하며 이 부족한 평전을 마친다.

2015. 8. 15. 저자